A REFORMA INACABADA

O *futuro* da Previdência *Social* no Brasil

FABIO GIAMBIAGI » Especialista em finanças públicas e autor de *Tudo Sobre O Deficit Público*

PAULO TAFNER » Diretor-Presidente no IMDS e Pesquisador associado da Fipe/USP

A REFORMA INACABADA

O *futuro* da Previdência Social no Brasil

ALTA BOOKS
GRUPO EDITORIAL
Rio de Janeiro, 2024

A Reforma Inacabada

Copyright © **2024** STARLIN ALTA EDITORA E CONSULTORIA LTDA.

ALTA BOOKS é uma empresa do Grupo Editorial Alta Books (Starlin Alta Editora e Consultoria LTDA).

Copyright © **2024** Fabio Giambiagi e Paulo Tafner.

ISBN: 978-85-508-2311-9

Impresso no Brasil — 1ª Edição, 2024 — Edição revisada conforme o Acordo Ortográfico da Língua Portuguesa de 2009.

Dados Internacionais de Catalogação na Publicação (CIP) de acordo com ISBD

G432r   Giambiagi, Fabio

            A Reforma Inacabada: o futuro da Previdência Social no Brasil / Fabio Giambiagi, Paulo Tafner. - Rio de Janeiro : Alta Books, 2024.
            336 p. ; 15,7cm x 23cm.

            Inclui índice.
            ISBN 978-85-508-2311-9

            1. Previdência Social. 2. Brasil. I. Tafner, Paulo. II. Título.

2024-186   CDD 368.40981
                                                                                        CDU 368.4(81)

Elaborado por Vagner Rodolfo da Silva - CRB-8/9410

Índice para catálogo sistemático:
1. Previdência Social: Brasil 368.40981
2. Previdência Social: Brasil 368.4(81)

Todos os direitos estão reservados e protegidos por Lei. Nenhuma parte deste livro, sem autorização prévia por escrito da editora, poderá ser reproduzida ou transmitida. A violação dos Direitos Autorais é crime estabelecido na Lei nº 9.610/98 e com punição de acordo com o artigo 184 do Código Penal.

O conteúdo desta obra fora formulado exclusivamente pelo(s) autor(es).

Marcas Registradas: Todos os termos mencionados e reconhecidos como Marca Registrada e/ou Comercial são de responsabilidade de seus proprietários. A editora informa não estar associada a nenhum produto e/ou fornecedor apresentado no livro.

Material de apoio e erratas: Se parte integrante da obra e/ou por real necessidade, no site da editora o leitor encontrará os materiais de apoio (download), errata e/ou quaisquer outros conteúdos aplicáveis à obra. Acesse o site www.altabooks.com.br e procure pelo título do livro desejado para ter acesso ao conteúdo..

Suporte Técnico: A obra é comercializada na forma em que está, sem direito a suporte técnico ou orientação pessoal/exclusiva ao leitor.

A editora não se responsabiliza pela manutenção, atualização e idioma dos sites, programas, materiais complementares ou similares referidos pelos autores nesta obra.

Grupo Editorial Alta Books

Produção Editorial: Grupo Editorial Alta Books
Diretor Editorial: Anderson Vieira
Editor da Obra: J. A. Ruggeri
Vendas Governamentais: Cristiane Mutüs
Gerência Comercial: Claudio Lima
Gerência Marketing: Andréa Guatiello

Assistente Editorial: Ana Clara Tambasco
Revisão: Alessandro Thomé e Karina Pedron
Diagramação: Rita Motta
Capa: Marcelli Ferreira

ALTA BOOKS
GRUPO EDITORIAL

Rua Viúva Cláudio, 291 — Bairro Industrial do Jacaré
CEP: 20.970-031 — Rio de Janeiro (RJ)
Tels.: (21) 3278-8069 / 3278-8419
www.altabooks.com.br — altabooks@altabooks.com.br
Ouvidoria: ouvidoria@altabooks.com.br

Editora **afiliada à:**

Este livro é dedicado a Francisco Eduardo Barreto de Oliveira, o "Chico Previdência", como era conhecido e carinhosamente chamado. Precursor dos estudos da questão previdenciária no Brasil, Chico foi quem pavimentou nossos caminhos e abriu nossas portas para que pudéssemos, desde muito cedo, tratar de tema tão apaixonante e, ao mesmo tempo, explosivo. Arguto analista da questão, Chico nos legou uma coleção de estudos pioneiros nos mostrando — tanto tempo atrás — como a demografia representava um risco ao nosso sistema, que tinha na época — e ainda tem, como mostramos neste livro — regras tão atrasadas, não apenas em relação ao mundo como em relação à realidade brasileira.

> "Anderson:
> Amanhã é outro dia, McKendrick.
>
> McKendrick:
> Amanhã, na minha experiência,
> é geralmente o mesmo dia."
>
> Tom Stoppard, dramaturgo inglês,
> *Professional Foul* (1977)

OS AUTORES

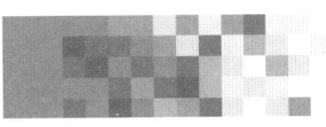# OS AUTORES

FABIO GIAMBIAGI. Economista e autor, organizador ou coorganizador de mais de quarenta livros, com longa atuação em temas da Previdência Social e de política fiscal, assuntos acerca dos quais escreveu diversos artigos acadêmicos publicados em revistas especializadas. É economista do BNDES e foi membro do staff do BID, assessor do Ministério de Planejamento, pesquisador do Ipea e professor de diversas cadeiras na UFRJ e na PUC-Rio. Escreve regularmente nos jornais *O Globo* e *O Estado de S. Paulo*.

PAULO TAFNER. Economista, diretor-presidente do Instituto Mobilidade e Desenvolvimento Social (IMDS) e pesquisador associado da FIPE. Foi pesquisador do Ipea e coordenador do Grupo de Estudos Previdenciários daquele Instituto. Foi subsecretário-geral de Fazenda do estado do Rio de Janeiro, diretor do IBGE e superintendente da ANAC. Tem artigos publicados em revistas científicas do Brasil e do exterior. É autor e/ou organizador de quase uma dezena de livros, entre os quais *Previdência no Brasil: debates, dilemas e escolhas* (2007), *Demografia: a ameaça invisível* (2010), *Reforma da Previdência: a visita da velha senhora* (2015) e *Reforma da Previdência: por que o Brasil não pode esperar?* (2019).

SUMÁRIO

SUMÁRIO

PREFÁCIO 1

APRESENTAÇÃO 9

1. **O CONTEXTO FISCAL** 13
   Uma longa história 15
   A adoção do teto 18
   A lógica da sustentabilidade da dívida 21
   Um passado que condena 26
   Os efeitos da pandemia 29

2. **A PREVIDÊNCIA NO CONTEXTO FISCAL** 35
   Um desafio universal 37
   Brasil: Um caso extremo 40
   O esmagamento dos perdedores 43
   Uma tendência sujeita a equívocos 48
   Demografia: A ameaça invisível 52

3. **PRIVILÉGIOS: UMA NARRATIVA QUE ENVELHECEU** 55
   Uma longa história 57
   O peso dos inativos 60
   A questão dos militares 64
   Um olhar sobre a floresta 68
   Uma narrativa esmaecida 71

4. UM DRAMA POLÍTICO: A AUSÊNCIA DE UM VILÃO 75
   O "vilão" de 2019 77
   A "razão oculta" de 2019 79
   E se não houver vilões? 83
   O futuro: um debate difícil 86

5. A REFORMA DE 2019: UM BALANÇO 89
   A lógica do sistema de pontos 91
   As mudanças para os servidores 93
   A aposentadoria por idade no RGPS 97
   A aposentadoria por tempo de contribuição no RGPS 101

6. A. CAPITALIZAÇÃO, UM ASSUNTO
   POUCO COMPREENDIDO 107
   O "problema da transição" 109
   O que seria um "teto razoável"? 112
   A relação custo-benefício: vale a pena? 114
   Algumas contas 117
   Como ficamos? 122

   B. UM MODELO DE CAPITALIZAÇÃO COM
   UNIVERSALIZAÇÃO DA COBERTURA 125
   O Benefício Universal 127
   Apresentação da proposta 131
   Os "custos de transição" da capitalização 133

7. SALÁRIO MÍNIMO: O DEBATE NECESSÁRIO 139
   Uma dívida antiga 141
   Sobre andares 145
   Um pouco de aritmética 148
   Uma combinação equivalente a nitroglicerina 151

8. PROFESSORES: UMA QUESTÃO DIFÍCIL **155**
    A reforma de 2019 e os professores 157
    Um desafio para os gestores públicos 160
    O envelhecimento e o impactos nos RPPS
    com regras especiais 163
    Umas contas simples 166
    Todo mundo entende o que as regras significam? 169

9. A APOSENTADORIA POR TEMPO DE CONTRIBUIÇÃO **175**
    Um breve histórico 177
    A situação em 2019 181
    Uma mudança expressiva 185

10. O TEMA DE GÊNERO E A PREVIDÊNCIA **191**
    Sua Excelência, o dado 192
    Realidades diferenciadas 194
    Uma realidade dinâmica 196
    E as mulheres assumem a liderança 199
    O que nos diz a demografia? 200
    And so what? 203

11. E AS APOSENTADORIAS RURAIS? **207**
    Trinta anos atrás, uma explosão 209
    Muita gente 210
    O impacto fiscal 213
    Uma mudança necessária, cedo ou tarde 215

12. A MUDANÇA DO LOAS, CEDO OU TARDE **221**
    Duas tendências 222
    O grande salto 224
    O impacto fiscal 227

Uma questão de incentivos 230
Outro debate necessário 232

13. IDADE, O PONTO CRÍTICO **235**
O parâmetro intocado 236
A realidade (quase) intacta 238
Enquanto isso... 240
O futuro nos aguarda 243
Algumas contas 244
O que fazer? 248

14. A PROPOSTA **251**
A regra do salário mínimo 253
A aposentadoria por tempo de contribuição: um pequeno
ajuste na regra de transição 254
A idade de aposentadoria 256
O tempo de contribuição: um ajuste necessário 258
O incentivo correto e equilibrado no tempo de
contribuição: a aposentadoria antecipada 259
A idade da LOAS 267
O regime dos professores 268

**15. ESTIMATIVAS DOS IMPACTOS DO APRIMORAMENTO
DA REFORMA DE 2019** **271**
O que nos dizem as previsões da SPREV 273
O modelo de projeção — definições básicas
de estatísticas demográficas 276
O modelo: estimando os resultados da proposta 280
O lado da despesa: parâmetros e projeção 283
Os resultados das projeções da reforma 287
Perspectiva comparada da reforma proposta pelos autores 288
Algumas considerações finais 292

16. O ENDEREÇAMENTO DAS QUESTÕES 295
    Um contexto irrepetível 297
    O velho quadro 299
    A questão regional 301
    Uma coalizão efetiva 303
    PECs *vs.* projetos de lei 304
    Alternativas estratégicas 306
    Requisitos para o sucesso 307

REFERÊNCIAS BIBLIOGRÁFICAS 311

ÍNDICE 315

PREFÁCIO

MARCOS MENDES

PREFÁCIO

Fabio Giambiagi e Paulo Tafner pertencem ao seleto grupo de economistas que conseguem levantar a cabeça e olhar além dos tumultos da nossa volátil economia. Enquanto a maioria de nós se empenha em discutir o curto prazo, o próximo pacote de governo ou a taxa de juros da próxima reunião do Comitê de Política Monetária (COPOM), eles olham longe e destrincham um dos principais problemas econômicos do Brasil: o alto custo da Previdência Social, bem como as distorções e iniquidades da nossa cobertura previdenciária.

Desde a década de 1990, muito antes de se iniciar o rápido processo de envelhecimento da nossa população, eles já apontavam a bomba relógio armada para as décadas seguintes. Seus estudos foram a base para a formação de uma nova geração de economistas e técnicos de governo especializados no tema. Sua participação no debate público, com enorme resiliência para enfrentar plateias enfurecidas, ajudou a esclarecer a natureza dos problemas e convencer a sociedade da necessidade de reformar a Previdência de tempos em tempos.

A dupla lança agora este novo livro sobre o tema. Quando me deram a honra de fazer este prefácio, surpreendi-me. Afinal, acabamos de aprovar uma reforma da Previdência em 2019. E em 2023, farão mais um livro falando em nova reforma? A iniciativa confirma a capacidade dos autores de enxergar o futuro com antecedência. Sua experiência permite identificar "pontas soltas" e "parafusos mal apertados" que restaram após a última reforma e que farão o custo da Previdência voltar a crescer à medida que nos aproximarmos do final da atual década, sobrecarregando as contas do setor público e criando dificuldades para o financiamento de políticas públicas fundamentais ao crescimento econômico e à redução da pobreza.

Realistas e calejados, Tafner e Giambiagi sabem que não há espaço político, nos próximos anos, para reabrir a discussão sobre a nova reforma da Previdência. Miram, portanto, nos próximos ciclos de governo: os mandatos presidenciais que se iniciarão em 2027 ou em 2031. Aprenderam, como todos nós, nos debates que resultaram nas três reformas constitucionais recentes sobre o tema (1998, 2003 e, a maior delas, em 2019), que as questões precisam ser discutidas, explicadas e digeridas pela sociedade. Não se aprovam mudanças legais que afetam diretamente a vida financeira das famílias sem que esteja clara a real necessidade de fazê-lo.

O livro tem, portanto, o objetivo didático de identificar, com clareza, quais os pontos mais relevantes a serem tratados na próxima reforma e começar, desde já, um trabalho de convencimento da opinião pública. Com capítulos curtos, explicações ágeis e exemplos simples (mas não simplistas), os autores destacam alguns pontos críticos: a idade de aposentadoria, as regras especiais para mulheres, o papel do salário mínimo (SM), a aposentadoria rural, o Benefício de Prestação Continuada/Lei Orgânica da Assistência Social (BPC/LOAS) e as regras especiais para professores.

A simples enumeração dos temas tratados já indica as dificuldades políticas que há pela frente. Afinal, trata-se de mexer no benefício de grupos vistos como socialmente vulneráveis: idosos, mulheres, indivíduos que recebem salário mínimo, camponeses, pessoas de baixa renda e professores. Será mais importante do que nunca debater e explicar a necessidade de uma nova reforma.

A dificuldade desse debate é reconhecida e tratada pelos autores. Eles lembram que a narrativa que permitiu levar adiante a reforma de 2019 foi a do desmonte de privilégios. O suporte social à reforma cresceu quando se conseguiu convencer a sociedade de que não era justo que algumas pessoas de maior renda se aposentassem mais cedo, enquanto os mais pobres se aposentavam mais tarde, recebendo menos.

Participei desse debate compondo o grupo técnico que formulou e negociou a proposta de reforma do governo Temer. Percebi que não se conseguia convencer as pessoas de que a reforma era necessária por uma questão fiscal. As ideias de deficit e endividamento excessivo, risco de default de dívida pública e de escolha intertemporal são muito etéreas quando comparadas à realidade factual da postergação da aposentadoria, própria ou de um familiar.

Somente quando o discurso oficial mudou na direção de apontar privilégios de alguns grupos é que se conseguiu "virar o jogo" a favor da reforma. Encontrou-se o mote a ser apontado: o aposentado do setor público, jovem e de alta renda, ainda que o ponto central da reforma tenha sido a fixação de idade mínima para as aposentadorias dos trabalhadores do setor privado.

Para a próxima rodada de reforma, a argumentação terá que ser mais complexa, pois a maioria dos privilégios já foi removida, restando alguns poucos, de menor peso fiscal. Não há um "vilão" à disposição. Trata-se, agora, de lidar com os pontos politicamente mais delicados, que foram retirados das reformas anteriores — ou nem constaram delas — justamente pela dificuldade de aprovação.

Por outro lado, a próxima reforma será menos abrangente. A de 2019 teve que enfrentar o duro tema da idade mínima para aposentadoria, com complexas regras de transição, que combinavam diferentes critérios para fixação da nova data de aposentadoria e do correspondente valor do benefício. Os temas da nova reforma serão mais específicos, facilitando, de certa forma, a explicação.

Os autores confiam no que uma vez ouviram de um ex-ministro da Previdência e citam no livro: "Nunca se deve subestimar a capacidade das pessoas de compreender as coisas. Ninguém gosta de trabalhar e contribuir mais tempo, mas uma coisa é não gostar e outra é não entender. Quando se apresentam os dados, mostra-se como é nos demais países, expõem-se as tendências demográficas, as pessoas podem não simpatizar com a mudança, mas elas entendem as razões."

Esta é a motivação do livro: explicar, explicar, explicar.

Nesta explicação, há um argumento central: Previdência Social é um seguro, que deve ter o objetivo central de garantir renda para as pessoas quando a sua capacidade laboral decair, seja pelo avançar da idade, seja por um sinistro como doença ou perda do provedor principal da família. A

Previdência é parte central de um pacto social de não se deixar ninguém para trás. Não se pode querer usar a Previdência como compensação a outros problemas e distorções sociais, porque a aposentadoria custa muito caro — em termos fiscais — e porque esse tipo de compensação cria outros problemas.

Por exemplo, conceder aposentadorias precoces a professores, para compensá-los por uma vida profissional muito sacrificada e mal remunerada, custa caro e ajuda a perpetuar essas más condições. Teremos professores ensinando mal e suportando a condição de sacrifício na espera do dia em que, precocemente, poderão parar de trabalhar e se livrar do "inferno". Que condições e motivações esses professores terão para educar adequadamente nossas crianças e jovens? Certamente é mais barato investir recursos e esforço de gestão nas condições de trabalho e remuneração dos professores da ativa. Premiar os que estarão aposentados e fora da sala de aula não melhorará a educação ou a vida dos professores.

O caso do diferencial de gênero, em que mulheres se aposentam mais cedo, também se baseia no argumento da compensação: mulheres têm dupla jornada, pois se ocupam mais dos trabalhos domésticos que os homens. Esse tipo de reparação previdenciária trabalha contra o esforço da sociedade para garantir igualdade de direitos entre gêneros, que deve estar focada em políticas como a provisão de creches, a igualdade no acesso escolar (por exemplo, lidando com a dificuldade das meninas pobres em frequentarem aula no período menstrual, por falta de absorventes), a prevenção de discriminação no local de trabalho ou o incentivo ao compartilhamento dos trabalhos domésticos.

Ademais, torna-se cada vez mais caro prover aposentadoria especial para mulheres. Primeiro, porque elas têm participação crescente no mercado de trabalho, o que eleva o estoque futuro de aposentadorias precoces. E segundo, porque elas vivem mais que os homens e, portanto, receberão benefícios por mais tempo. Pode-se pensar, é claro, em manter alguma forma de distinção na aposentadoria, mas se o diferencial de gênero de cinco anos tinha se tornado inviável de ser mantido em 2019, os autores apontam razões para considerar que o atual, de três anos, também terá que ser revisto em algum momento, mesmo que eventualmente não se chegue à igualdade plena de regras entre gêneros.

Não são temas simples, nem isentos de polêmica. Porém, precisam ser enfrentados, pois, no fim das contas, é preciso equilibrar a realidade fria, inevitável e inconveniente da matemática, que revela o alto custo de um regime previdenciário pago por toda a sociedade, com a sensibilidade de um pacto social que deve decidir quem e como proteger e a que custo, evitando-se as pressões corporativas ou a proteção de clientelas eleitorais.

O livro está organizado em dezesseis capítulos, escritos de forma acessível aos não iniciados. O Capítulo 1 mostra um panorama das contas públicas brasileiras, ainda sem entrar na questão previdenciária, de modo a deixar claro que enfrentamos um desequilíbrio crônico, que perpetua a incerteza quanto à solvência do setor público, um dos principais obstáculos ao crescimento econômico.

O Capítulo 2 mostra o grande peso da Previdência nesse desequilíbrio crônico e como isso tende a se agravar em decorrência da mudança demográfica que ocorre em todo o mundo, na qual há cada vez mais idosos a serem custeados por aposentadorias e menos trabalhadores em idade ativa, proporcionalmente, para gerar renda e contribuir para a Previdência. O capítulo ressalta que o Brasil potencializa esse problema porque não tem conseguido crescer adequadamente nos últimos quarenta anos, gerando menos renda para sustentar os benefícios, por ter elevado fortemente o valor do piso previdenciário e ter adotado regras pouco restritivas na concessão de benefícios previdenciários. Conclui argumentando que a reforma de 2019 trouxe grandes avanços, mas deixou pontos não resolvidos, que mantêm o Brasil atrasado em relação a outros países em termos de atualização de regras previdenciárias.

Os capítulos 3 e 4 tratam dos temas já abordados relativos à dificuldade para se encontrar uma narrativa política e explicar com sinceridade e clareza a importância de mexer em pontos sensíveis, como as aposentadorias de grupos considerados socialmente vulneráveis.

O Capítulo 5 faz um balanço da reforma de 2019, descreve as principais mudanças e o que ficou por fazer.

O Capítulo 6 é dividido em duas partes, A e B, revelando a disposição dos autores para um debate franco. O tema é a introdução do regime de capitalização no regime previdenciário. Como, nesse particular, eles têm visões distintas sobre o tema, optaram por expressar individualmente suas ideias, concordando em discordar. O regime de capitalização é aquele em que uma parte ou a totalidade das contribuições de trabalhadores e empregados vai para uma conta específica em nome do trabalhador, que será investida para acumular fundos e custear especificamente o benefício daquele trabalhador. Trata-se de modelo distinto do usado no Brasil, em que os trabalhadores da ativa pagam contribuições que custeiam o benefício dos aposentados e pensionistas. Giambiagi acredita que o redesenho do sistema em direção à capitalização teria alto custo político e baixo retorno em termos de redução do deficit previdenciário, que só se concretizaria depois de um longo período de transição. Tafner, por sua vez, acredita ser possível criar um sistema misto, com elementos de capitalização, cujo custo de transição não seria alto e que ajudaria a resolver outros problemas, relativos aos critérios de aposentadoria rural e de benefícios assistenciais a idosos de baixa renda.

O Capítulo 7 explica o alto peso dos reajustes do salário mínimo no custo previdenciário.

O Capítulo 8 analisa a questão da aposentadoria especial de professores.

O Capítulo 9 estuda as aposentadorias por tempo de contribuição, mostrando que as maiores distorções em termos de aposentadorias precoces por tempo de contribuição foram resolvidas pela reforma de 2019, ressaltando a importância da estratégia política de não sacrificar excessivamente quem estava próximo à aposentadoria, de modo a minimizar a resistência à mudança.

O Capítulo 10 enfrenta o delicado debate das diferenças de gênero na aposentadoria, enquanto o Capítulo 11 se dedica ao sensível tema das aposentadorias rurais e sua relação com a questão regional, tendo em vista a forte concentração dessas aposentadorias no Nordeste.

O Capítulo 12 trata do Benefício de Prestação Continuada (BPC) pago a idosos de baixa renda e deficientes físicos, mostrando os problemas de desenho relacionados à idade de concessão, ao valor do benefício e às brechas jurídicas e operacionais que levaram à ampliação do contingente de beneficiários.

O Capítulo 13 se ocupa de um ponto crítico: a necessidade de revisar a idade de aposentadoria, em decorrência do aumento da expectativa de vida da população. Se o grande desafio da reforma de 2019 foi instituir a idade mínima, o próximo desafio será aumentar a idade de referência de quem se aposenta por idade, para lidar com a aceleração do envelhecimento populacional, que mal começou a acontecer.

O Capítulo 14 sintetiza os diagnósticos feitos nos capítulos anteriores, sob a forma de uma proposta bastante objetiva de reforma, que pode ser considerada a pedra fundamental para a reabertura da discussão previdenciária no futuro.

O Capítulo 15 apresenta simulações dos efeitos da reforma proposta.

Finalmente, o Capítulo 16 encerra o livro analisando as condições políticas nas quais a reforma será discutida, de modo a buscar os caminhos menos difíceis para se atingir os objetivos desejados.

Os autores foram bem-sucedidos em propor um manual didático e convincente para a próxima reforma da Previdência. O livro é leitura obrigatória para nossos representantes no parlamento, governadores, prefeitos e formadores de opinião.

Marcos Mendes

Fevereiro de 2023

APRESENTAÇÃO

APRESENTAÇÃO

Em maio de 1998, o Congresso Nacional votou um chamado "Destaque para Votação em Separado" (DVS) acerca dos parâmetros exigidos para a aposentadoria, um dos principais pontos em debate naquela época, em que estava se discutindo a chamada "reforma da Previdência Social". A proposta votada era condicionar a aposentadoria à obediência a uma determinada idade mínima, de 60 anos para os homens e de 55 anos para as mulheres. O destaque teve 307 votos, ou seja, um a menos que o necessário para a proposta ser aprovada. O espírito da proposta só se traduziu em uma mudança efetiva da Constituição, em particular, nada menos que 21 anos depois, quando, em 2019, a reforma foi aprovada, após uma exaustiva discussão, (re) iniciada por ocasião da proposta submetida pelo Executivo ao Congresso, em dezembro de 2016, no governo Temer.

Corta para 1995. O Decreto nº 1.503, de 25 de maio de 1995, determinava, no seu art. 1º, que "ficam incluídas no Programa Nacional de Desestatização (PND), para os fins da Lei nº 8.031, de 12 de abril de 1990, as empresas: I — Centrais Elétricas Brasileiras S.A....", que, em 2021, ou seja, simplesmente após 26 anos, ainda não tinham sido desestatizadas, o que só ocorreu um ano depois, em 2022. Antes disso, havia o processo, esse que, sempre que tentado, era objeto da crítica — feita ao governo de plantão — de ser "excessivamente açodado".

Talvez por essa clara tendência nacional a postergar as grandes questões e evitar encarar os desafios — tendência que alguma vez levou o músico Tom Zé a declarar que "o Brasil é um país doentiamente autocomplacente" — é que, quando se digita no Google a expressão "sinônimos de 'protelar'", aparecem nada menos que 25 palavras com esse significado. Além da óbvia e natural "adiar" e deixando de lado outras cujo significado, a rigor, envolve algumas nuances diferenciadas, temos, com o mesmo sentido, as palavras "demorar", "diferir", "pospor", "procrastinar", "prorrogar", "retardar" e "atrasar", entre diversas palavras conhecidas, fora algumas menos cotadas. É de se duvidar que a língua inglesa ou alemã tenha tanta riqueza de possibilidades para definir o singelo ato de "empurrar com a barriga".

Com tais antecedentes, não é de estranhar que a reforma aprovada em 2019 tenha sido recebida como um grande avanço — e, de fato, ela foi muito significativa. Não obstante isso, para quem acompanha de perto o debate internacional sobre o tema, a disparidade de algumas regras específicas em relação ao resto do mundo continua chamando a atenção. A reforma, é verdade, corrigiu a principal distorção de nossa legislação, que eram as regras completamente permissivas para a aposentadoria por tempo de contribuição. Porém, também é um fato que, a rigor, as regras para a aposentadoria por idade são, em linhas gerais, as mesmas que as existentes em 1988, quando foi sancionada a, na época, "nova Constituição — ao passo que a população brasileira claramente envelheceu bastante nesse período de 35 anos. E a grande maioria daqueles que se aposentam o faz pelo critério de idade...

A situação agora, politicamente, é mais complicada, por duas razões. A primeira é que, depois de três anos de debate, de 2016 a 2019, a sociedade brasileira parece ter se concedido um período de uma espécie de "carência", no qual abordar o tema previdenciário em profundidade é praticamente impossível, porque "ninguém aguenta mais falar do assunto". E a segunda é o desaparecimento do argumento "fácil" da "luta contra os privilégios". Se a mudança das regras de aposentadoria, algo sempre muito difícil de aprovar em qualquer democracia, acabou sendo aceita sob o "invólucro" do chamado "combate aos privilégios", encarar a necessidade de mudar requisitos que beneficiam quem se aposenta aos 65 anos e/ou quem, muitas vezes, ganha apenas um salário mínimo de benefício assistencial afigura-se como uma tarefa muito mais complexa.

E, entretanto, como diria o poeta, "navegar é preciso". A reforma de 2019 só foi aprovada, no final, com relativa tranquilidade, porque o tema vinha sendo debatido havia anos. Agora, sem deixar de reconhecer o passo extremamente importante que foi dado em 2019, é necessário começar a debater o "aperto de parafusos" que será preciso dar naquela reforma para adaptar as regras de aposentadoria às tendências econômicas e demográficas do país.

A experiência indica que propostas de reformas estruturais tendem a vingar no Brasil apenas no começo de um governo. Foi assim com FHC em 1995, com Lula em 2003 e, de certa forma, com Temer em 2016, assim como com Bolsonaro em 2019. Depois da "lua de mel", tudo se torna mais difícil. Nesse sentido, não sabemos se um eventual ajuste daquela reforma ocorrerá em 2027, em 2031 ou depois. O importante é que esse tema comece a ser debatido desde agora. No fim, quem decide é sempre a política, por meio do voto. A nós, técnicos, cabe apenas dar elementos para o melhor conhecimento da situação por parte da opinião pública. A preparação para o futuro, de qualquer forma, para os que são conscientes da situação, é uma imposição da consciência. Afinal de contas, como nos lembra Tom Stoppard na epígrafe deste livro, "o tempo passa rápido". É bom estarmos prontos para as consequências da inação.

Cabe, por fim, um pequeno esclarecimento para aqueles que já tiverem lido o índice. Os autores conversaram muito entre si para definir o conteúdo aqui submetido ao leitor. Como costuma acontecer muito na vida, mesmo estando de acordo em muitas coisas, eles não concordam em tudo. Por isso, em benefício do melhor esclarecimento a quem tiver interesse acerca da questão, optaram por convergir para um denominador comum em quase tudo, mas explicitar aspectos diferenciados em um dos temas tratados: a possibilidade de adotar um regime de capitalização em substituição, em parte, ao atual regime. Por isso, o Capítulo 6, que trata do tema, foi dividido em dois: 6A e 6B. Assim, o livro é de responsabilidade de ambos os autores, mas o capítulo 6A é assinado por Fabio, e o 6B, por Paulo. Entendemos que é a melhor forma e a mais justa de expor os pontos de vista com apreço tanto pelo colega como pelos leitores. No mais, viva o bom debate.

Vamos aos argumentos, então. E boa leitura!

Os autores

Rio de Janeiro,
Fevereiro de 2023

CAPÍTULO 1

O CONTEXTO FISCAL

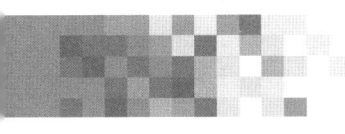

O CONTEXTO FISCAL

O retrospecto das contas públicas brasileiras nos últimos quarenta anos, desde que começaram a ser feitas as primeiras apurações das Necessidades de Financiamento do Setor Público (NFSP), popularmente conhecidas com o nome menos formal de "deficit público" ou, jornalisticamente, o "buraco fiscal", mostra duas tendências aparentemente contraditórias. Por um lado, um grau de escrutínio cada vez maior das contas, mercê de um esforço de apuração rigoroso e detalhado dos dados a cargo das equipes técnicas que se sucederam nas instituições responsáveis pelas estatísticas fiscais primárias — a Secretaria do Tesouro Nacional e o Banco Central do Brasil (BCB). Por outro, a presença do que na língua espanhola se chama de *"asignatura pendiente"*, ou seja, uma espécie de eterno "dever de casa", de tarefa inconclusa, que, entra governo e sai governo, continua presente como uma necessidade nunca devidamente encarada: combater o deficit público.

O resultado que esse é, como quando o Fundo Monetário Internacional (FMI), no começo da década de 1980, começou a dar consultoria técnica especializada ao governo brasileiro para mostrar como o deficit deveria ser corretamente apurado — até então, nossas estatísticas eram completamente embrionárias —, um problema não resolvido e que terá de ser assumido e completado nos próximos anos.

É impossível analisar as contas públicas do Brasil sem se deter na questão previdenciária, dada a sua relevância fiscal. E é impossível tratar de Previdência Social no Brasil sem inserir essa discussão na temática fiscal — afinal de contas, os especialistas não defendem reformar a

Previdência por querer fazer "maldade contra os idosos", mas simplesmente porque, usando um velho jargão, "o cobertor é curto". Em outras palavras, há muitos compromissos para pouco dinheiro, e o Estado brasileiro defronta-se, então, com dilemas difíceis: aumentar as aposentadorias ou investir mais em educação? Preservar as regras de aposentadoria (e sacrificar recursos, por exemplo, para ciência e tecnologia) ou mudá-las para poder gastar mais em outras áreas que não o pagamento de benefícios?

Em 2019, o país aprovou a maior reforma previdenciária (Emenda Constitucional 103/2021) do período da estabilização inaugurado em 1994. A reforma foi substancial, mexeu em muitos dispositivos da Constituição e postergou em vários anos a chegada da aposentadoria de muitas pessoas. Ela começou a ter, e ainda terá, efeitos importantes nos próximos anos, combinando efeitos da reforma constitucional que alongarão o período contributivo e sem acesso a benefícios com outros resultantes de legislação ordinária que facilitaram o combate às fraudes e estão permitindo mitigar o crescimento de alguns benefícios, notadamente nos segmentos de aposentadoria rural e por invalidez. Chegará o momento, porém, em que esses efeitos serão diluídos e a despesa do Instituto Nacional do Seguro Social (INSS) voltará a crescer a taxas maiores, ocasião na qual uma nova reforma, cedo ou tarde, será necessária.

É essa a motivação deste livro: expor as razões pelas quais a reforma previdenciária de 2019 precisará, em algum momento, ser complementada por um "aperto de parafusos" em itens que ficaram de lado na reforma original. Entender as razões dessa necessidade é o que nos leva a expor os argumentos que serão desenvolvidos ao longo das páginas deste livro.

Neste capítulo inicial, o leitor será apresentado às principais estatísticas fiscais do Brasil, para entender a dimensão do problema. Após um breve histórico da evolução das contas públicas nas últimas décadas, explica-se o contexto da adoção da chamada "regra do teto" do gasto em 2016; expõem-se as razões por trás dos cálculos dos governos acerca de que meta de resultado fiscal deve ser perseguida; mostra-se por que os graus de liberdade para adotar políticas fiscais muito expansionistas são menores que em outros países; e discutem-se os efeitos da pandemia.

O CONTEXTO FISCAL 15

Uma longa história[1]

O Brasil tem uma longa história de desequilíbrios fiscais. Na década de 1980, antes da estabilização, naqueles anos de inflação descontrolada, o resultado nominal não tinha maior significado econômico e utilizava-se como critério de apuração fiscal o resultado no conceito chamado de "operacional". Este corresponde a uma expressão do deficit "real", uma vez expurgados os efeitos da correção monetária do cômputo dos juros e que, antes do Plano Real, de 1994, era maiúscula. Nesse conceito operacional, o deficit público foi, em média, de 4,9% do Produto Interno Bruto (PIB) no período 1981–1985 e de 3,9% do PIB no período 1986–1990.[2] Neste segundo período, para o qual as estatísticas eram de melhor qualidade que as do começo da década de 1980 — muito precárias ainda, — esse resultado foi a combinação de uma média quinquenal de 0,6% de superavit primário e de 4,5% do PIB de juros reais.

De 1991 em diante, temos uma história mais bem documentada, no caso especial da União, pela existência de séries de receita e despesa do Tesouro Nacional relativamente consistentes ao longo do tempo. Embora no site da Secretaria do Tesouro Nacional (STN) a série histórica se inicie em 1997, quando as contas passaram a ser feitas pela contabilidade atual, *grosso modo*, o fato é que, nos anos anteriores, desde 1991, os dados eram apurados pela Secretaria de Política Econômica (SPE), com uma metodologia que, embora tivesse algumas pequenas diferenças de apuração, não era substancialmente diferente à adotada a partir de 1997 pela STN, razão pela qual é legítimo encadear as séries, o que mostra a trajetória do Gráfico 1.1, a ser explicada em breve.

---

[1] Para um histórico das origens do desequilíbrio fiscal brasileiro, ver, por exemplo, Giambiagi (2008) e Bacha (2016).

[2] A média de 1986–1990 é algo enganosa pelo fato de ser o resultado da inclusão de um superavit operacional de 1,4% do PIB em 1990, ano no qual certas características da indexação imperfeita derivada do Plano Collor, de março de 1990 fizeram despencar as despesas de juros reais, de 5,9% do PIB em 1989, para 0,9% do PIB um ano depois. Se for considerado apenas o período 1986–1989, o deficit operacional foi de 5,3% do PIB.

Gráfico 1.1
Gasto primário do governo central, incluindo transferências a estados e municípios (% PIB)

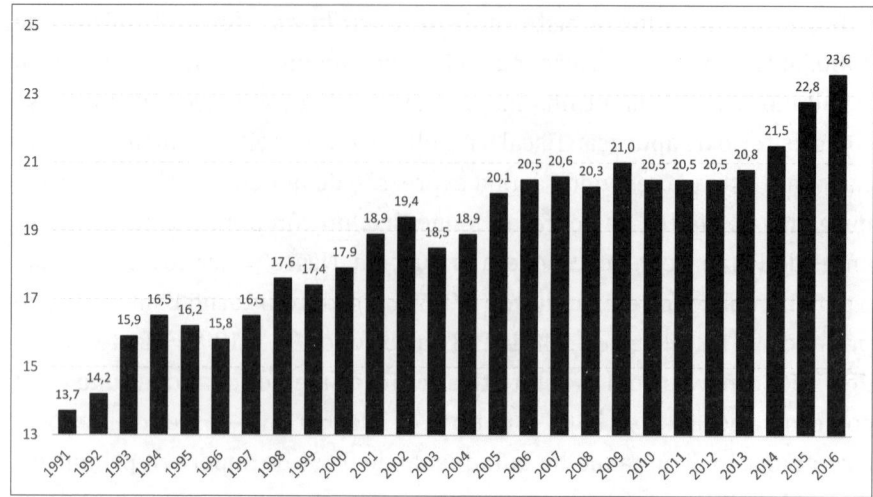

Fontes: Secretaria de Política Econômica (1991–1996) e Secretaria do Tesouro Nacional (1997–2016).

A comparação dos dados agregados do deficit público durante a década de 1990 se defronta com a questão do que fazer com a estatística de juros, que afeta dramaticamente o resultado fiscal. Nos primeiros anos depois da estabilização de 1994, o governo continuou divulgando ainda com certo destaque o resultado operacional, mas o fato é que, com níveis de inflação assemelhados aos de economias normais, essa forma de divulgação soava cada vez mais estranha em um mundo acostumado a lidar com o conceito de juros nominais puros. Para que o leitor tenha uma ideia, na média dos dez anos de 1985 a 1994, o deficit nominal do setor público foi de inacreditáveis 40% do PIB, diante dos quais o deficit nominal de 7% do PIB poderia parecer perfeitamente administrável, algo pouco razoável para quem acompanhava os dados de perto. Por isso, em geral, ao longo do tempo, estabeleceu-se a prática de, ao se falar em deficit, começar a contar a história da contabilidade fiscal moderna no Brasil em 1995, embora o resultado primário possa retroagir, com escassa confiabilidade, a 1981 e, com uma precisão bem maior, a 1985.

Os primeiros anos da década de 1990 foram bons em termos primários, ou seja, excluindo os juros. Nos quatro anos de 1991 a 1994, o país exibiu um resultado primário positivo, em média, de 1,5% do PIB no caso do governo central e de 2,9% do setor público consolidado — naquela época, estados e municípios e empresas estatais contribuíam bastante para o bom resultado primário. Embora isso não compensasse os juros reais de 3,3% do PIB no período, no conjunto, as contas públicas naquele período tinham um perfil melhor que nos anos de 1980.

Há dois comentários importantes a fazer, porém. O primeiro é que, não obstante o resultado agregado fosse melhor, houve no período um incremento expressivo do gasto do governo central — agregação de Tesouro Nacional e INSS —, que, em termos reais, utilizando o deflator do PIB, cresceu nada menos que 11,8% ao ano (a.a.) no triênio 1992–1994, fato mitigado pela elevação da receita bruta do governo central, de 15% para 19% do PIB no mesmo período. O segundo é que, em que pese essa alta real do gasto, o controle deste, naqueles anos, era relativamente "fácil" de fazer, mediante o expediente do atraso nos pagamentos. Quando a inflação é de, por exemplo, 30% ao mês, como podia ser a da época, atrasar os pagamentos de uma obra por dois meses era equivalente a reduzir em mais de 40% o valor real da despesa. Restava, portanto, passar a melhora fiscal da época pelo "teste do pudim" da estabilização, quando esse artifício não estaria mais disponível na intensidade anterior, uma vez que uma inflação de 1% ou 2% ao mês, como a que se seguiu ao Plano Real, é algo completamente diferente da observada até então. E o fato é que o teste deu errado... aliás, muito errado.[3]

Assim, se computarmos na estatística as transferências a estados e municípios como componente do gasto, a despesa primária federal, que em 1991 era de 14% do PIB e que em 1994 já tinha alcançado 17% do PIB,

---

[3] Nos dados a serem apresentados de agora em diante no capítulo, o leitor deve levar em conta que o IBGE revisou a série histórica das Contas Nacionais somente a partir de 1995 (inclusive), encontrando um valor nominal inicial do PIB, no primeiro ano da revisão (1995), em torno de 10% maior que o da divulgação original, supostamente por captar melhor aspectos de nossa economia informal. O fato é que, com isso, todas as séries cujo denominador, expresso como fração do PIB, não provém das Contas Nacionais, sofrem uma quebra estatística em 1995. Assim, por exemplo, uma variável que em 1995, com a série antiga do PIB, era da ordem de 20% do PIB, cai na série nova para algo em torno de 18% do PIB. Embora não haja solução para a questão, a dimensão da mudança nos obriga a fazer essa advertência ao leitor.

continuou escalando de forma quase ininterrupta até um pico de 24% do PIB em 2016 — antes dos efeitos *once and for all* do combate às consequências da pandemia em 2020. Ou seja, estamos falando de uma expansão fiscal de 10 pontos do PIB em 25 anos!

Durante anos, esse crescimento foi compensado pela expansão da receita. No conceito bruto, esta, que já tinha experimentado a alta já citada até 1994, continuou se expandindo, passando de 19% do PIB em 1994 para um máximo de 23% do PIB em 2008, em pleno auge do boom de commodities.

O problema é que esse processo dependeria de uma expansão contínua da receita, algo que não poderia ocorrer indefinidamente. Quando a receita começou a declinar, sem que um movimento similar se delineasse pelo lado do gasto, as tensões afloraram e o deficit público voltou a aumentar. Mantida a trajetória, o país poderia se encaminhar rumo a um default da dívida pública — o tão temido "calote".

Foi nesse contexto que, em 2016, o governo Temer enviou ao Congresso — e este aprovou — a chamada "regra do teto" do gasto público.

A adoção do teto

Quando se olha a performance do gasto no conjunto dos 25 anos entre 1991 e 2016, um fato salta aos olhos, como pode ser visto na Tabela 1.1, desta vez excluindo as transferências a estados e municípios, para isolar a dinâmica do gasto do fato de que, sendo ela financiada por receita, parte desta acaba virando gasto pelo aumento da repartição de recursos do Imposto de Renda (IR) e Imposto sobre Produtos Industrializados (IPI) para estados e municípios.

Tabela 1.1
Gasto primário do governo central, excluindo transferências a estados e municípios (% do PIB)

Composição	1991	1994	2002	2010	2016
Pessoal	3,8	5,1	4,8	4,3	4,1
INSS	3,4	4,9	5,9	6,6	8,1
Outros	3,9	4	5,1	6,2	7,7
Total	**11,1**	**14,0**	**15,8**	**17,1**	**19,9**

Fontes: Secretaria de Política Econômica (1991–1994) e Secretaria do Tesouro Nacional (2002–2016).

O fato em destaque foi o aumento do peso da despesa pública, crescendo muito acima do PIB de forma contínua, em cada um dos períodos considerados (anos de final de um governo). Essa dinâmica do gasto, que fora possível inicialmente nos anos em que o imposto inflacionário permitia financiar qualquer coisa, até 1994, ganhou uma restrição com a estabilização de 1994. Posteriormente, ela se sustentou em três alicerces, simultâneos ou consecutivamente:

i) O aumento da carga tributária, já mencionado e observado muito claramente durante quase vinte anos, com o *plus* de 8% do PIB da receita bruta federal entre 1991 e 2008.

ii) O crescimento da economia, que, mesmo em caso de manutenção dos coeficientes relativos de receita e gasto, viabilizava um bom crescimento da despesa, sem agravar os desequilíbrios e que se revelou particularmente forte entre 2003 e 2010; e em um curto período.

iii) A venda de estatais, cuja privatização, no governo FHC, contribuiu para financiar em parte o desequilíbrio fiscal, sem pressionar ainda mais a dívida pública.

Sem espaço para novos aumentos da carga tributária, com crescimento fraco da economia e já sem privatizações, mais cedo ou mais tarde, porém, a necessidade de uma correção de rota acabaria se impondo, sob pena de se observar um processo de endividamento explosivo. Esse momento se deu em 2016, com a aprovação da regra do teto, que, em linhas gerais, congelou a despesa no ponto em que ela se encontrava em termos reais por ocasião da adoção da nova regra. Para que o leitor tenha uma ideia da dimensão do desafio, cabe notar que a despesa, excluindo as transferências a estados e municípios, crescera nada menos que 5% a.a. nos 25 anos de 1991 a 2016. Era esse agregado que o governo, em 2016, pretendia que crescesse zero daí em diante, por dez anos. É o que se poderia denominar de décimo terceiro trabalho de Hércules.

A rigor, a variável controlada não era estritamente o gasto total, e sim um universo normalmente correspondente a algo como 97% do total. Excluem-se da regra os itens conhecidos como "extrateto" e que abrangem, essencialmente:[4]

  i) Despesas associadas a créditos extraordinários, geralmente vinculados à necessidade de atender a emergências causadas por desastres naturais.
  ii) Gastos com capitalização de empresas estatais.
  iii) Atendimento das necessidades operacionais da Justiça Eleitoral, que são tipicamente gastos que se verificam apenas em anos eleitorais — no Brasil, em anos pares, de realização, alternadamente, de eleições municipais e nacionais.

A primeira exceção se justifica pelo fato de que, diante de uma situação dramática, local ou nacional, que pelo seu caráter imprevisto não podia ser objeto de rubrica orçamentária por ocasião da votação do Orçamento, é impossível, humanamente, negar ajuda à população afetada — pense o leitor, por exemplo, em uma cidade afetada por uma enchente — em nome do fato de que a despesa "ultrapassaria o teto".

A lógica da segunda exclusão se relaciona com os valores envolvidos. O receio dos *policy makers*, à época, era o de que, para um volume de despesas discricionárias da ordem de R$ 100 bilhões, fosse necessário, em algum momento, capitalizar uma empresa estatal, por alguma razão, em uma magnitude da ordem de grandeza de R$ 10 bilhões, o corte compensatório que isso exigiria nas rubricas, que ficariam sujeitas a corte, seria

---

4   Mudanças posteriores da regra vieram a incorporar novas exclusões ao chamado "extrateto", gerando distorções no espírito da proposta original.

muito grande, o que justificaria a exceção como forma de evitar o surgimento de grandes tensões.

Finalmente, a terceira cláusula citada era apenas para evitar que a necessidade de realizar eleições — um rito inerente à democracia — pressionasse, nesses anos, à baixa, as demais despesas.

Além desses elementos, cabe considerar que o indexador original anual do teto foi definido como a inflação acumulada em doze meses até junho do ano anterior, de modo que o parâmetro já fosse incorporado na elaboração do Orçamento, enviado sempre ao Congresso no mês de agosto de cada ano.[5]

Finalmente, cabe lembrar que a figura da existência de um teto pressupõe que, a rigor, a variável se situe abaixo deste.

Tais esclarecimentos são importantes porque, quando se compara o que aconteceu depois de 2016 com o que, a priori, caberia esperar — um gasto estável em relação àquele ano, em termos reais —, notam-se variações importantes associadas a esses três elementos:

a) As mudanças na despesa entendida como "extrateto".
b) Diferenças entre a variação do Índice de Preços ao Consumidor Amplo (IPCA) nos doze meses até junho e a variação média dos preços na economia, a cada ano.
c) O fato de a despesa poder se situar abaixo do teto.

Discutiremos essas questões em maiores detalhes no próximo capítulo.

A lógica da sustentabilidade da dívida

A pergunta natural que o cidadão comum — que obviamente não é obrigado a acompanhar as nuances do debate sobre as questões fiscais — se faz, no contexto que explicamos antes, é: por que motivo o teto foi

---

[5] No final de 2021, esse dispositivo foi alterado, sendo substituído pelo IPCA janeiro/dezembro.

adotado? O que se procurava com ele? Para isso, nos valeremos dos dados da Tabela 1.2.

Idealmente, seria melhor apresentá-los na forma de um gráfico, para mostrar o contraste das mudanças, mas o ponto fora da curva de 2020 nos obrigaria a adotar uma escala tal diante da qual as mudanças ocorridas nos outros anos perderiam relevância.

Tabela 1.2
Resultado primário, setor público (% do PIB)

Ano	Resultado	Ano	Resultado	Ano	Resultado	Ano	Resultado
1991	2,7	2001	3,3	2011	3	2021	0,7
1992	1,6	2002	3,2	2012	2,2	2022	1,3
1993	2,2	2003	3,2	2013	1,7		
1994	5,2	2004	3,7	2014	-0,6		
1995	0,2	2005	3,8	2015	-1,8		
1996	-0,1	2006	3,2	2016	-2,5		
1997	-0,9	2007	3,3	2017	-1,7		
1998	0	2008	3,3	2018	-1,5		
1999	2,9	2009	2	2019	-0,8		
2000	3,2	2010	2,6	2020	-9,2		

Fonte: Banco Central.

De forma muito sucinta, para responder à pergunta colocada anteriormente, cabe explicar uma questão chave: o que determina a dinâmica de uma dívida? E por que ela é importante? Pense o leitor o seguinte: imagine uma empresa com uma dívida de R$ 10 milhões e outra com uma dívida de R$ 100 milhões. Qual empresa está melhor? A rigor, obviamente, a pergunta não faz sentido, porque a única resposta possível é: "Depende." Do quê? Do tamanho da empresa. Para uma Petrobras ou uma Vale, R$ 100 milhões, obviamente, pesam menos, em termos relativos, que R$ 10 milhões para uma pequena empresa individual de tipo Microempreendedor Individual (MEI) que fatura em torno de R$100 mil por ano.

Analogamente, a frase "Dívida alcança R$ 4 trilhões" pode impressionar, jornalisticamente, por ser um número alto, mas o que interessa na macroeconomia é quanto a dívida pública pesa em relação a outras variáveis, como, por exemplo, a receita (no caso dos estados ou municípios) ou, para o governo federal, o PIB. Por isso, em geral, nós, economistas, prestamos muita atenção na relação dívida pública/PIB.

Vale agora também outra analogia. Imagine o leitor que uma pessoa que ganha R$ 10 mil por mês se endivida para comprar uma televisão no valor de R$ 2 mil. A relação dívida/renda será de 20%, algo que parece palatável. Não tem nada de mais se, enquanto ela estiver amortizando a televisão, assumir uma nova dívida de, por exemplo, R$ 3 mil para comprar uma geladeira. Uma dívida de 50% da renda também será administrável para pagar prestações, por exemplo, durante um ano. Inclusive, uma dívida muito maior — como para adquirir um imóvel — poderá fazer sentido, desde que seja para pagar em prazo muito dilatado — 20 ou 25 anos, digamos. O que não faz sentido é que a pessoa acumule dívida após dívida de modo que o coeficiente dívida/salário aumente indefinidamente. Se a pessoa receber uma promoção e passar a ganhar o dobro, as dívidas poderão aumentar em termos absolutos. Porém, se ao longo do tempo a relação entre a dívida e o salário aumentar sempre, de duas uma: ou a pessoa terá que torcer para ganhar na loteria para pagar a dívida, ou a dívida será impagável — e, em algum momento, o banco exigirá que seja paga.

Quando, em um país, se observa um crescimento contínuo dos seus coeficientes de endividamento, as consequências dependem da natureza da dívida. Se for externa, o país talvez tenha que viver sem receber dólares de fora por um bom número de anos — como no caso atual da Argentina, sem crédito externo algum. Se a dívida for interna, porém, o país tem um problema maiúsculo, porque, no caso extremo, "o governo dar calote" significa que, na outra ponta, quem tinha dinheiro aplicado em títulos públicos dormirá um dia com seu capital valendo X e acordará no dia seguinte com ele valendo bem menos. Quem viveu ou ouviu falar do que foi o Plano Collor no Brasil em 1990 tem uma ideia bem precisa de como isso pode ser bem dramático.

Apesar de não ser possível determinar a priori que a relação dívida/PIB de um país é "alta" ou "baixa, é importante ter em consideração o que os detentores de títulos públicos pensam a respeito da capacidade de pagamento futuro dessa dívida. Se houver uma percepção de que há risco de inadimplemento por parte do governo, os poupadores (detentores desses títulos públicos) podem sentir aversão a continuar financiando essa dívida.

Para evitar esse tipo de situação extrema, os países em geral tentam evitar que a relação dívida pública/PIB tenha uma trajetória sistematicamente ascendente. Embora, como explicado, não haja uma "regra de bolso" para definir o que seja uma relação dívida/PIB "limite", a ideia é a de que se tente evitar que, projetando-se as contas para um período relativamente longo, a dívida aumente indefinidamente como proporção do PIB.

O que define, então, a dinâmica da relação dívida/PIB? Ou seja, do que dependerá essa relação em um ano, além, obviamente, do nível do coeficiente no ano anterior? Essencialmente, de três parâmetros:[6]

- A taxa de crescimento do PIB.
- O resultado primário, que exclui os juros e, como mostra a Tabela 1.2, piorou muito na década passada.
- A taxa de juros.

A primeira variável tem um impacto óbvio: para dado nível do numerador da relação dívida/PIB, quanto maior o denominador, menor será o coeficiente resultante. No caso do nível primário — ou seja, do resultado fiscal sem considerar a despesa de juros —, a importância da variável é que, quanto mais recursos o governo tiver "sobrando" (se o resultado for positivo) ou tiver que captar no mercado para se financiar (se for negativo), mais ele poderá — tudo o mais constante — abater a dívida (em caso de superavit) ou terá que aumentá-la (em caso de deficit). Finalmente, além do resultado primário, é evidente que a dívida crescerá mais ou menos dependendo de qual for a taxa de juros incidente sobre ela: uma taxa muito alta poderá gerar uma trajetória eventualmente explosiva, ao passo que uma taxa pequena poderá propiciar que a trajetória seja muito mais suave.

---

[6] Estamos deixando de lado, aqui, a influência de fatores exógenos que podem afetar a dívida, como, por exemplo, efeitos cambiais — uma desvalorização do câmbio, por exemplo, muda a importância da dívida externa comparativamente ao PIB — ou os chamados "esqueletos" (dívidas passadas ainda não reconhecidas).

Com uma álgebra simples, mas que não cabe aqui reproduzir, é possível, combinando esses elementos, concluir que há uma relação entre o resultado primário requerido e o PIB, consistente com o equilíbrio da relação dívida/PIB, e que será uma função direta:

i) Da relação dívida/PIB.
ii) Da diferença entre a taxa de juros real e a taxa de crescimento da economia.

No caso de (I), quanto maior a dívida, evidentemente, maior terá que ser o esforço fiscal necessário para evitar que os juros incidentes sobre ela gerem uma alta da relação dívida/PIB. No caso de (II), a dinâmica da relação dívida/PIB dependerá da relação entre as taxas de juros e de crescimento: quanto maior (menor) for a taxa de juro em relação à do crescimento, mais (menos) intenso será o crescimento dessa relação entre a dívida e o tamanho da economia. Para valores da relação superavit primário/PIB diferentes daqueles de equilíbrio, dados os parâmetros citados, a relação dívida/PIB crescerá se o resultado primário for inferior ao de equilíbrio ou, alternativamente, diminuirá se o resultado exceder o que é necessário para estabilizar a relação dívida/PIB.

Podemos agora voltar aos dados da Tabela 1.2. Com os níveis de superavit primário observados no começo dos anos 1990, a dívida pública teve uma trajetória muito favorável. Naquela época, não havia uma estatística de dívida bruta como a que temos hoje, de modo que a referência básica era a chamada "dívida líquida do setor público" (correspondente à dívida bruta, deduzidos os ativos do setor público, tais como as reservas internacionais). Com os números expostos na tabela, então, a dívida líquida do setor público, que era de 41% do PIB em 1990, caiu para 30% do PIB no ano da estabilização, em 1994.

Já com a inversão que ocorreu da situação fiscal em meados da década de 1990, a trajetória mudou: quando se passou de níveis de superavit primário relativamente elevados como os de 1991–1994 para um deficit médio, no conjunto dos quatro anos 1995–1998, a dívida líquida voltou a ser pressionada e escalou para 38% do PIB em 1998.

Curiosamente, em que pese a ocorrência de um significativo ajuste fiscal a partir de 1999, a dívida líquida continuou crescendo nos anos seguintes e alcançou 60% do PIB em 2002, no final do governo FHC. A razão disso esteve ligada a dois fatores: um, o elevado nível das taxas de juros da época; dois, a acumulação de ajustes patrimoniais, que adicionaram à dívida um montante de 20% do PIB entre 1998 e 2002, basicamente devido às desvalorizações cambiais da época.

Depois de 2002, já sem esse tipo de efeitos e mantido o ajuste dos anos anteriores, a dívida líquida voltou a cair de forma praticamente contínua durante pouco mais de dez anos e retornou a apenas 31% do PIB em 2013.

Finalmente, com a combinação de baixo crescimento e piora fiscal observada àquela época, a dívida voltou a aumentar desde então. A isso se somou o fato de que, em face da ocorrência de uma série de práticas conhecidas como "contabilidade criativa", naquela época, muitos analistas deslocaram o foco de análise, passando a concentrar a avaliação fiscal a partir da observação da trajetória da dívida bruta, e não mais da dívida líquida. Essa breve história se complementa com o formidável estímulo fiscal de 2020, que, naturalmente, pressionou muito a dívida pública.

Um passado que condena

A Tabela 1.3 complementa as anteriores e mostra as taxas de crescimento real médio dos três grandes agregados de despesa dos itens sujeitos ao teto antes e depois da estabilização do Plano Real. Como se pode notar, o item "INSS" desponta como o grande fator de crescimento do gasto, tema esse a ser devidamente explorado no próximo capítulo. No conjunto de pouco mais de três décadas, o gasto total se expandiu a uma taxa média anual de 4%, largamente superior à do PIB, de apenas 2,3% a.a.

O processo de deterioração fiscal alcançou o seu auge em meados da década passada, quando, em 2015, o deficit foi de mais de 10% do PIB. Nos anos posteriores, entre 2015 e 2019, ele cedeu na proporção aproximada de 1% do PIB por ano, para 9% do PIB em 2016, 8% do PIB em 2017, e assim sucessivamente, ainda que fazendo a ressalva de que três quartos da queda do deficit entre 2015 e 2019 se devessem ao menor pagamento de juros (Tabela 1.4). Quando existia a possibilidade de alcançar 5% do PIB no ano de 2020, o país foi abalroado pela pandemia, para depois retomar a trajetória prévia.

Tabela 1.3
Taxas de crescimento real médio do gasto primário (% a.a.)

Item	1991–1994	1994–2022	1991–2022
Pessoal	14,5	0,8	2
INSS	17	4,1	5,3
Outros	3,9	4,2	4,2
Total	11,8	3,2	4
PIB	3,4	2,2	2,3

Deflator: Deflator do PIB.
Fontes: Secretaria de Política Econômica (1991–1996) e Secretaria do Tesouro Nacional (1997 em diante).

Tabela 1.4
Necessidades de Financiamento do Setor Público — NFSP (% PIB)

Ano	Juros	Resultado primário	NFSP
1995–00	6,3	0,9	5,4
2001–05	7,3	3,4	3,9
2006–10	5,7	2,9	2,8
2011–15	5,7	0,9	4,8
2015	8,4	-1,8	10,2
2016	6,5	-2,5	9
2017	6,1	-1,7	7,8
2018	5,4	-1,6	7
2019	5	-0,8	5,8
2020	4,1	-9,2	13,3
2021	5	0,7	4,3
2022	6	1,3	4,7

Fonte: Banco Central.

O fato é que estas breves pinceladas sobre algumas décadas de resultados fiscais não nos permitem ter ilusões acerca da magnitude dos desafios. De certa forma, temos um passado que não nos dá os graus de liberdade que outros países têm, no mundo pós-pandemia, para implementar políticas fiscais mais agressivas. O relato feito aponta para duas décadas e meia de forte expansão do gasto — esse processo, a rigor, inicia-se já com a "Nova República", em 1985 — até a adoção do teto de 2016, que se sustentaram com base no aumento da carga tributária e/ou num aumento da dívida pública. Quando fizemos, de fato, um esforço primário maior, demos azar do resultado ter sido "invisível" devido aos efeitos patrimoniais de 1999–2002 ou, adicionalmente, de ter coincidido com uma época de juros reais elevados, sem contar, portanto, com o benefício da redução da despesa de juros.

Os países que assumiram uma postura fiscal mais ativa, no sentido de gastar mais para atacar os efeitos da pandemia, são aqueles que têm uma situação fiscal mais sólida do que a nossa e/ou uma situação institucional diferenciada, que reduz muito os riscos de ocorrer uma explosão da dívida pública. Para citar um exemplo óbvio, esse é o caso dos EUA, pelo seu histórico, por suas instituições e, *last but not least*, pelo seu papel de emissor da moeda internacional por excelência, o fato é que puderam se dar ao luxo de sustentar um amplo programa de gastos extraordinários não apenas em 2020, como também em 2021, sem que isso detonasse um movimento de desconfiança acerca dos papéis do Tesouro norte-americano.

De alguma forma, essa confiança acerca do futuro se expressa nas taxas de juros de longo prazo vigentes no país. Enquanto países com economias sólidas experimentam taxas de juros, mesmo longas, próximas de zero em termos reais ou efetivamente muito baixas, o Brasil luta contra os fantasmas do passado — décadas de alta inflação, o Plano Collor etc. — e, mais recentemente — fazendo reviver esses fantasmas — o grande aumento da dívida pública resultante dos desequilíbrios fiscais da década passada. Embora a taxa de juros tenha caído em relação a um passado mais distante, há duas coisas a frisar (Gráfico 1.2). A primeira é que a nossa taxa é muito elevada, comparativamente ao standard de países como EUA, Alemanha, França ou Coreia do Sul. A segunda é que, especificamente tomando como referência o que aconteceu com a pandemia e posteriormente, nós tivemos uma piora sensível: a taxa real de juros de trinta anos era de 3,6% no mercado em fevereiro de 2020, logo antes de eclodir a crise do coronavírus e, com oscilações posteriores, aumentou para 6% na média de 2022, indicando falta de confiança na solução das questões de longo prazo da economia brasileira. Veremos isso mais de perto na última seção do capítulo.

Gráfico 1.2
Taxa de juros real de longo prazo: Média anual NTN-B — trinta anos (%)

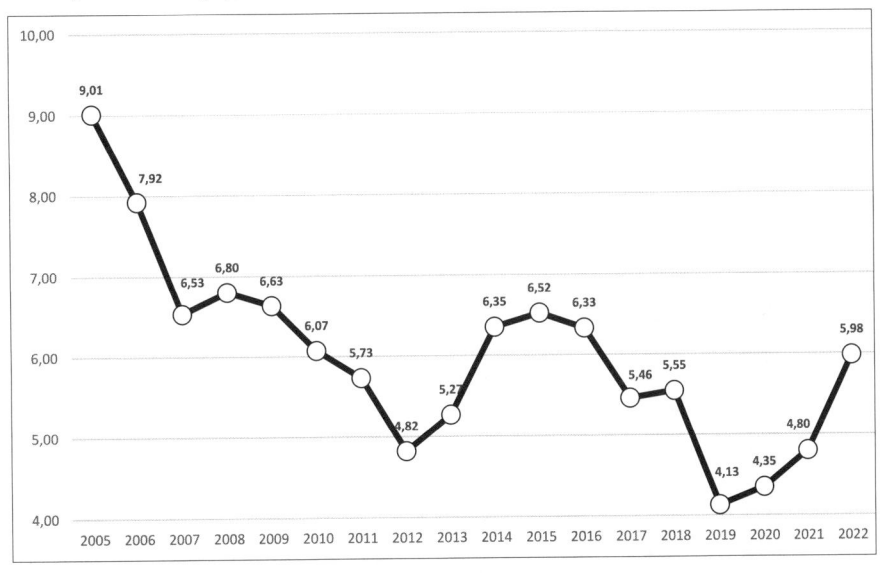

Ano	Taxa
2005	9,01
2006	7,92
2007	6,53
2008	6,80
2009	6,63
2010	6,07
2011	5,73
2012	4,82
2013	5,27
2014	6,35
2015	6,52
2016	6,33
2017	5,46
2018	5,55
2019	4,13
2020	4,35
2021	4,80
2022	5,98

Fonte: Associação Brasileira das Entidades dos Mercados Financeiro e de Capital (ANBIMA).

Os efeitos da pandemia

Diante da magnitude da crise com a qual as autoridades se defrontaram no mundo inteiro em março de 2020, quando eclodiu a pandemia da covid-19, o Brasil, assim como boa parte dos países do mundo, adotou um *mix* de políticas para tentar evitar uma crise social de proporções gravíssimas, causada pela paralisia de diversas atividades. Como parte desse cardápio de medidas, o Sistema Especial de Liquidação e de Custódia (SELIC), em termos nominais, chegou a cair para apenas 2% durante vários meses. Isso deu sequência a um processo iniciado em 2016, de tendência de queda de toda a estrutura de juros da economia brasileira, com reflexo na redução do custo do endividamento público (Gráfico 1.3). Assim, a taxa ponderada nominal de juros da dívida pública mobiliária federal interna, que foi de 14% em 2015, caiu para metade disso (7%) em 2020, antes de iniciar novo ciclo de alta em 2021, que se mantém até hoje. A diferença entre essa taxa e a Selic se deve à presença de um grande volume da dívida em papéis mais antigos, com prazo longo, que "carregam" as taxas elevadas do passado, por ocasião da sua respectiva emissão, até o vencimento deles.

Gráfico 1.3
Taxa ponderada nominal de juros da dívida pública mobiliária federal interna (%)

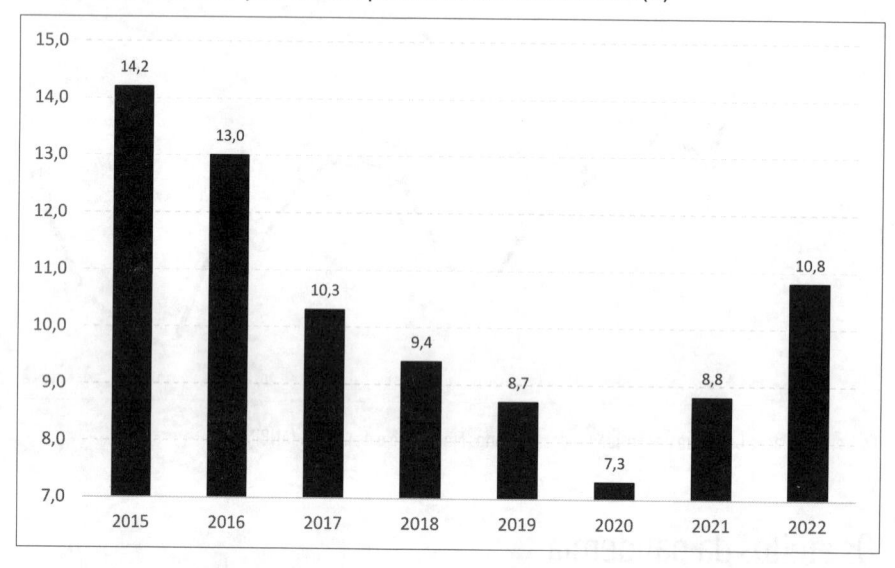

Ano	Taxa (%)
2015	14,2
2016	13,0
2017	10,3
2018	9,4
2019	8,7
2020	7,3
2021	8,8
2022	10,8

Fonte: Secretaria do Tesouro Nacional.

A dívida pública é composta de uma diversidade de papéis, cujo custo é afetado de forma diferenciada pelas flutuações da inflação e dos juros da Selic. Uma alta da inflação, por exemplo, reduz a taxa real paga sobre papéis pré-fixados como a LTN e a NTN-F, mas não afeta a taxa das NTN-Bs, que são títulos atrelados ao IPCA. Observe-se que, devido a isso, a trajetória dos juros reais difere bastante em relação aos nominais: como a queda da inflação em relação a 2015 — quando ela afetou seriamente a rentabilidade das LTNs e das NTN-F — mudou completamente a rentabilidade real dos papéis pré-fixados, em termos arredondados, a taxa real da Dívida Pública Mobiliária Federal interna (DPMFi) se manteve, ainda em 2020, no mesmo patamar de 3% de 2015 (Tabela 1.5). Em 2021, porém, ocorreu o oposto e, com a surpresa inflacionária verificada naquele ano, as taxas de juros reais de parte dos papéis federais passaram a operar no terreno negativo, ou até fortemente negativo. Com a alta dos juros nominais definida pelo Banco Central desde então, porém, para poder combater a inflação de forma eficaz, em 2022, houve um aumento significativo dos custos da dívida pública.

Tabela 1.5
Taxa real de juros dos principais papéis da dívida pública mobiliária federal interna (%)

Ano	LFT	LTN	NTN-F	NTN-B	DPMFi
2015	2,4	0,6	1	5,5	3,2
2016	7,3	6	5,5	6,1	6,3
2017	6,8	9	8,7	5,7	7,2
2018	2,6	6,7	7,7	5,9	5,4
2019	1,6	5,1	7,1	5,3	4,2
2020	-1,7	2,6	6,3	5,4	2,6
2021	-5,1	-3,9	0,2	5,1	-1,2
2022	6,4	1,6	4,3	4,8	4,7

Deflator: IPCA.
Fonte: Secretaria do Tesouro Nacional.

As consequências mais importantes do que ocorreu em 2020 e 2021–2022, em função dos acontecimentos da época e relacionadas com o quadro descrito no capítulo, foram quatro, conforme a seguir.

- Uma queda forte das taxas nominais de curto prazo, para evitar um colapso da economia, movimento esse depois drasticamente revertido ao longo de 2021.
- Uma explosão temporária do deficit primário em 2020, quando se aproximou de 10% do PIB, consequência da expansão de gastos sociais para minimizar os efeitos deletérios da pandemia nos segmentos mais pobres da população.

- Um aumento das taxas de juros de longo prazo, reflexo das dúvidas do mercado acerca da capacidade do país de endereçar adequadamente as suas questões fiscais.
- Um salto inicial de 15% do PIB da dívida bruta, que se aproximou de 90% do PIB, embora depois cedendo em 2021–2022, pela combinação de melhora substancial do resultado primário, forte crescimento econômico no biênio e efeito da queda temporária da taxa de juros sobre as despesas financeiras anuais do governo (Gráfico 1.4).

Gráfico 1.4
Dívida bruta do governo geral: dezembro (% do PIB)

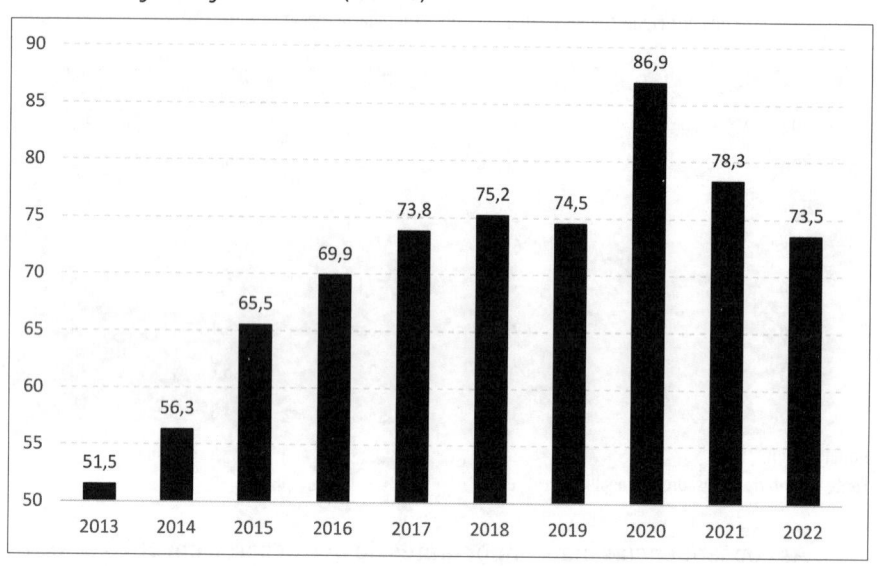

Ano	% do PIB
2013	51,5
2014	56,3
2015	65,5
2016	69,9
2017	73,8
2018	75,2
2019	74,5
2020	86,9
2021	78,3
2022	73,5

Fonte: Banco Central.

Em 2023, porém, tudo indica que, com a queda da inflação e a observação de taxas de juros reais mais pronunciadas, somadas à perspectiva de uma piora importante do resultado primário e de uma redução do crescimento da economia, a relação entre a dívida pública e o PIB deverá sofrer uma alta considerável, restabelecendo as preocupações acerca da trajetória de sustentabilidade da dívida.

O resumo do que foi dito é: o país tem um desafio fiscal não resolvido e seria desejável que se dispusesse a resolver de uma vez por todas seu problema crônico de desequilíbrio fiscal. Como isso se relaciona com a questão previdenciária? É o que veremos a seguir.

CAPÍTULO 2

A PREVIDÊNCIA NO CONTEXTO FISCAL

A PREVIDÊNCIA NO CONTEXTO FISCAL

Em 2022, o governo central teve uma despesa primária, sem contar as transferências a estados e municípios, da ordem de grandeza de R$ 1,8 trilhões. Desse valor, aproximadamente R$ 800 bilhões foram de despesas com benefícios do INSS, e apenas R$ 150 bilhões, com as despesas ditas "discricionárias", ou seja, aquilo que "sobra" após cumprir com todos os compromissos obrigatórios. Há duas informações-chaves que dão uma ideia bem nítida da importância fiscal das variáveis associadas à Previdência e à Assistência Social, conforme a seguir.

- Um incremento de apenas 1% das despesas do INSS representa um valor da ordem de grandeza de R$ 8 bilhões.
- Um simples aumento de apenas R$ 10 recebido em 13 pagamentos (incluindo o décimo terceiro) por aproximadamente 19 milhões de pessoas que recebem benefícios previdenciários de um salário mínimo e em 12 pagamentos por 5 milhões de pessoas que recebem o benefício do LOAS ou das Rendas Mensais Vitalícias (RMV) a título de benefício assistencial, representa um adicional de gasto de mais de R$ 3 bilhões.

Uma necessidade de corte compensatório do primeiro aumento citado pode não representar muito na comparação com R$ 1,8 trilhão de despesas (menos de 0,5% do total), mas é significativo se comparado aos R$ 150 bilhões de despesas discricionárias (5% da rubrica). Em particular, quando se leva em conta que nas despesas discricionárias há também uma escala de prioridades, isso significa que o citado aumento de apenas

1% do gasto do INSS pode, na outra ponta, implicar que algumas rubricas simplesmente desapareçam para poder financiar essa despesa extra com benefícios.

Muitas vezes, o leigo tende a julgar que a "gastança" governamental está associada a um excesso de funcionários públicos ou aos salários dos "marajás" do funcionalismo, mas o fato é que quem acaba sendo sacrificado quando se trata de abrir espaço para que o INSS tenha mais recursos para pagar benefícios são as rubricas que não têm "padrinhos" fortes no Congresso Nacional. Quando se sabe que o Butantan e a Fiocruz, na crise da covid-19, conseguiram produzir as vacinas que assumiram a "linha de frente" na guerra do combate ao vírus em 2021, com base no esforço de pesquisa de anos, feito com despesas orçamentárias, pode-se ter uma ideia da gravidade das perdas que o país pode sofrer potencialmente se esse processo for levado às últimas consequências.

Este capítulo complementa o anterior e serve para mostrar ao leitor como a despesa previdenciária se insere no quadro fiscal que acabamos de descrever e como, portanto, as regras de concessão de benefícios afetam a realidade que descrevemos anteriormente. O tema foi exaustivamente discutido durante anos, e essa discussão foi o pano de fundo da aprovação da reforma previdenciária de 2019, mas em algum momento será preciso ter uma "nova rodada" de ajustes, como tentaremos mostrar ao longo deste livro.[1]

Neste capítulo, mostraremos a tendência generalizada, no mundo inteiro, à necessidade de enfrentar os desafios associados à mudança pelas quais está passando a população com o envelhecimento demográfico universal. Na sequência, trataremos das especificidades do caso brasileiro e de como o resultado tem sido uma deterioração das políticas públicas em diversos campos. Posteriormente, analisaremos os dados dos últimos anos. Por último, voltaremos a falar da demografia, para tratar das tendências futuras.

---

[1] Para entender como as raízes desse debate estão distantes no tempo, ver Moura da Silva e Luque (1982). Para se situar no contexto do debate sobre a reforma previdenciária travado nas décadas de 2000 e 2010, ver Giambiagi (2007), Tafner e Giambiagi (2007) e Tafner, Botelho e Erbisti (2015). Para uma discussão dessas questões sob uma ótica jurídica, ver Zambitte (2011).

Um desafio universal

A tarefa de encarar a necessidade de se adaptar às transformações demográficas das sociedades tem uma natureza universal: de um modo geral, vale para o Brasil e para o Vietnã, para os Estados Unidos e para a Venezuela, para a Coreia do Sul e a Coreia do Norte.

A razão disso é dupla. Costuma-se colocar, compreensivelmente, ênfase no fato de que as pessoas vivem hoje mais do que no passado, o que é rigorosamente verdadeiro. Há também outro aspecto do fenômeno do "acinzentamento" das sociedades (termo que por vezes se utiliza para indicar a maior proporção de pessoas com cabelos grisalhos na composição do total), e é o fato de que as famílias têm menos filhos (Gráfico 2.1). Na época em que nossos avós eram crianças, os pais tinham seis, oito ou, por vezes, até mais filhos. Essa realidade foi mudando com o passar das décadas, e hoje é muito comum as famílias serem compostas por dois filhos, um ou até nenhum. Ou seja, com os idosos vivendo mais em uma ponta da distribuição etária das pessoas que compõem uma sociedade e, na outra, nascendo cada vez menos crianças, a consequência é que a proporção de pessoas acima de 60 ou 65 anos no total da população é cada vez maior.

Gráfico 2.1
Brasil: Projeção da população com menos de 1 ano de idade (milhões de pessoas)

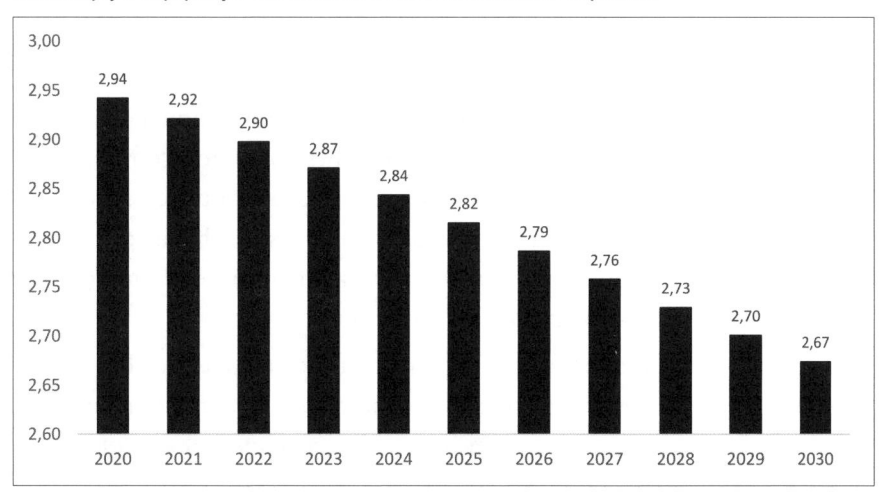

Ano	Valor
2020	2,94
2021	2,92
2022	2,90
2023	2,87
2024	2,84
2025	2,82
2026	2,79
2027	2,76
2028	2,73
2029	2,70
2030	2,67

Fonte: IBGE (Projeção da população, 2018).

Por isso, reformas do sistema de aposentadorias têm sido um denominador comum no debate público em praticamente todos os países, em algum momento do tempo, nos últimos vinte anos. O cardápio varia, podendo envolver, dependendo da situação política e da idiossincrasia de cada sociedade, uma combinação entre pontos específicos das seguintes alternativas, mais ou menos convencionais:

- Aumento do tempo de contribuição.
- Adoção ou aumento da idade mínima para aposentadoria.
- Elevação das contribuições ao sistema.
- Redução da diferença entre requisitos de aposentadoria de categorias específicas vis-à-vis à norma geral.
- Redução da razão entre o valor do benefício da pensão por morte e o valor do benefício de aposentadoria, bem como a supressão da possibilidade de reversão de parcelas da pensão de dependentes quando estes perdem essa condição (por exemplo, filhos menores).
- Limitação da possibilidade de acumulação de benefícios.
- Redução da taxa de reposição do valor das aposentadorias (presentes e/ou futuras).

O tema não se colocou no debate enquanto prevaleceu no mundo a dinâmica demográfica que se seguiu à Segunda Guerra Mundial, com o auge do movimento conhecido como baby boom, ou seja, a euforia pela vida, por assim dizer, que marcou os anos posteriores a 1945 e àquela realidade macabra que o mundo vivenciou nos anos anteriores àquele momento.[2] Porém, as décadas passaram, os babies se tornaram adultos, envelheceram e se aposentaram, e quando isso ocorreu, passou a haver proporcionalmente menos jovens para sustentar o pagamento dos benefícios de quem estava saindo do mercado de trabalho.

Essa dinâmica foi observada em quase todos os países. Houve algumas exceções que podem ter tido uma dinâmica diferente aqui e ali. Países marcados por guerras podem exibir algumas anomalias, como uma

---

[2] Além disso, nas primeiras décadas do pós-guerra, o crescimento da economia mundial se deu a taxas particularmente elevadas vis-à-vis ao que aconteceria depois da década de 1970.

proporção extraordinária de mortes jovens durante alguns anos, em geral, seguidas depois pelo mesmo fenômeno dos baby boomers ao qual nos referimos anteriormente, quando a vida volta à normalidade após o horror da guerra. Alguns países podem ter movimentos migratórios muito fortes, em um sentido ou em outro, que afetam a dinâmica normalmente esperada das tendências populacionais.[3]

A situação relativa de cada país ou região depende caso a caso, pelas diferenças normais do grau de desenvolvimento de cada lugar, com países mais maduros tendo, naturalmente, uma proporção maior de idosos, comparativamente às economias emergentes, e o *timing* também é variado entre os diversos casos. Porém, a tendência é inequívoca em todas as grandes regiões do mundo: a proporção de idosos é maior e, na maioria dos casos, significativamente maior hoje do que há cinquenta ou sessenta anos (Tabela 2.1).

Tabela 2.1
Participação da população com 60 anos e mais na população total (%)

Região	1960	1970	1980	1990	2000	2010	2020
África	5,1	5,1	5	5,1	5,2	5,1	5,5
Ásia	6,1	6,3	6,9	7,6	8,6	10	13,1
América Latina e Caribe	5,9	6,3	6,7	7,3	8,3	10	13
Brasil	5,4	5,8	6,3	6,8	8,1	10,2	13,8
América do Norte	13,0	13,8	15,5	16,6	16,2	18,5	23,1
Oceania	10,8	10,5	11,6	12,8	13,3	15,2	17,5
Europa	13,1	15,5	16,0	18,2	20,3	22,0	25,7
Mundo	7,9	8,3	8,6	9,2	9,9	11,0	13,5

Fonte: United Nations/Population Division: http://esa.un.org/wpp/. Acesso em: 20/12/2022.

O processo é mais defasado em países jovens, notadamente os da África, que ainda têm a presença de muitas famílias com vários filhos, mas aí também a tendência é clara. De um modo geral, os países "jovens"

---

[3] Por exemplo, o Uruguai, com o conhecido fenômeno da emigração de jovens na década de 1970, premidos pela falta de perspectivas e pela asfixia da época dos militares, que tornou o país particularmente um "país de idosos" precocemente; ou, no caso oposto, os Estados Unidos, convertidos em um ímã de atração de imigrantes pela pujança da sua economia, retardando o processo de envelhecimento relativo da população.

devem olhar para a composição geográfica dos países "velhos" de cinquenta anos atrás para ter uma ideia do seu futuro. Ou, como dizia uma antiga propaganda no Brasil, "Eu sou você amanhã". A América Latina de 2020, por exemplo, tinha aproximadamente a proporção de idosos na composição da população total que a América do Norte tinha em 1960. Em última instância, todos chegaremos lá... A questão é que, diante do mesmo fenômeno, os países reagem de modo diferente. Note-se que, na Tabela 2.1, a Ásia e a América Latina seguem padrões praticamente uniformes, ao passo que o desenvolvimento das duas regiões nos últimos cinquenta anos foi completamente diferente. Aí entram em jogo as particularidades locais. Vejamos, então, o caso do Brasil.

Brasil: Um caso extremo

O Brasil é um caso extremo e potencializado dessa tendência, por três razões, conforme a seguir.

- O baixo crescimento do PIB ao longo dos últimos quarenta anos, que agravou a tendência à elevação da relação despesas previdenciárias/PIB pelo escasso dinamismo do denominador da fração, em contraste, por exemplo, com diversas economias asiáticas, que têm uma dinâmica demográfica parecida com a nossa.
- A forte elevação do valor real do salário mínimo, tema de um dos capítulos do livro e que impacta a despesa previdenciária, pelo papel que representa como indexador de um contingente majoritário dos benefícios.
- As regras pouco restritivas de concessão de benefícios, comparativamente a outros países do mundo, onde a ênfase das políticas públicas recai mais sobre temas como a educação e menos sobre o aumento das aposentadorias ou a concessão de benefícios a uma idade precoce comparativamente ao resto do mundo.[4]

---

[4] Como disse uma vez um especialista estrangeiro após assistir a uma palestra sobre as características de nosso sistema de aposentadorias, com tantos grupos se aposentando antes que seus similares em outros países: "É curioso: enquanto os governos de muitos países no restante do mundo estão focando suas políticas públicas na educação, na inovação e na tecnologia, é como se vocês tivessem feito uma opção pelo passado."

A contraparte dessa tendência é o nosso descaso histórico com a educação, não apenas no passado, em termos de recursos (algo em parte sanado nas últimas duas décadas), mas principalmente em termos de políticas insuficientes ou equivocadas. Alocação de recursos cada vez maiores para aposentadorias precoces e o descuido com a educação é exatamente o oposto do padrão seguido, por exemplo, nos últimos cinquenta anos pela Coreia do Sul. Não por acaso, a trajetória entre a renda *per capita* de um e outro país se diferenciou tanto de 1960/1970 em diante.

"O subdesenvolvimento não se improvisa: ele é obra de décadas" (ou séculos) é uma frase atribuída a mais de uma pessoa e duramente verdadeira. Uma coisa é o compromisso moral de sustentar os idosos, algo que está presente nos primeiros capítulos de qualquer manual de finanças públicas. Outra coisa, porém, é ter regras que permitiram, historicamente, aposentadorias a idades particularmente precoces, como 49 ou 50 anos; um relaxamento total no rigor com o qual eram concedidos os benefícios de risco; aumentos reais de mais de 150% no valor da aposentadoria (como o recebido por quem era aposentado ganhando salário mínimo por ocasião da estabilização de 1994); ou pensões de 100% do benefício original (quando as necessidades econômicas do núcleo familiar em uma situação em que um dos membros do casal falece obviamente se reduzem, por definição).

A resultante disso, naturalmente, é uma alocação distorcida de recursos públicos em favor das camadas etárias mais velhas, em detrimento de outras políticas públicas também demandantes de recursos, tais como: investimento em ciência e tecnologia; pesquisa e desenvolvimento; educação e saúde; segurança pública; prevenção de desastres naturais etc.

Concretamente, no caso brasileiro, isso se expressa no fato de que a despesa do INSS, que era de apenas 2,5% do PIB em 1988 (ano da, na época, "Nova Constituição") passou a ser da ordem de 8% a 9% do PIB recentemente, justamente em uma fase em que o processo de envelhecimento demográfico da população apenas se iniciou (Gráfico 2.2). Se a isso somarmos em torno de 1,5% a 2% do PIB (aproximadamente) de despesa com servidores públicos federais inativos e uma estimativa similar de peso com o pagamento de benefícios previdenciários com antigos servidores públicos das esferas estaduais e municipais, concluiremos que o Brasil gasta em torno de 12% do PIB com Previdência Social, uma realidade inteiramente contrastante, no panorama internacional, comparativamente a países com uma estrutura etária parecida com a nossa e que têm um dispêndio em previdência muito inferior ao brasileiro — significando que preservam recursos para alocação em outras áreas.

Gráfico 2.2
Despesa do INSS (% PIB)

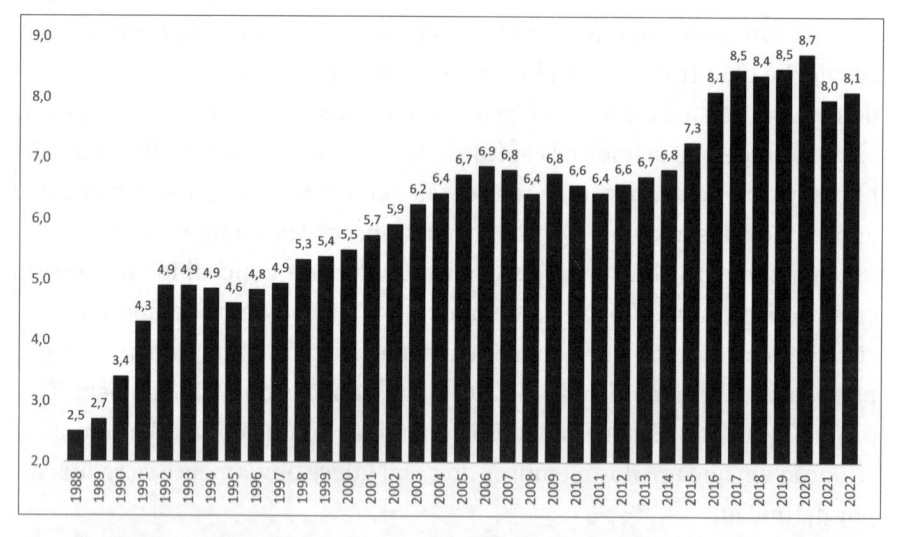

Ano	% PIB
1988	2,5
1989	2,7
1990	3,4
1991	4,3
1992	4,9
1993	4,9
1994	4,9
1995	4,6
1996	4,8
1997	4,9
1998	5,3
1999	5,4
2000	5,5
2001	5,7
2002	5,9
2003	6,2
2004	6,4
2005	6,7
2006	6,9
2007	6,8
2008	6,8
2009	6,4
2010	6,6
2011	6,4
2012	6,6
2013	6,7
2014	6,8
2015	7,3
2016	8,1
2017	8,5
2018	8,4
2019	8,5
2020	8,7
2021	8,0
2022	8,1

Fontes: Ministério da Previdência Social — MPS (1988–1990), Secretaria de Política Econômica (1991–1996) e Secretaria do Tesouro Nacional (1997 em diante).

A consequência dessas escolhas pode ser vista no Gráfico 2.3, que mostra que, nos últimos 25 anos, o peso relativo do gasto com INSS e benefícios assistenciais na composição da despesa total aumentou de forma expressiva.[5] Cabe lembrar que isso não reflete plenamente o aumento do numerador da fração, pelo fato de que o coeficiente capta uma dinâmica em que o gasto total também aumentou de forma expressiva.

---

[5] O ano de 2020 é um ponto fora da curva, pela existência de um volume completamente anômalo de despesas extraordinárias na despesa total devido ao combate aos efeitos da pandemia.

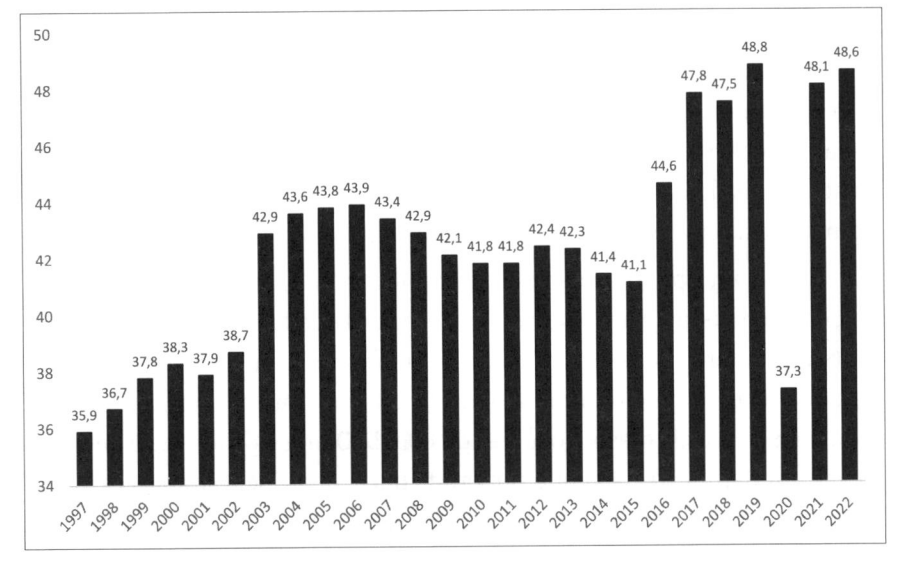

Gráfico 2.3
INSS + LOAS (% despesa total, excluindo transferências a estados e municípios)

Ano	%
1997	35,9
1998	36,7
1999	37,8
2000	38,3
2001	37,9
2002	38,7
2003	42,9
2004	43,6
2005	43,8
2006	43,9
2007	43,4
2008	42,9
2009	42,1
2010	41,8
2011	41,8
2012	42,4
2013	42,3
2014	41,4
2015	41,1
2016	44,6
2017	47,8
2018	47,5
2019	48,8
2020	37,3
2021	48,1
2022	48,6

Fonte: Secretaria do Tesouro Nacional.

Se considerarmos apenas o numerador da fração citada, veremos que, utilizando o deflator do PIB como indexador, a soma da despesa previdenciária do INSS e assistencial de LOAS e RMV, entre 1997 e 2022, multiplicou-se por um fator 3, com um crescimento médio real do numerador de 4,5% a.a., largamente superior ao da população idosa no período.

Quando, em nossas palestras, mostramos um slide com a trajetória dos dois índices — gasto com previdência, por um lado, e, por outro, evolução da população idosa —, quem assiste pode ficar com a impressão de que "há algo errado aí" e imaginar que o erro está no gráfico. Infelizmente, não é o caso: o erro está no país — e nas regras que levaram a essa trajetória.

O esmagamento dos perdedores

Há muito tempo que, na lógica de economia política que rege o comportamento do Parlamento no Brasil, dadas as restrições fiscais presentes, vigora o princípio de que aquele que deseja ficar "protegido" de cortes deve procurar se "amarrar" a alguma variável, de tal forma que tenha uma possibilidade maior que o "restante" de preservar seu valor ou, eventualmente, ampliá-lo, mesmo na presença de restrições. Assim, no funcionalismo, os servidores inativos procuram ligar suas remunerações às dos ativos; o lobby da saúde e da educação tentou historicamente ligar a alocação mínima de recursos nessas áreas à evolução da receita; quem defendia aumentos reais do salário mínimo conseguiu, em uma certa época, durante alguns anos, relacionar a trajetória da variável ao próprio PIB etc.

Esse é um típico caso do que se conhece como "falácia de agregação". Do ponto de vista da ação individual, essa atitude faz todo sentido. É evidente que A terá todas as razões do mundo para lutar por uma regra que diga que receberá "no mínimo x%" da receita em um ano e y% > x% da receita anos depois, o mesmo ocorrendo com B. O único problema é que essa lógica, por definição, não pode ser válida para todos, pela simples razão de que a soma das partes nunca poderá exceder o todo.

Ao mesmo tempo, esse é o típico comportamento que acaba estimulando outras categorias a fazerem o mesmo. O grupamento social ou econômico X pode ter uma visão global da questão e evitar inicialmente agir individualmente na lógica de "meu pirão primeiro", mas dificilmente assistirá inerte a outras categorias se "amarrarem" a uma regra de vinculação de recursos que as favorece.

Ou seja, trata-se de uma lógica perversa, que se assemelha a uma metáfora muito utilizada na época da alta inflação para defender a coordenação de um congelamento temporário de preços e que lembrava o comportamento dos indivíduos em um estádio de futebol. Ele pode ter muita gente na torcida com espírito coletivo e que pensa no conjunto antes de si mesmo. Assim, se está todo mundo sentado e de repente uma pessoa fica em pé para assistir ao jogo, quem está ao lado pode ficar sentado, como um bom cidadão e torcedor. Porém, se n pessoas ficarem de pé e sua visão for obstaculizada, o bom cidadão e torcedor também será empurrado pelas circunstâncias a ficar igualmente de pé, prejudicando a visibilidade de quem ainda permanece sentado.

Com essa lógica, ao longo do tempo, as despesas obrigatórias foram ocupando um espaço cada vez maior como parte das despesas agregadas do governo. Isso, de certa forma, ficava algo mitigado quando o gasto se expandia fortemente, como no processo descrito no capítulo anterior. Porém, quando passa a haver uma restrição global como a regra do teto, que obriga o gasto total a se manter constante, a restrição imposta pelas despesas obrigatórias se torna muito mais rígida. No ano da adoção do teto, por exemplo, as despesas de pessoal e INSS correspondiam a 63% do teto (Tabela 2.2). Quando, anos depois, passaram a representar 70%, isso significou uma contração efetiva para as demais despesas. Pense-se em uma despesa total que se expande 5% a.a., taxa similar à vigente antes da adoção do teto.[6] Partindo de um teto de 100, dada uma participação de 63% daquelas rubricas, ao resto cabia inicialmente um valor de 37%. Com 5% de crescimento, a despesa total cinco anos depois seria de 127,6, de modo que um aumento da participação daquelas duas rubricas para 70% do total elevaria a soma delas para um total de 89,3, e os 38,3 restantes (30% do total) ainda teriam experimentado um pequeno aumento anual de 0,7% em relação aos 37 iniciais. O drama é que se o total é obrigado a ficar constante em 100, a queda de participação para 30% implica uma redução real acumulada de 19%!

Tabela 2.2
Despesa de pessoal e INSS (% do teto de gastos)

Ano	Pessoal	INSS	Total
2016	21,1	41,6	62,7
2017	21,7	42,6	64,3
2018	22,1	43,5	65,6
2019	22,3	44,5	66,8
2020	22,1	45,6	67,7
2021	22,1	47,7	69,8
2022	20,1	47,4	67,5

Fonte: Secretaria do Tesouro Nacional.

---

[6] Em 2022, o peso relativo da soma de pessoal e INSS caiu em relação ao teto pela expansão deste no ano, resultante da aprovação de uma Emenda Constitucional específica no final de 2021, claramente concebida para permitir ao governo gastar mais em um ano eleitoral.

Às despesas com pessoal e INSS se soma, no caso brasileiro, toda uma miríade de rubricas comprometidas com as chamadas "despesas obrigatórias", que incluem compensações pela Lei Kandir, despesas determinadas pela Justiça, manutenção do Fundo Constitucional do Distrito Federal (FCDF), Fundo de Manutenção e Desenvolvimento da Educação Básica (FUNDEB) e uma ampla gama de itens em que cada um deles tem seu lobby específico no Congresso, alguns plenamente justificados — como o Bolsa Família — e outros mais controversos — como determinados subsídios. No conjunto, a tendência é a de que elas se expandam de forma contínua, como mostra o Gráfico 2.4, onde, vale lembrar, o ano de 2020 representa um "ponto fora da curva", pelo peso anômalo das despesas extraordinárias no ano da pandemia. Entre 2010 e 2022, as despesas obrigatórias — pessoal, INSS e outras — cresceram a uma média anual de 1,9%, em termos reais, taxa relevante, considerando as restrições fiscais que prevaleceram nos últimos anos.

Gráfico 2.4
Despesas obrigatórias, em bilhões constantes de 2022

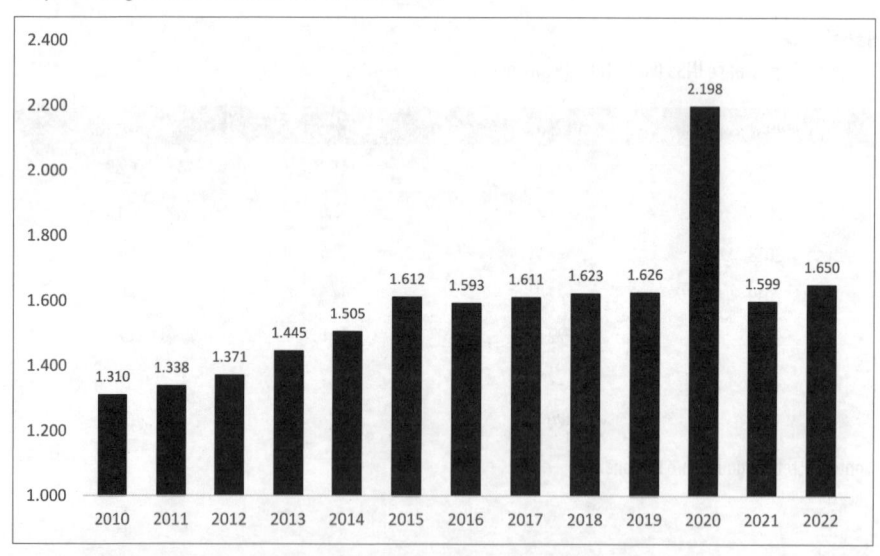

Ano	Valor
2010	1.310
2011	1.338
2012	1.371
2013	1.445
2014	1.505
2015	1.612
2016	1.593
2017	1.611
2018	1.623
2019	1.626
2020	2.198
2021	1.599
2022	1.650

Obs.: Inclui despesas com pessoal, INSS e demais despesas, exceto os gastos discricionários.
Fonte: Elaboração própria, com base em dados da Secretaria do Tesouro Nacional. Deflator: Deflator do PIB.

A grande perdedora desse arranjo é a rubrica das chamadas despesas "discricionárias", ou seja, de livre alocação pelo Congresso, no sentido de não dependerem de legislação específica. Em outras palavras, "o que sobra" (Gráfico 2.5). O drama, justamente, é que, quando se computam os itens que têm crescido — e, entre eles, com destaque, a Previdência Social — sobra cada vez menos para aplicar recursos em itens como segurança, ciência e tecnologia, investimentos em obras necessárias para o país e que cabe ao Estado fazer etc. Antes do ajuste que, a rigor, precedeu a adoção da regra do teto, por ter se iniciado em 2015 na gestão do ministro Joaquim Levy, as despesas discricionárias representavam algo mais de 14% da receita líquida de transferências a estados e municípios — uma proporção já baixa. Anos depois, essa proporção caiu para apenas 8%.

Gráfico 2.5
Despesas discricionárias, como proporção da receita líquida (%)

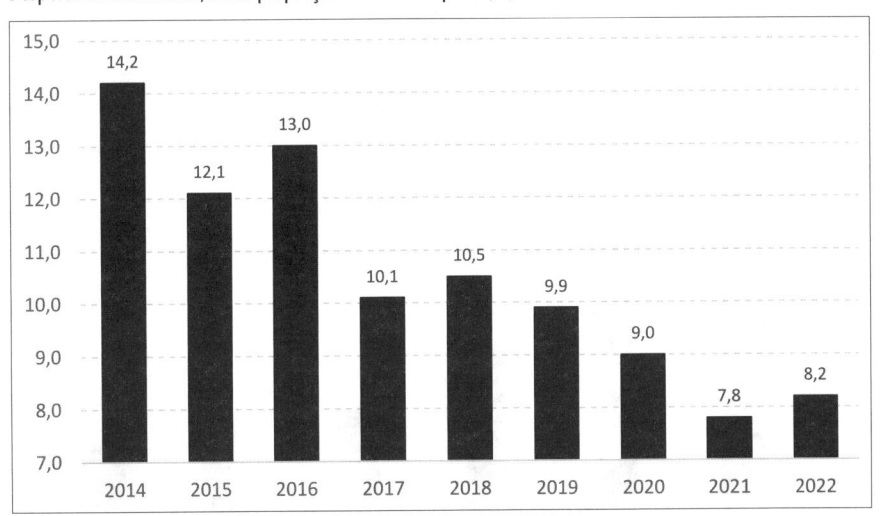

Ano	%
2014	14,2
2015	12,1
2016	13,0
2017	10,1
2018	10,5
2019	9,9
2020	9,0
2021	7,8
2022	8,2

Fonte: Secretaria do Tesouro Nacional.

Quando se leva em conta que, além disso, nas despesas discricionárias está o gasto com educação e saúde que excede o mínimo definido pela legislação — ou pela própria Constituição — e que, naturalmente, tende, na medida do possível, a ser preservado pelos governos, conclui-se que, em 2022, por exemplo, tirando esses dois setores, sobrou só 5% da receita líquida. Assim, por exemplo, a preços constantes, utilizando o deflator do PIB como indexador, em termos acumulados, a despesa em segurança pública em 2022 caiu para somente 86% do valor real gasto em 2014 pelo governo central; na ciência e tecnologia, para 48%; e no setor de transportes, para 34%.

Uma tendência sujeita a equívocos

Nos últimos anos, tem havido uma certa tendência a reduzir a taxa de variação da concessão de benefícios previdenciários em relação a um passado mais distante. Mesmo que se considere que pode haver algumas flutuações, se tomarmos a taxa média anual de períodos de três anos, o Gráfico 2.6 indica a existência de alguns progressos.

Gráfico 2.6
Taxa média de variação anual da média anual de benefícios previdenciários emitidos ao longo de três anos (% a.a.)

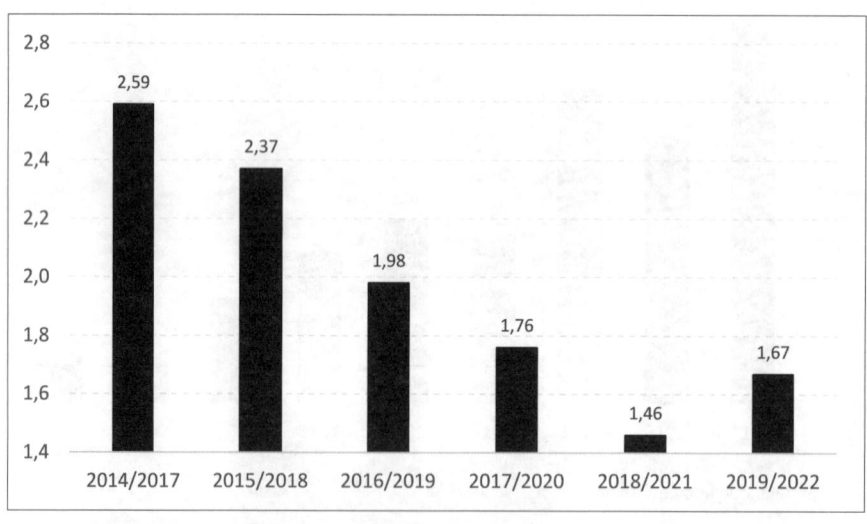

Período	Taxa (% a.a.)
2014/2017	2,59
2015/2018	2,37
2016/2019	1,98
2017/2020	1,76
2018/2021	1,46
2019/2022	1,67

Fonte: Boletim Estatístico da Previdência Social (BEPS), diversos números.

Uma interpretação inicial sugere que poderiam ser efeitos da reforma constitucional de 2019, o que em parte é correto. Há, contudo, que levar algumas questões em consideração. Duas delas são especialmente importantes de serem lembradas.

Primeiro, a reforma não afetou as regras de concessão da maior parte dos benefícios, como veremos no decorrer deste livro, o que significa que, mesmo depois de 2019, a dinâmica dos principais componentes do contingente de benefícios também não foi afetada por ela.

Segundo, o que parece estar acontecendo é uma reversão de processos viciados de longa data, no contexto de um aprimoramento dos mecanismos de controle do INSS — em parte como decorrência de legislação infraconstitucional aprovada também na gestão de Bolsonaro — que tem fechado as portas para fraudes que ocorriam havia muito tempo em uma parte da concessão de benefícios, notadamente nos casos de aposentadorias por invalidez, auxílio-doença e aposentadorias rurais. A famosa figura, tão brasileira, da pessoa "encostada no INSS" não se aplica a quem se aposenta por idade, por exemplo, em que, na ausência do requisito etário, não há como a pessoa se aposentar, mas valia para casos ambíguos, em que um profissional pode considerar que a concessão do benefício é indevida, e outro, que é devida.

Vale, nesse caso, uma lógica similar à de um seguro. É óbvio que, em caso de sinistro, faz todo sentido que o dono de um carro seja ressarcido em caso de acidente. Porém, também é óbvio que o acidente muitas vezes se deve a uma situação de negligência do motorista (por exemplo, caso tenha dirigido embriagado). Consequentemente, é da natureza da função que o perito da seguradora seja rígido, porque, se não for, a seguradora provavelmente irá à falência. Analogamente, o direito ao benefício por invalidez e ao auxílio-doença são conquistas de uma sociedade civilizada, mas também é verdade que, com tanta gente "querendo levar vantagem em tudo", quem é responsável pela perícia do INSS não pode ser ingênuo e precisa ser justo, concedendo o benefício a quem de fato merece por não ter condições de trabalhar, mas o negando a quem está simplesmente querendo ser "esperto".

O fato é que, durante muito tempo, o país foi algo perdulário na concessão de benefícios por invalidez, cuja elevada proporção em relação à população sempre chamava a atenção dos especialistas, e isso talvez pode ter começado a mudar com critérios mais rígidos de concessão do benefício específico, como sugere a Tabela a seguir.

Tabela 2.3
INSS: Benefícios emitidos por invalidez — Média anual (milhões de benefícios)

Ano	Número de benefícios por invalidez
2016	3,217
2017	3,263
2018	3,299
2019	3,422
2020	3,347
2021	3,266
2022	3,263

Fonte: Boletim Estatístico da Previdência Social (BEPS), diversos números.

Por sua vez, o Gráfico 2.7 mostra uma história parecida, porém com mudanças muito mais acentuadas no tempo, associadas aos números do auxílio-doença. Observe-se que ele era de menos de meio milhão de pessoas no ano 2000 e passou a ser três vezes isso apenas cinco anos depois, quando o país, na época, não passou por nenhum cataclisma que tenha afetado a saúde da população, cujo crescimento, por sua vez, já se dava a um ritmo bastante lento. Era óbvio que esse aumento absurdo da relação beneficiados pelo auxílio-doença e a população total do país indicava um quadro de leniência das regras, ainda que parte disso decorresse também de um contexto de difusão do conhecimento de direitos, ou seja, da ciência a um maior número de pessoas que um direito que não era usufruído poderia ser acessado. Esse fenômeno pode estar associado à expansão do uso da internet e da massificação da informação, que a torna mais acessível a mais gente, mas não poderia explicar essa multiplicação por um fator três do contingente de benefícios. Quando, depois de 2016, mudou o governo e os controles foram apertados, passou a haver uma redução do número de benefícios emitidos nessa rubrica.

O fato é que, quando se expurga o efeito da redução recente das aposentadorias por invalidez e dos benefícios de auxílio-doença, os números soam menos favoráveis, como mostra a Tabela 2.4. Embora com uma taxa de crescimento inferior à do passado, ainda é uma taxa média de expansão quantitativa de 2,3% a.a. no último triênio, após a reforma de 2019. Isso nos remete a uma discussão sobre o futuro, o que faremos na próxima seção.

Gráfico 2.7
INSS: Benefícios de auxílio-doença emitidos — Média anual (milhões de benefícios)

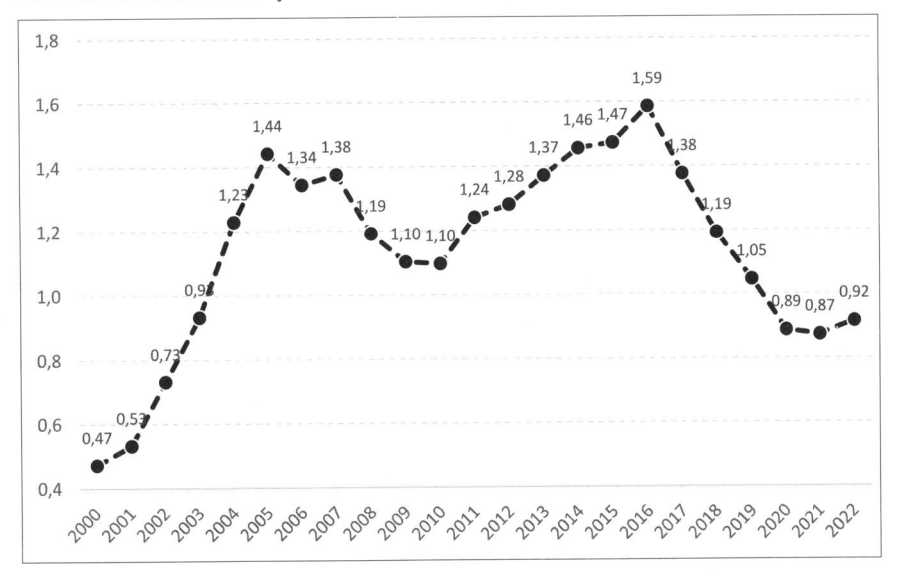

Ano	Valor
2000	0,47
2001	0,53
2002	0,73
2003	0,93
2004	1,23
2005	1,44
2006	1,34
2007	1,38
2008	1,19
2009	1,10
2010	1,10
2011	1,24
2012	1,28
2013	1,37
2014	1,46
2015	1,47
2016	1,59
2017	1,38
2018	1,19
2019	1,05
2020	0,89
2021	0,87
2022	0,92

Fonte: Boletim Estatístico da Previdência Social (BEPS), diversos números.

Tabela 2.4
Taxa de variação do número médio anual de benefícios previdenciários emitidos pelo INSS (%)

Ano	Total exceto invalidez e auxílio-doença	Aposentadoria por invalidez	Auxílio-doença	Total
2017	3,4	1,4	-13,2	2,3
2018	3	1,1	-13,3	2
2019	2	3,8	-12,3	1,6
2020	2,8	-2,2	-15,2	1,6
2021	1,7	-2,4	-1,5	1,1
2022	2,5	-0,1	4,8	2,3

Fonte: Boletim Estatístico da Previdência Social (BEPS), diversos números.

Demografia: A ameaça invisível[7]

A demografia, mais de um analista notou, parece-se com a questão ambiental e a mudança climática: o mundo, nesse sentido, é praticamente o mesmo em um mês ou no mês anterior, mas em trinta ou quarenta anos, as mudanças associadas a essa última temática são enormes. Algo parecido ocorre com a composição etária das sociedades: uma população tem um perfil praticamente idêntico em março, abril ou maio, e até mesmo em um ano e no ano seguinte. Porém, confronte-se o perfil de um país com o que tinha cinco décadas antes e aparecerão mudanças como as retratadas na Tabela 2.1.

Esse é um dado da realidade. Governos podem influenciá-la por meio de estímulos — por exemplo, com benefícios fiscais de algum tipo, digamos, se querem que os casais tenham mais filhos — ou mediante medidas mais draconianas — como a China quando adotou políticas taxativas para impedir que os casais tivessem mais filhos. Em linhas gerais, porém, em uma sociedade democrática, a demografia é o que nós economistas definimos como "variável exógena", ou seja, algo que, para os governos, é um dado imposto pelo mundo, quer eles gostem ou não.

A sociedade brasileira continuará envelhecendo, como a maioria das sociedades mundo afora (Tabela 2.5). Entre 2020 e 2040, pelas projeções do Instituto Brasileiro de Geografia e Estatística (IBGE), a população composta por pessoas com idade igual ou superior a 65 anos crescerá a uma taxa média da ordem de 3,4% a.a.

Tabela 2.5
Brasil: Taxa de variação da população com 65 anos e mais de idade (% a.a.)

Período	Taxa média anual
2000/2010	3,53
2010/2020	3,85
2020/2030	3,88
2030/2040	2,86

Fonte: IBGE (Projeção da população, Revisão 2018).

---

[7] Este foi justamente o título de um dos livros dos autores, lançado há mais de dez anos (Giambiagi e Tafner, 2010).

A reforma previdenciária de 2019 apresenta muitos motivos para comemoração. Acabou com a aposentadoria por tempo de contribuição, uma anomalia existente em apenas alguns poucos países absolutamente atrasados; atualizou idades de aposentadoria; limitou a acumulação de benefícios; corrigiu erros do benefício de pensão; tornou a previdência dos trabalhadores do setor público muito mais semelhante à dos trabalhadores da iniciativa privada — reduzindo drasticamente a vergonhosa diferença de tratamento — e produziu um impacto fiscal não trivial. Foi complementada, por sua vez, com legislação específica conhecida como "Lei Antifraude", que inibiu enormemente brechas que permitiam a obtenção de benefícios a quem não cumpria mínimos requerimentos. Apesar desse enorme mérito, continuamos atrasados no processo de reformas em relação a muitos outros países. Uma nova reforma, no futuro, exigirá um esforço hercúleo de convencimento da sociedade, pois será bem mais difícil "vender o peixe" em favor de novas mudanças. Veremos isso mais de perto no próximo capítulo.

CAPÍTULO 3

PRIVILÉGIOS

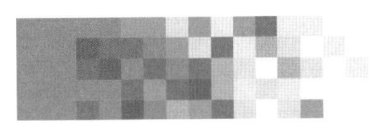

PRIVILÉGIOS: UMA NARRATIVA QUE ENVELHECEU

A despesa com pessoal — na qual o gasto com benefícios previdenciários de antigos funcionários públicos tem um peso elevado — teve diversos altos e baixos ao longo dos últimos trinta anos. Depois de ter crescido muito na primeira metade dos anos 1990, ela foi de 5,1% do PIB no começo da estabilização, em 1995, após o que foi afetada pelo "arrocho" dos anos FHC, tendo caído, como proporção do PIB, até 4,2% do PIB em 1997. A "panela de pressão" ferveu, e em que pese o ajuste fiscal iniciado em 1999, essa despesa, a rigor, aumentou lentamente até 4,8% do PIB em 2002. No governo Lula de 2003/2010, a ação da Secretaria do Tesouro Nacional, na época comandada por Joaquim "Mãos de Tesoura" Levy, fez a rubrica cair para 4,3% do PIB em 2005. Com alguns altos e baixos, combinando altas da despesa com um forte crescimento do PIB, foi exatamente o mesmo patamar em que a variável se encontrava em 2010, no final do governo Lula. Sob Dilma Rousseff, em um contexto em que as remunerações do funcionalismo foram reajustadas a uma taxa que se revelou inferior, *a posteriori*, à inflação verificada, esse peso relativo caiu para 3,9% do PIB em 2014. Em 2016, com a queda do PIB e o consequente "efeito denominador", a variável foi de 4,1% do PIB. Depois disso, como sabemos, o PIB voltou a subir, e, naquele ano, foi adotada a regra do teto do gasto público. Teoricamente, nos dez anos seguintes, caberia esperar que o gasto primário federal permanecesse constante — ninguém poderia prever, naquele momento, a eclosão de uma pandemia e dos fenômenos que se seguiram a ela, em 2020.

Nesse ambiente, o panorama fiscal mudou radicalmente, em um certo sentido. O gasto do governo central, excetuadas as transferências a estados e municípios, que mesmo após a euforia dos anos Lula, entre 2010 e 2016, utilizando o deflator do PIB como deflator, crescera a uma taxa ainda expressiva de 3,0% a.a. — lembremos que nesse mesmo período o crescimento médio anual do PIB foi de pífios 0,4% —, caiu, quando utilizado o deflator do PIB, 0,1% a.a. em média, nos três anos entre 2016 e 2019. Nesse panorama, mercê de reajustes nominais negociados no final do governo Dilma e referendados pelo governo Temer, em um contexto, na época, de intensa desinflação, o gasto com pessoal teve alta, em termos reais, sempre adotando o mesmo deflator: 6,2% em 2017, 0,4% em 2018 e 0,7% em 2019.

Em uma situação em que o binômio Pessoal + INSS pressionava as contas, ao mesmo tempo em que, contrariamente ao que tinha acontecido até 2016, o gasto total não podia mais se expandir, a pressão sobre as despesas discricionárias se intensificou. Era tentador, nesse contexto, sinalizar que determinadas rubricas de gasto não podiam aumentar — e, a rigor, estavam sendo achatadas — devido ao que acontecia com as aposentadorias, que privilegiavam uma parte da sociedade favorecida por regras benevolentes.

Em 2019, o governo usou essa situação de forma politicamente muito competente e conseguiu aprovar a reforma da Previdência, utilizando, entre outros, o argumento de que ela era feita contra os "privilégios". Posteriormente, porém, essa situação mudou e, já em 2020, o quadro se inverteu, com queda da despesa de pessoal de 3,6% em termos reais, tendência essa que se acentuaria posteriormente.

Este capítulo descreve esse processo. Inicia-se com o movimento de *ups and downs* da despesa de pessoal, para, na sequência, destacar o peso elevado dos inativos na trajetória da despesa total do item "pessoal". Logo depois, mostra-se a importância que o gasto com pessoal militar tem no conjunto do dispêndio total do funcionalismo, para, então, fazer uma comparação entre a despesa registrada no primeiro ano para o qual há dados bastante desagregados sobre a composição da despesa (1995) e o ano final da série, com o dado mais recente. O capítulo conclui com uma reflexão acerca de como isso afeta a narrativa que liga o tema em tela no capítulo com a questão maior da reforma previdenciária.

Uma longa história

O Gráfico 3.1 mostra a expansão acumulada da despesa da rubrica com pessoal depois da adoção da regra do teto, em 2016, com o incremento observado nos três anos 2017-2019 e o declínio posterior. Esse gráfico sintetiza, de certa forma, a mensagem principal do capítulo, de que havia uma realidade presente até 2019, mas que mudou muito posteriormente.

Gráfico 3.1
Índice de despesa real com pessoal (base 2016 = 100)

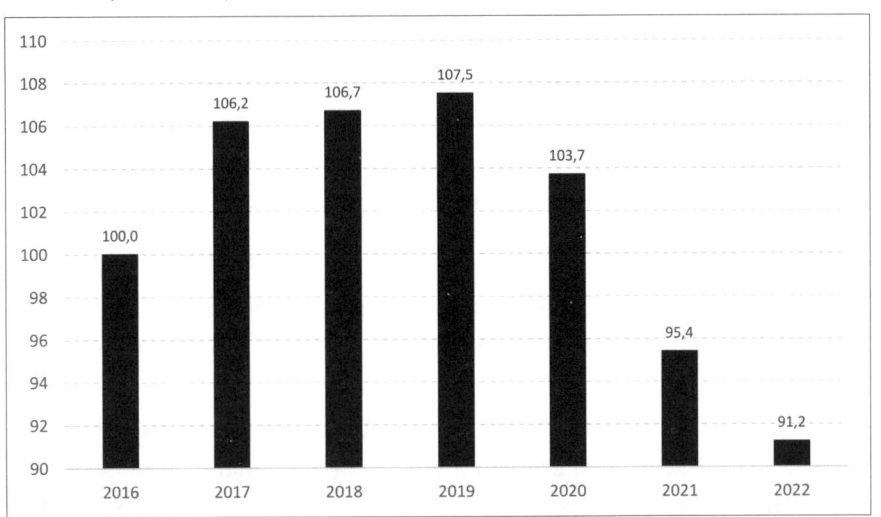

Ano	Índice
2016	100,0
2017	106,2
2018	106,7
2019	107,5
2020	103,7
2021	95,4
2022	91,2

Deflator: Deflator do PIB.
Fonte: Secretaria do Tesouro Nacional.

O Gráfico 3.2 expõe a trajetória mencionada na abertura do capítulo, com a despesa de pessoal oscilando ao longo do tempo, desde o ponto inicial do primeiro ano da série (1991), quando foi de 3,8% do PIB, até o máximo de 5,1% do PIB em meados da década de 1990, passando por diversos "picos" e "vales" localizados ao longo de mais de trinta anos, até a queda ao mínimo da série de mais de trinta anos, já na década atual.

Gráfico 3.2
Despesa com pessoal (% PIB)

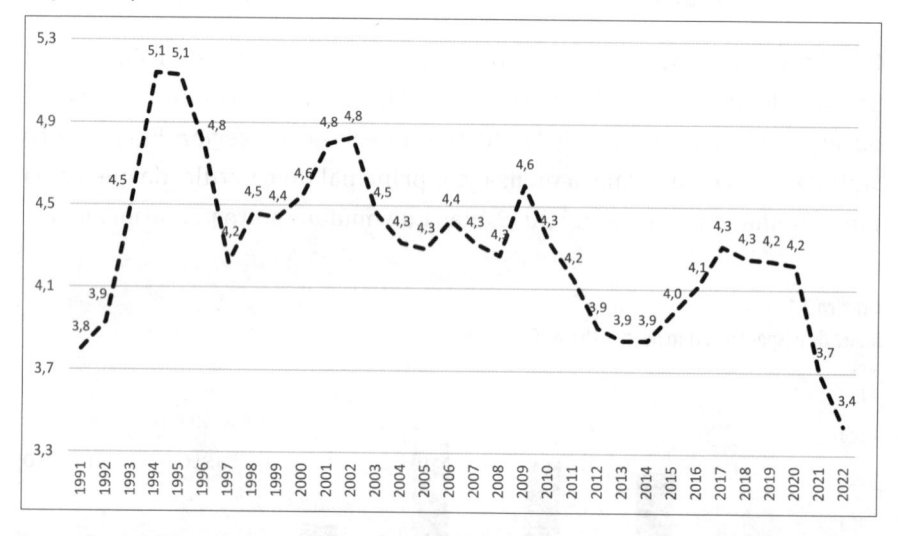

Fontes: Secretaria de Política Econômica (1991–1996) e Secretaria do Tesouro Nacional (1997 em diante).

Os números expressos como proporção do PIB são afetados, naturalmente, pela dinâmica do produto, que teve trajetórias muito irregulares ao longo do tempo: recessão em 1991–1992, crescimento forte em 1993–1994, moderado entre 1995 e 2003 e novamente forte entre 2003 e 2010, antes de o país ingressar na desastrosa década de 2010, na qual, entre 2010 e 2020, o PIB cresceu a uma taxa acumulada de magros 3%, muito inferior ao crescimento acumulado da população na década, de 9%. O maior dinamismo da economia no começo da década atual contribuiu para reduzir o coeficiente em questão.

Quando se foca a trajetória do numerador do gráfico, apenas e, mais uma vez, utilizando o deflator do PIB para deflacionar os dados nominais, observam-se os seguintes ciclos, conforme a seguir.

- Entre 1991 e 1995, a despesa com o pagamento de pessoal aumentou de forma expressiva, impulsionada pelo crescimento vertiginoso do gasto com inativos, ciclo esse que se completou em torno de meados da década.

- Entre 1995 e 1997, a combinação de contenção nominal das remunerações com uma inflação ainda relativamente elevada provocou uma contração real acumulada, no biênio, de expressivos 13%.
- Entre 1997 e 2002, a "descompressão" dessa "panela de pressão", combinando reajustes nominais e o início do processo de realização de novos concursos gerou um crescimento real da despesa com pessoal de 4,7% a.a., em claro contraste com o período anterior citado anteriormente.
- O período Lula se dividiu em três etapas muito claras. Na primeira, em 2003, a contenção salarial, combinada com a inflação ainda muito elevada em 2003, provocou uma queda real da despesa com pessoal de quase 7%. Na segunda, no biênio 2004-2005, ainda na gestão Palocci, houve um aumento do gasto, porém lento e gradual, com a despesa de pessoal crescendo 2,5% reais a.a. Na terceira, iniciada em 2006, com outra configuração de forças no interior do governo, a mudança no comando da Economia e o maior peso dos sindicatos no processo decisório, nos cinco anos entre 2005 e 2010, a rubrica se expandiu a uma taxa real de 4,7% a.a.
- No governo Dilma, a aceleração da inflação veio a corroer os ganhos que tinham sido negociados em torno de incrementos nominais, e — contrariamente ao senso comum, que associa os governos do PT a ganhos do funcionalismo — entre 2010 e 2016, a despesa com pessoal, especificamente, sofreu uma contração real acumulada de 3%, contrastando com a variação real acumulada positiva de 19% da despesa total, muito influenciada pelo incremento das despesas do INSS.
- No período posterior a 2016, já explicamos antes, a dinâmica do gasto com a rubrica, com crescimento até 2019 e queda posterior.

Em linhas gerais, com tantas idas e vindas, há duas grandes conclusões a extrair desse balanço final, observando a série da despesa com pessoal como um todo:

i) Não há como examinar a rubrica sem colocar ênfase no que aconteceu com a trajetória da despesa com servidores inativos, chave para explicar a dinâmica da variável.

ii) Em termos relativos, entre o começo e o final da série (1991 e 2022), é difícil argumentar que tenha havido uma grande expansão da despesa com pessoal.

Vejamos, então, mais de perto o que aconteceu, ao longo do tempo, com a folha de inativos.

O peso dos inativos[1]

A Assembleia Nacional Constituinte convocada pelo governo civil que sucedeu ao regime militar, foi eleita em 1986, e seus trabalhos se estenderam entre o começo de 1987 e outubro de 1988, quando a então "Nova Constituição" foi promulgada. A Seção da Previdência Social, inserida no capítulo da Seguridade Social da nova Carta, entretanto, embora tivesse alguns comandos específicos muito claros, remeteu uma série de detalhes para legislação complementar, que só veio a ser aprovada em 1991, com efeitos a partir de então. Alguns efeitos da Constituição de 1988, portanto, no que se refere ao seu impacto sobre as contas fiscais associadas à Previdência, só se verificaram quatro anos depois e nos anos posteriores.

Uma das mudanças importantes ocorreu no chamado "RJU", ou seja, Regime Jurídico Único, regendo as condições de trabalho e aposentadoria dos servidores. A Constituinte, atendendo a um lobby pesado dos servidores, permitiu a aposentadoria dos antigos servidores nas condições da época, a uma idade muito precoce vis-à-vis ao padrão mundial e sem

---

[1] Há dados agregados disponíveis na época (1991 a 1994) acerca da evolução da despesa com inativos. Uma maior desagregação, porém, só é possível de 1995 em diante, com a consulta aos dados do Boletim Estatístico de Pessoal, produzido então pelo Ministério de Planejamento e descontinuado em 2017, quando foi substituído pelo Painel Estatístico de Pessoal.

exigências prévias de cobrança de contribuição para tal. Nos anos que sucederam a 1991, portanto, houve uma combinação de duas circunstâncias:

- Um fluxo muito forte de aposentadorias no âmbito do serviço público, que elevou intensamente o contingente de aposentados.
- A reposição daqueles que se aposentavam.

Como tanto ativos como inativos são pagos pelo Tesouro Nacional, a resultante foi um aumento significativo da despesa com inativos, mas acompanhada de um aumento da despesa total com pessoal, devido à reposição de indivíduos.[2] Foi nesse contexto que, entre 1991 e 1995, a despesa com o funcionalismo aumentou 1,3% do PIB, dos quais um "delta" de 1,2% do PIB esteve associado ao *plus* com servidores inativos, que mais do que dobrou sua participação em relação ao PIB entre esses dois anos, como se pode ver no Gráfico 3.3.[3] Neste capítulo, bem como em outros em que porventura o termo vier a ser utilizado, adota-se a expressão "inativos" para os servidores nessa situação, em contraposição à expressão "ativos". Os inativos incluem aposentados e pensionistas, no caso dos antigos funcionários públicos civis, e reformas (tratadas conjuntamente em alguns casos com as aposentadorias civis como "aposentadorias") e pensões no caso dos militares.

O que se observa ao analisar o gráfico é que, de um modo geral, a despesa com inativos cresceu espetacularmente até 1995, estabilizando-se, grosso modo, em termos de grandes números, em torno de 2% do PIB, com uma ligeira tendência de queda como proporção do PIB — se colocarmos uma espécie de "lupa" nessa trajetória — depois daquela data, com as oscilações da rubrica acompanhando, aproximadamente, as mudanças da

---

[2] Se a pessoa simplesmente se aposentasse, sem que houvesse qualquer reposição da sua função, ela apenas mudaria de rubrica, deixando de receber como ativo e passando a receber como inativo, mas sem afetar a despesa total.

[3] O dado do Boletim Estatístico de Pessoal traz informações referentes à despesa nominal das diversas categorias do funcionalismo, mas cujo total não coincide com o dado da despesa de pessoal do resultado fiscal divulgado pela Secretaria do Tesouro Nacional e, antes de 1997, pela Secretaria de Política Econômica. O que foi feito neste capítulo, então, assim como com os dados agregados referentes ao período 1991–1994, foi multiplicar os coeficientes relativos da decomposição de ativos e inativos em relação ao total dos dados desagregados pela despesa total com pessoal divulgada pela SPE ou STN.

despesa total com pessoal. Os inativos, que representaram 24% da despesa com pessoal de 1991, viram esse peso aumentar para 42% do total de pessoal em 1995, com um pequeno aumento posterior, para 45% do total no final da série, no ano 2022.[4]

Gráfico 3.3
Despesa com servidores inativos (% PIB)

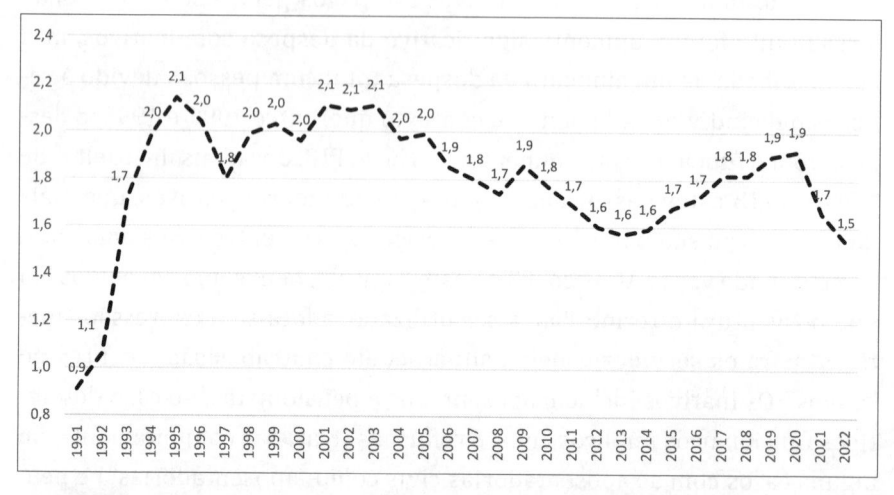

Fonte: Elaboração própria, com base na Secretaria de Política Econômica (1991/1996) e Secretaria do Tesouro Nacional (1997 em diante).

Nesse processo, cabe chamar a atenção para uma série de mudanças que ocorreram na legislação e, em alguns casos, na Constituição e que arrefeceram parcialmente essa tendência, conforme a seguir.

- Em 1998, a reforma constitucional da Previdência Social de FHC adotou a idade mínima de 60 anos para os homens e de 55 para as

---

[4] Algo que foi mudando ao longo do tempo foi a presença de um terceiro componente da despesa com pessoal, além da rubrica "ativos" e "inativos", representada pelos "outros". A própria natureza desse componente, minoritário, mudou com o passar dos anos, sendo na origem associado às transferências para pagamento de pessoal de antigos territórios assumida pelo Governo Federal e, mais recentemente, a despesas extraordinárias como indenizações. A rubrica teve uma publicação irregular nas estatísticas, aparecendo em alguns anos, mas não em todos. Nos anos em que assumiu um valor não nulo, ela oscilou entre um mínimo de 0,02% e um máximo de 0,37% do PIB. Em 2022, foi da ordem de 0,1% do PIB.

mulheres para os novos entrantes que ingressassem no serviço público daí em diante.

- Em 2003, a reforma constitucional de Lula, incidente apenas sobre os servidores, antecipou essa idade mínima para todo o funcionalismo civil — inclusive quem já estava no serviço púbico, ou seja, não apenas para os novos entrantes — e estabeleceu a cobrança de contribuição previdenciária também para os servidores inativos, para valores da remuneração que excedessem o teto do INSS.

- Em 2019, a reforma previdenciária de Bolsonaro modificou os parâmetros de aposentadoria, que, após uma fase de transição, passaram a ser de 62 anos para os homens e de 57 para as mulheres, combinados com a exigência adicional de que, para se aposentar, os homens terão de ter, somados os "pontos" de idade e de anos de contribuição, uma soma de 105 pontos (por exemplo, 65 de idade e 40 de contribuição, ou 64 de idade e 41 de contribuição), exigência que para as mulheres da administração pública será de 100 pontos, uma vez completada a transição.

- No começo do governo Bolsonaro também foi aprovada uma reforma das regras de aposentadoria dos militares, por legislação específica, estendendo o período de permanência deles na ativa, prévia negociação política que levou a um aumento das remunerações ao longo da carreira.

- Ao longo desses mais de vinte anos de um longo processo de reformas, em alguns casos constitucionais, e em outros, legais, foi modificada uma série de dispositivos específicos do conjunto dos servidores ou de algumas categorias, dispositivos estes que anteriormente elevavam, na prática, as aposentadorias, embora tenham tido menos repercussão na opinião pública que aquelas outras mudanças de ordem geral. Tais itens se referiam a mecanismos, por exemplo, de incorporação de anuênios, quinquênios ou do valor da remuneração do cargo funcional, que, preservado sempre o direito adquirido, foram sendo retirados gradativamente para aqueles que ainda não tinham tido acesso a tais direitos, o que explica parte da redução do peso da despesa com inativos em relação ao PIB entre 1995 e 2022.[5]

Da mesma forma, porém, que é essencial, ao analisar a evolução da despesa com pessoal, fazer uma distinção entre a trajetória de ativos e inativos, há outra abertura chave que cabe fazer na desagregação dos dados — tanto na composição da despesa com ativos como na de inativos — e diz respeito à distinção entre o gasto com servidores civis, por um lado, e com militares, por outro. Vejamos isso de perto, então.

A questão dos militares

Os militares têm algumas particularidades em relação aos civis no seu papel de servidores públicos. A principal delas, da qual se derivam, em parte, as demais, diz respeito à natureza da função e à sua relação com o físico da pessoa e, consequentemente, com a sua idade. Se a razão de ser das Forças Armadas é a possibilidade de ocorrer uma convocação para a guerra, é natural que uma parte importante do contingente de servidores esteja em uma condição física que, por razões biológicas, tende a ser afetada negativamente pela ação do tempo. Um professor universitário pago pelo fisco e lotado na UFRJ ou na Universidade Federal de Pernambuco poderá dar aula com 25 anos, com 60 ou, caso opte por não se aposentar podendo fazê-lo, aos 67 ou aos 70 anos. Porém, é evidente que a disposição para o combate não será a mesma em um garoto de 25 anos e em um senhor de 62 anos de idade.

Em essência, é essa a razão de ser da distinção original entre as condições de aposentadoria dos servidores civis, por um lado, e as dos militares, por outro. Em torno dessa distinção, que, objetivamente, tem certa razão de ser, constituiu-se, porém, uma série de outras filigranas da legislação, que acabaram, como um todo, gerando uma realidade muito

---

[5] Um caso paradigmático dessas mudanças foi a alteração ocorrida na aposentadoria dos militares no governo FHC, que retirou o adicional que, até então, era concedido a quem pedia passagem para a reserva. Isso gerava o paradoxo do indivíduo se aposentar e automaticamente, nesse ato, passar a ganhar mais do que na ativa.

diferente para uns e outros, claramente com uma justificativa muito mais controversa.

A lógica argumentativa da defesa de condições especiais dos militares faz menção ao fato de que, tecnicamente, eles não seriam "aposentados", e sim "reservistas", uma vez que a saída deles da ativa se faz com a passagem para a chamada "reserva", da qual, formalmente, podem ser chamados a qualquer momento. O fato, porém, é que dificilmente quem está nessa situação acaba sendo reconvocado para atividades militares e, muito menos ainda, para uma guerra, de modo que, na realidade, a distinção entre uma e outra situação, uma vez na inativa, é fictícia.

Outro aspecto chave do debate em torno do assunto é sobre como isso afeta a vida familiar. Como os militares, ao longo da carreira, mudam frequentemente de cidade e, muitas vezes, de estado, isso acaba comprometendo a vida profissional das esposas, e no caso daqueles que têm filhos, leva-os a passar por mudanças migratórias entre um estado e outro, algo pelo qual a maioria dos estudantes acaba não passando. Refletindo uma realidade arcaica em que a regra social era a de que muitos homens estudavam para além do ensino médio, mas as mulheres não, a legislação, durante muitos anos, abrigou a figura esdrúxula da "pensão para filha solteira" dos militares, o que motivou a velha piada de que "filha de militar não casa". Essa figura foi eliminada na reforma de regra para os militares do governo FHC a partir de então, mas conservando a possibilidade de preservar o benefício para aqueles que fizessem uma pequena contribuição regular ao sistema desde então. Embora depois isso também tenha mudado como parte das modificações dos últimos vinte anos, o fato é que a preservação dos direitos adquiridos ainda gera — e continuará gerando por muitos anos — a presença de um número completamente desproporcional de inativos vis-à-vis aos ativos, no quadro militar, comparativamente aos civis. Não apenas porque, em geral, os militares se aposentaram, historicamente, mais cedo, como também porque, após o seu falecimento e, eventualmente, anos depois, o da esposa (se o militar falecido deixar uma viúva), a pensão era estendida durante décadas para a filha. Ou seja, uma contribuição previdenciária feita durante certo período gerava um benefício pago durante três ou quatro décadas além daquilo que ocorreria com um civil — que não transfere o benefício para os filhos adultos.

O Brasil, portanto, já teria naturalmente o problema, nunca devidamente resolvido após o fim do ciclo dos governos militares em 1985, de qual função dar às suas Forças Armadas em um país onde as hipóteses de conflito bélico com os vizinhos são virtualmente inexistentes na prática. A isso se soma o impacto desproporcional da extensão do pagamento de uma remuneração de aposentadoria ou pensão por um número anômalo de anos em relação ao resto dos servidores.

O resultado aparece no Gráfico 3.4. Ele mostra que, descontadas as despesas de pessoal associadas a pagamentos atípicos, como indenizações, os militares respondiam, em 2022, por 29% da despesa total com funcionalismo, sendo que quase 2/3 disso era correspondente à despesa com inativos (militares reformados e pensionistas).

Gráfico 3.4
Composição da despesa de pessoal: 2022 (%)

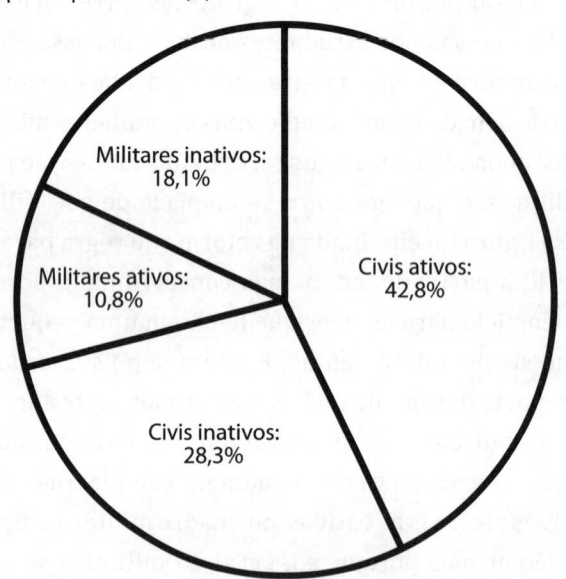

- Militares inativos: 18,1%
- Militares ativos: 10,8%
- Civis ativos: 42,8%
- Civis inativos: 28,3%

Fontes: Secretaria do Tesouro Nacional, Relatório do Tesouro Nacional/Boletim (dezembro 2022). Exclui o item "outros", associado a despesas atípicas, como pagamento de indenizações.

Esse gráfico é complementado pela Tabela 3.1. Ela mostra a seguinte realidade, para 2022:

- Para cada R$ 100 gastos com servidores ativos, o governo gasta R$ 87 com inativos, sendo que no caso dos inativos militares, essa proporção é quase o dobro: R$ 167.
- De cada R$ 100 gastos com inativos, R$ 34 são gastos com pensionistas, o que, no caso dos militares especificamente, ascende a R$ 45.
- Na soma do que se paga conjuntamente ao agregado de civis e militares, estes são responsáveis por 20%, 33% e 51% da despesa com ativos, aposentados e pensionistas, respectivamente.

Tabela 3.1
Coeficientes relativos de despesa de pessoal: 2022

Grupos	Coeficiente
Inativos/Ativos	0,87
Civis	0,66
Militares	1,67
Pensionistas/Inativos	0,34
Civis	0,28
Militares	0,45
Militares/Total (Civis + Militares)	0,29
Ativos	0,20
Inativos	0,39
Aposentados	0,33
Pensionistas	0,51

Fonte: Secretaria do Tesouro Nacional.

Portanto, embora, na avaliação da grande maioria das pessoas, o "problema do deficit público" seja causado pela "gastança com o funcionalismo", como diz o velho ditado, "há mais coisas entre o céu e a terra do que supõe a vã filosofia". Vamos explorar mais essas nuances.

Um olhar sobre a floresta

Para além das oscilações verificadas ao longo dos anos, utilizando uma velha imagem, olhando para a floresta (a visão geral), e não para uma árvore em particular, qual é a realidade, como tendência, que se depreende do conjunto de informações que vimos até agora, se tomarmos como ponto de partida o ano de 1995, em função do fato de ser o primeiro ano completo após a estabilização e também aquele para o qual temos a informação bem desagregada acerca da composição da despesa com pessoal? Para efeitos do que queremos ressaltar no presente capítulo, duas informações se destacam:

- Entre 1995 e 2022, a despesa primária federal, excluídas as transferências a estados e municípios, passou de 13,6% a 18,3% do PIB.
- A despesa com pessoal, especificamente, nesse mesmo período, diminuiu de 5,1% a 3,4% do PIB.

Na próxima seção, nos deteremos um pouco mais nas diferenças entre as trajetórias do gasto observadas no período de 2016 e 2019 — ou seja, entre os momentos em que foram aprovadas a regra do teto e a reforma da Previdência — e no período que sucedeu a 2019. Nesta seção, porém, destacaremos a comparação entre os extremos daquela comparação antes citada, tomando como última referência o ano de 2022, para o qual já temos todas as informações desagregadas. Para isso, cabe observar com atenção os dados da Tabela 3.2.

Se analisarmos o que aconteceu com o gasto com o funcionalismo desde a estabilização, conclui-se que, entre 1995 e 2022:

- A despesa com pessoal ativo caiu de 2,6% para 1,8% do PIB.
- A despesa com inativos caiu um pouco menos, de 2,1% para 1,5% do PIB.

Por sua vez, dada a rigidez que existe em relação ao tema dos militares — em geral tratado como uma espécie de tabu nos meios políticos, inclusive antes do governo Bolsonaro —, se analisarmos especificamente o que aconteceu com o gasto com o funcionalismo civil desde a mesma data, conclui-se que, entre 1995 e 2022:

- A despesa com ativos caiu de 2,1% para 1,4% do PIB.
- A despesa com inativos cedeu de 1,5% para 0,9% do PIB.

Tabela 3.2
Despesa de pessoal: comparativo entre 1995 e 2022 (% PIB)

Grupos	1995	2022
Ativos	2,63	1,78
Civis	2,08	1,42
Militares	0,55	0,36
Inativos	2,14	1,54
Civis	1,49	0,94
Militares	0,65	0,60
Outros	0,36	0,12
	5,13	3,44
Aposentadorias	1,46	1,01
Civis	1,09	0,68
Militares	0,37	0,33
Pensionistas	0,68	0,53
Civis	0,40	0,26
Militares	0,28	0,27

Fonte: Elaboração própria, com base na Secretaria de Política Econômica (1995) e Secretaria do Tesouro Nacional (2022).

Convém, adicionalmente, dar mais um zoom nos dados e avaliar especificamente o ocorrido com a despesa com funcionários civis com outra abertura, o que é feito nas Tabelas 3.3 e 3.4. Quando isso é feito, nota-se que, especificamente no caso dos funcionários do Executivo, sempre entre 1995 e 2022:

- O gasto com ativos caiu de 1,7% para 1% do PIB.
- O gasto com inativos caiu de 1,4% para 0,8% do PIB.

Tabela 3.3
Decomposição, despesas com ativos civis (% PIB)

Composição	1995	2022
Executivo	1,68	1,04
Legislativo	0,12	0,05
Judiciário	0,28	0,33
Total	**2,08**	**1,42**

Fonte: Elaboração própria, com base na Secretaria de Política Econômica (1995) e Secretaria do Tesouro Nacional (2022) e na composição da despesa com pessoal do Boletim Estatístico de Pessoal (BEP) e do Painel Estatístico de Pessoal (PEP) do Ministério de Planejamento/Economia.

Tabela 3.4
Decomposição, despesas com inativos civis (% PIB)

Composição	1995	2022
Executivo	1,35	0,75
Legislativo	0,05	0,05
Judiciário	0,09	0,14
Total	**1,49**	**0,94**

Fonte: Elaboração própria, com base na Secretaria de Política Econômica (1995) e Secretaria do Tesouro Nacional (2022) e na composição da despesa com pessoal do Boletim Estatístico de Pessoal e do Painel Estatístico de Pessoal do Ministério de Planejamento/Economia.

Houve, de fato, um aumento combinado na soma de ativos e inativos das despesas com o Judiciário, ao qual, por se tratar de uma dimensão numérica menor, comparativamente ao Executivo, nos referiremos mencionando os dados em proporção do PIB com duas casas decimais.[6] Porém, a soma de ativos e inativos passou de 0,37% para 0,47% do PIB. É verdade que, em termos relativos, trata-se de um aumento significativo. Também é verdade que há privilégios inaceitáveis que continuam sendo usufruídos pela categoria, particularmente as férias de dois meses. Porém, a simples observação dos dados indica que esse "delta" correspondeu a uma pequena fração de 0,1% do PIB na expansão total de quase 5% do PIB registrada no gasto total desde 1995.

---

[6] No caso do Legislativo, além da escassa relevância do agregado — menos de 0,2% do PIB — entre os dois anos, a soma de ativos e inativos caiu de 0,17% para 0,10% do PIB.

Uma narrativa esmaecida

Quando se olha para o agregado da ordem de 23% do PIB composto pela despesa total do governo central, ali incluídas as transferências a estados e municípios, é tentador concluir que não deveria ser difícil fazer um ajuste da ordem de 2% do PIB — menos de 10% do total. "Basta cortar 10% do salário dos servidores", poderia imaginar o leitor, a princípio. O fato é que, nesse total, a despesa com pessoal civil do Executivo na ativa é de apenas 1% do PIB, realidade muito diferente daquela que é suposta pela maioria das pessoas. No que se refere à despesa com servidores civis inativos, mesmo incluindo o Legislativo e o Judiciário, ela era de 1,5% do PIB no começo da estabilização e caiu para menos de 1% do PIB recentemente, em um contexto em que todas as grandes rubricas de despesa aumentaram de tamanho.

Se tomarmos como referência especificamente o ano de 2019, no qual foi aprovada a reforma da Previdência, em cujo debate foram apontados — com razão — diversos privilégios então existentes no âmbito do funcionalismo, veremos que, em termos reais, utilizando o deflator do PIB, a despesa com servidores públicos inativos (aposentados e pensionistas) terá sofrido uma queda real acumulada de 15% entre 2019 e 2022, em claro contraste com o aumento real acumulado da despesa com servidores inativos nos três anos anteriores, entre 2016 — quando foi aprovada a regra do teto — e 2019 — quando o Congresso aprovou a reforma da Previdência — e que tinha sido de 15% (Gráfico 3.5). O fato é que em 2022, a despesa real com servidores federais inativos foi inferior à de 2016.

A reforma de 2019, de fato, acabou com uma série de privilégios que existiam, não apenas na administração pública, mas também fora dela, notadamente a possibilidade de aceder a aposentadorias particularmente precoces por tempo de contribuição.

Com as regras aprovadas, no final de uma transição que, no caso de alguns parâmetros, já foi concluída e, no de outros, está prestes a ser completada, o país terá dispositivos bastante rígidos para a aposentadoria para quem se aposenta por tempo de contribuição. Afinal de contas, alcançar os 105 pontos, para quem se credencia a ser elegível para esse tipo de aposentadoria, exigirá uma combinação de idade e período contributivo bastante intensa. Seja no caso em que a pessoa — do gênero masculino — aposenta-se, por exemplo, com, digamos, 64 anos de idade e 41 de contribuição ou, alternativamente, 63 de idade e 42 de contribuição, trata-se de uma realidade bem diferente à anterior, na qual, no limite, uma pessoa do gênero feminino que iniciasse — provavelmente com ajuda dos pais — a sua contribuição aos 16 anos de idade poderia se aposentar à inacreditável idade de 46 anos.

Gráfico 3.5
Despesa com servidores federais inativos (R$ bilhões constantes de 2022)

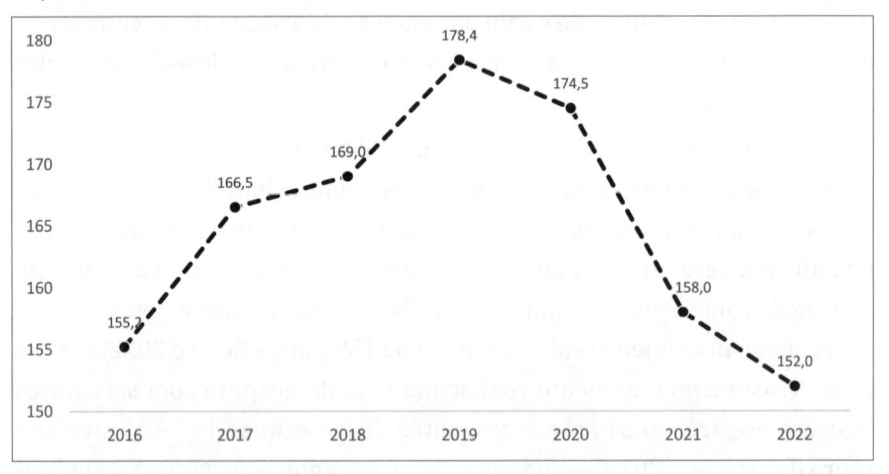

Ano	Valor
2016	155,2
2017	166,5
2018	169,0
2019	178,4
2020	174,5
2021	158,0
2022	152,0

Deflator: Deflator do PIB.
Fonte: Elaboração própria, com base na composição de pessoal da Secretaria do Tesouro Nacional.

Persistem, como já foi salientado, privilégios que precisam ainda ser endereçados. Servidores da Justiça têm, por exemplo, dois meses de férias por ano, e policiais ainda fazem jus a uma aposentadoria precoce em relação a outras categorias. São, porém, no conjunto dos servidores, "ilhas" que não justificam a caracterização dos servidores como um todo, nesta altura, como uma categoria de privilegiados, assim como, definitivamente, com as regras vigentes após a Emenda Constitucional da reforma de 2019, a expressão não pode ser aplicada a quem se aposenta por tempo de contribuição, agora, na prática, com 39, 40 ou 41 anos de contribuição.

E, entretanto, o "problema previdenciário" (fiscal) não foi plenamente resolvido. "Reformar a Previdência", no futuro, será uma bandeira mais difícil de empunhar, política e socialmente. Não obstante, isso será necessário, em algum momento, para evitar novo achatamento das despesas discricionárias. Discutiremos essas questões, exaustivamente, ao longo das demais páginas deste livro.

CAPÍTULO 4

UM DRAMA
POLÍTICO

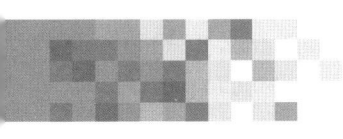

UM DRAMA POLÍTICO: A AUSÊNCIA DE UM VILÃO

"Se você quiser saber como alguém vai votar, não pergunte quais são seus desejos e aspirações, mas tente averiguar quem a pessoa odeia." Esse ensinamento, feito há alguns anos por Jonathan Haidt, psicólogo social norte-americano, é complementado pela constatação feita com palavras algo parecidas a essas, anos antes, por Richard Nixon, que concluiu seu raciocínio da seguinte forma: "Ninguém aprende isso nas aulas de catecismo, mas é a verdade."

Marqueteiros políticos conhecem isso rapidamente no exercício da profissão: identificar a figura de um "vilão" é um elemento-chave em uma disputa eleitoral. O "FMI", o "neoliberalismo", a "ortodoxia monetarista", de um lado; ou "os comunistas" ou o "perigo vermelho", no campo extremo oposto, são as "bestas-feras" a vencer, derrotar, derrubar, aniquilar. E quando quem ocupa o poder está no centro, como FHC durante oito anos ou, anos depois, Michel Temer, empurra-se, na narrativa política, esse centro para a direita, como fez o PT para derrotar o PSDB em 2002; ou ignora-se o centro e voltam-se as baterias contra o PT, como fez Jair Bolsonaro na sucessão de Temer em 2018. Isso é da essência do jogo político.

As políticas públicas, muitas vezes, são parte dessa disputa. Muitos anos atrás, uma pessoa amiga, mais velha, não economista e crítica das ideias genericamente rotuladas como "fiscalistas", conversando com um dos autores, fez uma provocação para que lhe explicasse, no contexto da época, por que o governo estava querendo fazer alguma coisa para combater a inflação por meio da redução do deficit público. Em certo momento, ao ouvir os argumentos, amistosamente, mas com certa irritação, a pessoa desabafou: "Ora, você está querendo me convencer então de que a culpa do deficit público é da minha esposa?" A resposta, sem perder a piada, mas arriscando perder o amigo, foi: "Olha, fulano, no seu caso específico, sim." Explicação para o leitor: a esposa dele havia se aposentado pelo antigo Banco do Estado do Rio de Janeiro (BANERJ), com 30 anos de contribuição, à idade de 49 anos — provavelmente tendo mais anos de vida e de usufruto da aposentadoria pela frente do que de contribuição para trás...

Resgatamos esse diálogo algo jocoso, ocorrido há uns trinta anos, por conta de uma expressão chave da troca de ideias daquela ocasião: a palavra "culpa". Foi, de fato, a definição que a pessoa usou para a situação: "culpa", não "responsabilidade", "principal contribuição para o deficit" ou algo do gênero. Não: "culpa." Como se a existência de um problema econômico — o deficit, nesse caso — tivesse necessariamente que ter um "vilão" a ser combatido. Acostumado a pensar que fossem "os empresários que sonegam impostos" ou "as fraudes do INSS", chocou a ele que fosse a própria esposa a "vilã" que ele passou a vislumbrar na narrativa. Que, a rigor, não tinha nenhum espírito acusatório, e sim meramente analítico.

Com grande habilidade política, o governo Bolsonaro, em jogo combinado entre o então presidente da Câmara, Rodrigo Maia, e o então secretário de Emprego e Previdência, Rogério Marinho, teve sucesso em ver sua reforma previdenciária aprovada em 2019, em seu primeiro ano de governo. Para isso, foi essencial a apresentação da reforma — dando sequência, a rigor, a uma estratégia lançada na defesa da reforma pelo governo Temer, que não conseguiu aprovar a sua proposta, feita no final de 2016 — como a expressão do "combate aos privilégios", associados em boa parte ao funcionalismo, embora do tão propalado ganho fiscal em dez anos, só uma parte do esforço viesse de fato da parcela da reforma incidente sobre o funcionalismo, uma vez que o *core* da reforma era acabar com as aposentadorias especialmente precoces do INSS — aposentadorias precoces que, na administração pública, já haviam sido em boa parte mitigadas com a reforma de Lula de 2003.[1]

No futuro, tendo que lidar justamente com os temas que ficaram de fora na reforma de 2019, será preciso identificar outra estratégia. Quem

---

[1] Para uma crítica aos chamados "privilégios do funcionalismo", ver Nicholson (2007).

será o "vilão" da futura reforma? Ou, alternativamente, será necessariamente possível existir um vilão? É uma questão delicada.

O "vilão" de 2019

A defesa da necessidade de uma reforma da Previdência Social vinha sendo feita no debate técnico acerca do tema havia muitos anos. Porém, a dificuldade de lidar com temas politicamente controversos levou os sucessivos presidentes eleitos — e os candidatos em campanha — a protelarem o enfrentamento do problema. Um dos autores deste livro teve a oportunidade de comprovar isso quando, nos meses que antecederam as eleições presidenciais de 2006, perguntou a um dos principais candidatos qual era sua opinião sobre o tema. Mesmo sendo um evento fechado, sua resposta não deixou margem para dúvidas: "Você está me fazendo uma pergunta que é daquelas para eu perder a eleição."

Depois da reforma constitucional de FHC em 1998, da aprovação do "fator previdenciário" que se seguiu a ela e da reforma de Lula sobre as regras de aposentadoria do funcionalismo em 2003, os críticos da necessidade de uma nova reforma foram politicamente eficazes no sentido de rotular as propostas de reforma com marcas negativas, o que manteve o status quo durante mais de quinze anos.

Há que se considerar que o segundo governo Lula e os dois governos Dilma, uma vez feita a reforma de 2003 — restrita ao setor público — chegaram a discutir eventuais mudanças sem, no entanto, ter real intenção de fazer qualquer ajuste. Exemplo disso foi o caso do Fórum da Previdência Social de 2007 — sem qualquer resultado — e mesmo as propostas encaminhadas pelo ex-ministro Joaquim Levy, que em 2015 apresentou ao Congresso Nacional uma medida provisória visando corrigir o benefício de pensão, posteriormente muito desfigurada, o que representou um "tiro pela culatra".

Foi só com a proposta de reforma encaminhada por Michel Temer ao Congresso Nacional no final de 2016 que o governo pareceu ter encontrado a "embocadura" política adequada para conseguir espaço na sociedade para a reforma ser aceita e passar no Congresso. A reforma foi posteriormente paralisada pelas denúncias do empresário Joesley Batista, que estouraram como uma bomba e mudaram completamente o quadro político, em maio de 2017, mas a tese ficou presente no campo político, e o debate da época contribuiu em parte para a aprovação posterior da reforma no primeiro ano do governo Bolsonaro. Na ocasião, já em 2019, o país aprovou a reforma previdenciária mais profunda de sua história, reforma constitucional essa complementada por medidas infraconstitucionais relevantes, que, inclusive, nos primeiros cinco anos após a aprovação da reforma, responderiam por metade do efeito fiscal dela.

A base da mudança das condições foi a esperteza política do governo, já em 2016, de "vender" a proposta como um "ataque aos privilégios", particularmente do funcionalismo público. Tanto na televisão como em anúncios de jornal e em pequenos vídeos como os que por aqueles anos passaram a proliferar em grupos de WhatsApp, passou a ser veiculada repetidamente a tese de que a reforma era feita para inibir situações de privilégio como as que levavam os funcionários públicos a serem vistos por parte da sociedade como pertencentes a uma "casta" pretensamente superior, com remuneração e aposentadorias muito acima da média nacional.

Curiosamente, nas próprias tabelas que o governo distribuía, na época do debate intenso feito na Comissão Especial que estava analisando a proposta, a parte do ganho fiscal em dez anos que decorreria das mudanças feitas no âmbito do funcionalismo não representava o componente principal da — na época — alardeada "poupança de R$ 1 trilhão".[2] Cabe lembrar que isso não correspondia a uma redução efetiva do fluxo de gasto em relação ao observado até então, e sim a uma diminuição na comparação com o gasto que ocorreria nos anos seguintes sem a reforma.

O fato é que a exibição de dados, como os do Gráfico 4.1, criaram um pano de fundo muito favorável à reforma. No gráfico, pode-se ver que, por ocasião da situação observada com os dados da época, se comparada a aposentadoria paga às diversas categorias de servidores, a média era largamente superior ao valor médio das aposentadorias do INSS: 6 vezes para o Executivo na administração direta, 8 vezes no caso dos militares, 15 vezes no do MPU, 17 no do Judiciário e 22 no do Legislativo.

---

[2] Esse valor era o somatório das diferenças, ano a ano, por dez anos à frente, entre o que se esperava gastar sem a reforma e o gasto que decorreria da adoção das novas regras. No final, o ganho acabou sendo menor devido às concessões naturais feitas no trâmite da negociação legislativa.

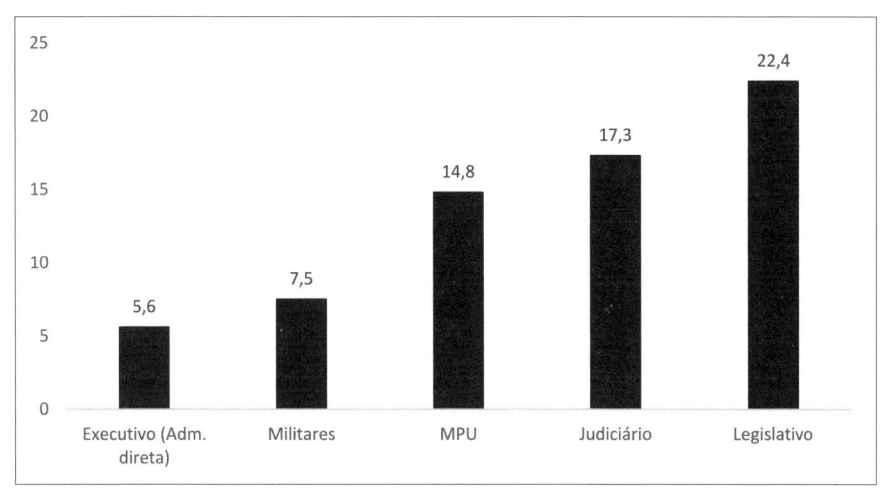

Gráfico 4.1
Razão entre valor médio de benefícios dos servidores e valor médio de aposentadoria do INSS

Executivo (Adm. direta)	5,6
Militares	7,5
MPU	14,8
Judiciário	17,3
Legislativo	22,4

Fonte: Elaboração própria, com base na Tabela 3 de Giambiagi e Zeidan (2018). Valores aproximados, referentes a 2016.

Independentemente de toda a discussão, meritória, acerca do pagamento a quem está na ativa nessas carreiras ser justo ou não, a rigor, há uma razão, em parte, para essa diferença, que resulta do fato de que: a) as remunerações médias no serviço público são maiores que as que são pagas, em média, aos trabalhadores do setor privado; e b) enquanto no INSS a contribuição para a aposentadoria do empregado com contrato formal é feita apenas até o limite do teto do INSS, no serviço público a contribuição incide sobre a totalidade do salário, o que gera, naturalmente, uma tendência a que a aposentadoria seja maior que a do INSS. Cabe aqui, contudo, fazer um esclarecimento relacionado com o fato de que a contribuição do empregador não tem teto, ou seja, ela é de 20% sobre o salário integral. Quando se leva em conta a alíquota ponderada total, a diferença de contribuições é bem menor, o que significa que em nenhuma hipótese ela poderia explicar um múltiplo de cinco vezes ou mais entre as aposentadorias do serviço público e do INSS.

A "razão oculta" de 2019

A reforma de 2019 buscou reduzir a Taxa Interna de Retorno (TIR) do sistema previdenciário. Uma das formas de fazer isso era aumentar a idade de aposentadoria. Outra era modificar a fórmula de cálculo do benefício, assim como também a alteração na regra de acumulação de benefícios, incorporando algumas vedações e limites. Todas essas propostas convergiam para o propósito de ter um retorno menor dos benefícios da aposentadoria vis-à-vis ao valor presente das contribuições.

Em termos do impacto mais visível aos olhos da opinião pública, o principal efeito fiscal resultante da reforma de 2019 esteve associado ao fato de se ter elevado consideravelmente a idade na qual as pessoas podiam se aposentar por tempo de contribuição pelo INSS. Até então, a regra era a de que, para ter acesso ao benefício, o homem tinha que ter 35 anos de contribuição, e a mulher, 30. Portanto, no limite, uma mulher que começasse a contribuir aos 16 anos poderia se aposentar aos 46. O fator previdenciário, aprovado no segundo governo FHC, foi concebido com a ideia de que, pela redução que ele gerava em relação ao que seria a aposentadoria "plena", ele levaria as pessoas a dilatarem voluntariamente a sua permanência no mercado de trabalho, mas isso não estava ocorrendo.

A razão provavelmente estava ligada ao que nós economistas chamamos de "taxa de preferência intertemporal" e tem a ver com a relação que o ser humano tem com o fator tempo — o do relógio, não o das nuvens. Digamos que uma pessoa tenha duas opções: consumir algo hoje ou consumir mais no futuro, por exemplo, cinco anos depois. Qual é a escolha dela? Essa "transação" entre o presente e o futuro é a taxa de desconto. Ela provavelmente será diferente para uma pessoa de 98 anos (qual é a probabilidade realista de ela estar viva aos 103 e de se beneficiar da espera?) e para outra de 35.

A experiência indica que, para o brasileiro, por uma série de razões, a taxa de desconto intertemporal é muito alta. E, pensando bem, isso não é difícil de entender: em um país com tantas incertezas, o futuro está envolto em uma bruma tão densa que é difícil atribuir um valor elevado ao que se pode esperar dele. Assim, há uma preferência enorme pelo presente, e a pessoa tem que esperar receber muito mais para adiar o seu consumo. Diante disso, entre ganhar X de aposentadoria anos depois ou receber, por exemplo, 70% de X imediatamente, as pessoas optavam pela segunda alternativa e se aposentavam cedo, mesmo com o ônus do fator previdenciário.

Para as contas públicas, isso era um problema. Digamos que o valor de referência da aposentadoria "plena" associada a quem tivesse contribuído para se aposentar pelo INSS fosse, por exemplo, de R$ 5 mil e que o fator previdenciário de uma pessoa que fosse elegível precocemente para receber a aposentadoria fosse 0,70. Se a pessoa esperasse, anos depois receberia o valor, devidamente corrigido pela inflação, correspondente inicialmente a R$ 5 mil. O problema é que, se optasse por se aposentar imediatamente, o INSS teria que pagar R$ 3.500. Isso estava representando um ônus muito elevado para as contas públicas.

A reforma visava, fundamentalmente, simplesmente fechar essa porta por meio da adoção de uma idade mínima. Na negociação parlamentar, o princípio de uma idade mínima crescente no tempo, na fase de transição de vários anos, foi complementado pelo chamado "sistema de pontos", em que se somavam os valores numéricos relacionados com a idade da pessoa e com o tempo contributivo, para que a soma (e não a idade, apenas) obedecesse a um determinado patamar mínimo, também crescente no tempo. Para os homens, no final da transição, esse requisito de pontos acabou sendo o número 105, correspondente, tipicamente, a uma situação em que a pessoa tem 65 anos de idade e 40 de contribuição, podendo diferenças para mais ou para menos entre um e outro parâmetro se compensarem mutuamente entre si, por exemplo, com 64 anos de idade e 41 de contribuição, ou combinações análogas. No final do período de transição, o que vigora é o princípio da idade mínima.

Até então, a idade em que as pessoas se aposentavam por tempo de contribuição no Brasil pelo Regime Geral da Previdência Social (RGPS) do INSS era flagrantemente inferior à da enorme maioria dos países do mundo, particularmente no caso das mulheres. A existência de regras diferenciadas em favor do gênero feminino era comum ao regime de outros países décadas atrás. O que conferia particularidade ao caso brasileiro era a combinação de regras diferenciadas do gênero com a figura da aposentadoria por tempo de contribuição. Se, para o homem, 35 anos de tempo de contribuição poderia ser razoável muitos anos atrás, a ausência de qualquer requisito de idade mínima significava que quem tivesse começado a contribuir aos 16 anos — por exemplo, como autônomo, com a ajuda dos pais — poderia se aposentar aos 51 anos — uma idade francamente precoce —, sendo que, para as mulheres, a possibilidade de fazê-lo com

5 anos a menos de contribuição — ou seja, 30 — tornava essa diferença em relação ao padrão mundial maior ainda, gerando situações verdadeiramente aberrantes.

A Tabela 4.1 mostra o efeito desse conjunto de regras. Como a concessão do benefício está condicionada à comprovação de um requisito mínimo de tempo contributivo para quem se aposenta por idade, note-se que, a rigor, no meio urbano, na prática, por efeito do *lag* burocrático no processo de concessão, a aposentadoria por idade dos homens no meio urbano na época da aprovação da reforma se dava aos 66 anos. Já a média de idade de concessão do benefício por tempo de contribuição era de 54 anos, sendo que, no caso das mulheres, era, inclusive, menor, aos 53 anos.[3] A tabela indica também que havia uma clara diferenciação para aqueles que se aposentavam no meio rural, mas essa era uma questão mais difícil de abordar, como veremos em capítulo específico do livro. Já a aposentadoria por tempo de contribuição, tipicamente um benefício para a classe média, era viável de ser modificada — com o "invólucro" adequado da comunicação pertinente. Foi o que o governo conseguiu, com o mote do "combate aos privilégios".

Tabela 4.1
Idade de aposentadoria em 2019 (anos)

Categoria	Clientela	Homens	Mulheres	Total
Idade	Urbana	66	62	63
	Rural	61	56	58
	Total	63	59	61
Tempo de contribuição	Urbana	55	53	54
	Total	55	53	54
Idade e tempo de contribuição	Urbana	59	58	58
	Rural	60	56	58
	Total	59	57	58

Obs.: As aposentadorias rurais por tempo de contribuição são praticamente irrelevantes, estatisticamente. Por isso, não foram consideradas.
Fonte: Boletim Estatístico da Previdência Social (BEPS).

---

[3] Sendo esse número a média, isso significa que muitas pessoas se aposentavam antes dessa idade, com 50, 51 ou 52 anos de idade, em geral — e, em alguns casos, antes dos 50.

E se não houver vilões?

A questão crítica, olhando em perspectiva, é que será difícil, no futuro, identificar quem será o "vilão" a apontar, politicamente, para viabilizar, pelos mecanismos políticos aos quais estamos acostumados, uma futura e nova reforma da Previdência. Talvez, em função disso, será necessário substituir a lógica de privilegiados/prejudicados — que revela algo de imaturidade da sociedade — por uma lógica de pactuação política, como a que se costuma vivenciar em países acostumados a fazer acordos entre forças diversas — como os pactos de Moncloa e de Toledo, na Espanha, que viabilizaram a aprovação de reformas importantes.

O ponto-chave é: por que tem que haver um vilão, necessariamente, em se tratando de questões complexas que envolvem a dinâmica de uma sociedade, com fatores — como o demográfico — que fogem ao controle dos governos ou de grupos específicos? Se um carro apresenta um defeito depois de sete anos de uso, por que pensar que isso é fruto da sabotagem de alguém, em vez de ser pura e simplesmente reflexo da passagem do tempo? Analogamente, por que arranjos político-sociais baseados em uma determinada configuração demográfica da sociedade não podem ser revistos regularmente, quando, como todos sabem, com o passar dos anos, algumas realidades mudam?

Cabe aqui, aliás, um pequeno parêntese. Na redação da reforma apresentada originalmente em 2019, uma das cláusulas propostas pelo governo era um dispositivo que indexava automaticamente os parâmetros etários às mudanças, daí em diante, da tábua de mortalidade divulgada todos os anos pelo IBGE. O propósito era claro: dar ao tema um tratamento eminentemente técnico e, alcançado o acordo político que permitisse aprovar a reforma com base nos parâmetros acordados na ocasião, conservar o espírito disso e mudar, natural e automaticamente, os parâmetros acordados, em função do envelhecimento da sociedade, sem ter que rediscutir novamente o tema no Congresso, anos depois, com todo o desgaste que isso implica.[4]

---

[4] Esse mecanismo, em realidade, estava presente no fator previdenciário. Não se tratava, portanto, de algo alheio à realidade previdenciária brasileira.

Pois bem, na negociação parlamentar, essa foi uma das cláusulas que caiu, por uma razão politicamente perversa — porque envolve uma lógica mesquinha —, mas perfeitamente compreensível, dado o modo como se faz política no Brasil: o Congresso quis que o Executivo "voltasse a tratar com ele" com certa frequência, para poder negociar um conjunto de coisas que costumam ser objeto dessas barganhas — e que passam por consequentes favores fiscais ou alocativos.

O fato é que, se algo como aquela ideia tivesse vingado por ocasião da reforma previdenciária de FHC de 1998, as idades de aposentadoria teriam sido modificadas pacificamente e hoje, em torno de 25 anos depois daquele episódio, não estaríamos discutindo a necessidade de atualizar no futuro alguns parâmetros que ficaram "congelados" desde aquela época.[5]

Imagine o leitor uma situação perfeitamente convencional: um condomínio em que, para evitar ter que acorrer aos bancos, o prédio vive de arrecadar recursos dos condôminos para arcar com suas contas: pagamento do porteiro e do pessoal de serviço, limpeza, jardinagem, energia elétrica — ter elevador custa caro! — a água que é gasta pelo prédio inteiro e é paga pelo condomínio, e não pelos condôminos individualmente, e gastos de manutenção em geral. As contas estão em dia, o quadro de funcionários está bastante enxuto e o prédio funciona bem e não tem deficit. Ocorre que, com o passar dos anos, imaginemos que o sindicato dos porteiros tenha se fortalecido e aqueles que no passado ganhavam um salário mínimo e meio recebam agora, em virtude da negociação da categoria, algo em torno de dois salários mínimos, referência essa que, na prática, adicionalmente, inclusive, teria aumentado em termos reais. O fato é que, se o síndico tiver a política de apenas indexar a cota condominial ao INPC ou ao IPCA, ele terá problemas, porque começará a faltar dinheiro. Quando houver troca de síndico, o novo terá que aumentar a cota acima da inflação. Alguns moradores reclamarão, mas o aumento do valor condominial será a simples adaptação a uma realidade representada pelo aumento dos custos de funcionamento regular do prédio. Quem é o culpado? Talvez o sindicato, na visão de alguns, embora talvez isso indique uma mudança do

---

[5] É imperativo recordar que o mecanismo de idade mínima prevista na EC n. 20/1998 não foi aprovado por apenas um voto, em função de um erro no processo de digitação por parte de um dos parlamentares do governo FHC, Antonio Kandir.

mercado de trabalho, com uma dificuldade maior que a de quinze ou vinte anos atrás de encontrar porteiros no mercado. O fato é que há um deficit financeiro que não existia, passou a existir, e, de uma forma ou de outra, é necessário encarar a questão sem que necessariamente haja alguém que esteja agindo ilegalmente ou se beneficiando de alguma irregularidade.

Algo assim ocorre com a Previdência Social. Em equilíbrio e simplificadamente, um sistema dito "de repartição", em oposição ao de capitalização — objeto de discussão em outro capítulo — funciona com base em um princípio que pode ser exposto em uma equação muito simples, para uma situação de equilíbrio entre receitas e despesas, colocadas nos lados esquerdo e direito, respectivamente, da equação a seguir:

$$c \times W \times N = A \times B \tag{1}$$

onde
- c = alíquota de contribuição sobre o salário médio da economia
- W = salário médio da economia
- N = número de pessoas ocupadas no mercado formal de trabalho
- A = valor médio das aposentadorias e demais benefícios
- B = número de benefícios

A lógica da equação é cristalina: em equilíbrio, arrecada-se de quem trabalha para pagar à geração que está aposentada. Ora, se as pessoas passam a viver mais anos, ingressam novas pessoas na categoria de beneficiados, sem que isso seja compensado por aqueles que se desligam pelos óbitos que ocorrem com o passar dos anos. Observe-se então que, mediante um simples algebrismo, a preservação do equilíbrio citado requer que o número de trabalhadores ocupados N seja dado por:

$$N = (A/W) \times B/c \tag{2}$$

Isso significa que, se o número de benefícios B aumenta, em função da maior longevidade de uma sociedade, e assumindo que a alíquota contributiva c seja uma constante, preservar a igualdade entre receitas e despesas de (1) requer uma de duas possibilidades compensatórias em (2):

- A redução da relação (A / W) entre a aposentadoria e os salários (uma espécie de "fator previdenciário").

- Um aumento de N, com a extensão da permanência dos trabalhadores no mercado de trabalho, contribuindo por mais tempo para sustentar suas futuras aposentadorias.

Em outras palavras, a vida é dura...

O futuro: um debate difícil

A reforma previdenciária aprovada em 2019 foi feita principalmente para evitar que as pessoas pudessem continuar a se aposentar por tempo de contribuição no Brasil a idades aberrantemente precoces, como 51 ou 52 anos, e foi calcada em uma hábil propaganda institucional baseada no "combate aos privilégios". Nela, destacava-se a relação entre o valor dos benefícios de aposentadoria de determinadas categorias e o valor médio de aposentadorias pagas pelo INSS, razão essa que, no caso de algumas categorias, podia ser de mais de 20 para 1.

No futuro, será preciso encarar um debate ao qual, de uma forma algo infantil, a sociedade brasileira foi apresentada no passado como sendo uma disputa entre "mocinhos" e "vilões". Nesses termos, a "culpa" pelo deficit público/previdenciário recairia sobre idosos, mulheres, camponeses e pessoas que recebem benefícios assistenciais. O simples enunciado dos grupos que teriam que ter suas condições de elegibilidade modificadas dá uma ideia da dimensão das dificuldades envolvidas. Será um desafio extremamente delicado.

Explicando um pouco mais em detalhes: o país terá que encarar justamente as questões que ficaram de fora na reforma de 2019, quais sejam, conforme descritos a seguir.

- O requisito mínimo de aposentadoria por idade para os homens, definido em 65 anos na Constituição de 1988, perfeitamente válido para a demografia da época, porém não mais adequado à realidade que se tem em perspectiva para o Brasil que cabe esperar para 2030 ou 2040.
- A convergência entre os requisitos de idade para homens e mulheres, com uma diferenciação por gênero que, na reforma, caiu

de cinco para três anos, mas que ainda é incompatível com as tendências demográficas futuras.

- As regras diferenciadas de concessão de benefícios rurais, assim como o critério etário, mantido rígido desde 1988, quando a expectativa de vida de quem está vivo aos 60 anos mudou muito desde então.

- A idade de elegibilidade para a concessão de benefícios assistenciais, que inclusive se tornaram mais benevolentes desde a Constituição de 1988, em oposição às tendências demográficas, que apontavam para uma maior longevidade.

Será preciso, portanto, expor os dados com extremo cuidado na escolha das palavras. Cada um desses temas — idosos, mulheres, moradores de áreas rurais e beneficiados pelo BPC[6] — é ultrassensível, política e socialmente, de modo que uma palavra mal colocada pode suscitar uma feroz campanha negativa contra a reforma.[7]

Abordaremos cada um desses quatro temas em capítulos específicos deste livro, expondo os dados e os argumentos que devem ser devidamente ponderados acerca da questão. Antes, porém, procuraremos entender o que mudou com a reforma de 2019.

---

[6] Benefício de Prestação Continuada (BPC), nome técnico do jargão fiscal para a LOAS.
[7] Um exemplo disso foi a famosa alusão aos "vagabundos" feita em um discurso de rara infelicidade pelo ex-presidente FHC. Ele estava querendo se referir — claro que com uma linguagem completamente inadequada —, na expressão dele, aos "vagabundos que deixam de trabalhar para se aposentar aos 50 anos", mas obviamente a chamada da imprensa crítica foi "Presidente chama os aposentados de vagabundos". O fato teve repercussões muito danosas para a qualidade do debate sobre a necessidade da reforma naquela época.

CAPÍTULO 5

A REFORMA DE 2019

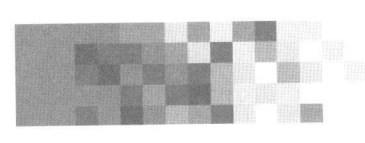

A REFORMA DE 2019: UM BALANÇO

Na contracapa de um livro em que trataram dos desafios impostos pela mudança demográfica, os autores pediram a um grupo de dez ex-ministros da área econômica — Fazenda ou Planejamento, dependendo da configuração institucional da época — que fizessem um pequeno depoimento acerca da importância da questão previdenciária.[1]

Esse conjunto de depoimentos é aberto pelo parágrafo escrito por Fernando Henrique Cardoso, que na época havia adicionado a condição de ex-presidente da República à de ex-ministro no seu currículo. Ele respondeu a nosso convite escrevendo o seguinte texto:

> *Maquiavel dizia que os problemas políticos, em seu início, são difíceis de serem percebidos e fáceis de serem resolvidos, ao passo que, quando se torna fácil percebê-los, já então é difícil resolvê-los. O dito do pensador florentino se aplica ao problema previdenciário no Brasil, com a ressalva de que ainda falta uma percepção clara sobre todas as suas implicações para o presente e sobretudo para o futuro do país.*

Escrito em 2010, ou seja, quinze anos depois de ele mesmo ter apresentado a proposta de reforma da Previdência — desfigurada e aprovada, na época, em versão extremamente mitigada, mais de três anos depois de ter sido encaminhada ao Congresso — e nove anos antes da aprovação de uma "verdadeira" reforma como foi a de 2019, o texto resume em poucas linhas as dificuldades enfrentadas pelo poder político para enfrentar um

---

[1] Giambiagi e Tafner (2010).

tema que frequentemente enfrentou as chamadas "coalizões bloqueadoras" no Congresso.[2]

O tema da reforma previdenciária foi objeto de debates na política desde a década de 1980, mas foi somente a partir da estabilização que entrou efetivamente na pauta concreta das possibilidades realistas de reforma.[3] Entretanto, a reforma constitucional de FHC de 1998 limitou-se essencialmente a introduzir a idade mínima para os futuros servidores — muito pouco — e a "desconstitucionalizar" o cálculo das aposentadorias por tempo de contribuição no Regime Geral de Previdência Social (RGPS), objeto então de regulamentação posterior por lei (a "Lei do fator Previdenciário"), mas que não poderia impedir as aposentadorias precoces, permitidas pela Constituição. A reforma Lula de 2003 adotou a idade mínima para todos os servidores e permitiu a cobrança da contribuição dos inativos, assim como previu a instituição do regime de previdência complementar para servidores públicos, sem mudar em absoluto as regras para aposentadoria pelo RGPS. Dilma Rousseff, dez anos depois, apenas regulamentou o funcionamento do fundo de pensão dos servidores públicos federais[4] — a Fundação de Previdência Complementar do Servidor Público (FUNPRESP) —, e Michel Temer tentou, mas não conseguiu, aprovar uma reforma mais ambiciosa.[5]

Foi só depois de terem transcorrido muitos anos após a mudança constitucional de 2003, após o tema estar presente na mídia anos a fio

---

[2] O termo é conhecido na ciência política e se refere a uma situação em que o grupo político A, no governo, pretende passar as reformas X e Y, mas enfrenta a aliança dos grupos B e C para aprovar a reforma X e dos grupos B e D para aprovar a reforma Y. Assim, mesmo estando em minoria, a oposição do grupo B, na presença de um quórum elevado requerido para aprovar as reformas, acaba conseguindo paralisar a agenda, embora topicamente o grupo A possa se aliar a C ou D, mas não a ponto de formar uma coalizão homogênea que aprove um pacote integral de reformas com o voto dos três grupos, A, C e D.

[3] A necessidade de reformar os Sistemas de Previdência Social esteve muito presente também no debate internacional. Sobre isso, ver, por exemplo, a coletânea de Crabbe (2005) publicada pelo BID.

[4] Em realidade, o Primeiro Regime de Previdência Complementar previsto na EC n. 41/2003 foi a Fundação de Previdência Complementar do Estado de São Paulo (PREVICOM-SP), que teve seu funcionamento postergado porque a União ainda providenciaria a criação e o funcionamento do Funpresp.

[5] Para entender o contexto do debate que serviu de pano de fundo à proposta finalmente aprovada, da qual o livro foi de certa forma um embrião, ver Tafner e Nery (2019).

e, particularmente, depois de três anos de intenso debate originado pelo envio da proposta de Temer ao Congresso em 2016, que o governo Bolsonaro conseguiu aprovar a reforma de 2019. Em que ela consistiu? É o que veremos a seguir.

Mostraremos especificamente, no início, a lógica do chamado "sistema de pontos" e, depois, as mudanças ocorridas no regime de aposentadoria dos servidores e do Regime Geral de Previdência Social, decompondo-as entre as aposentadorias por idade e por tempo de contribuição.

A lógica do sistema de pontos

A principal reforma do governo FHC foi a aprovação do "fator previdenciário", no seu segundo governo, uma vez que a reforma constitucional aprovada no fim do primeiro, em 1998, permitiu tratar do cálculo das aposentadorias mediante lei ordinária, ao "desconstitucionalizar" a questão.[6] O "fator" foi, de certa forma, uma expressão típica do famoso "jeitinho" brasileiro: o mais lógico teria sido pura e simplesmente vedar a possibilidade de aposentadorias muito precoces, mas como na época não foi possível obter uma maioria para fazer essa mudança, a solução salomônica foi aprovar em lei um dispositivo que procurasse inibir a ocorrência dessa prática mediante um desconto punitivo para quem se aposentasse muito cedo.

Embora a argumentação em favor disso fosse clara para a maioria dos especialistas na matéria, a maioria daqueles que podiam se aposentar por tempo de contribuição continuou a fazê-lo, ainda que sujeita a essa redução, em vez de aguardar mais anos para se aposentar com uma aposentadoria maior.

A constatação dessa perda tornou, então, o "fator" um instrumento extremamente impopular com o passar dos anos. Nesse contexto, o Congresso Nacional, em 2015, aprovou a Lei 13.183. Essa lei dispunha que "o segurado que preencher o requisito para a aposentadoria por tempo de contribuição poderá optar pela não incidência do fator previdenciário no

---

[6] Deve-se destacar que, na proposta de Michel Temer, buscava-se novamente constitucionalizar o cálculo do valor de benefícios.

cálculo de sua aposentadoria, quando o total resultante da soma de sua idade e de seu tempo de contribuição, incluídas as frações, na data de requerimento de sua aposentadoria, for: "I — igual ou superior a 95 pontos, se homem, observando o tempo mínimo de contribuição de 35 anos; ou II — igual ou superior a 85, se mulher, observado o tempo mínimo de contribuição de 30." Essa lei estabelecia também que a soma da idade e tempo de contribuição previstos seria majorada em um ponto em 31 de dezembro de 2018 (na prática, em 2019) e em anos posteriores, até um máximo de cinco pontos em relação aos níveis definidos na lei.

Surgiu aí a lógica do "sistema de pontos", como sendo a soma de idade e tempo contributivo, inicialmente como critério de cálculo do benefício — valendo para um grupo de pessoas que acedesse a essa possibilidade —, e não como regra de acesso.

Em 2019, quando começou a ser tratada no Congresso a proposta de reforma do governo, os pontos requeridos pela Lei 13.183/2015, anteriormente citada, para que o beneficiário pudesse ser dispensado da incidência do fator previdenciário já eram, então, de 96 para os homens e de 86 para as mulheres, e já estava estabelecido que, ao longo do tempo, essa pontuação seria elevada para 100 e 90 pontos, respectivamente.

O que se fez no debate que gerou a negociação parlamentar da qual se derivou a proposta finalmente votada foram quatro coisas em relação à norma já vigente:

i) Transformá-la em regra de acesso.
ii) Acoplá-la a uma alternativa de idade mínima, para quem preferisse não optar pela dita regra.
iii) Acelerar o aumento dos pontos, em relação aos prazos muito dilatados da Lei de 2015.
iv) Estender a pontuação até 105 pontos para os homens e 100 para as mulheres, no final de uma fase de transição.

A reforma de 2019, conhecida como "Emenda Constitucional (EC) 103", de novembro de 2019, ou simplesmente "EC 103", tratou também de outras questões que, por questão de espaço, não são aqui tratadas, e por envolverem detalhes que não interessam tanto no contexto do presente livro. As mais importantes, além das questões tratadas neste capítulo, foram as descritas a seguir.

- Ela limitou o valor das futuras pensões, apoiada no fato de que, com o falecimento de uma das partes do casal, os gastos da unidade familiar diminuem, não havendo lógica em preservar o mesmo valor do benefício original. Além disso, impediu que cotas de dependentes, uma vez perdida essa condição, fossem revertidas aos demais beneficiários.
- Ela adotou novas regras de cálculo das aposentadorias por invalidez.
- Ela mudou o cálculo das contribuições, aumentando as faixas, em um sistema similar ao da tributação "em cascata" do Imposto de Renda.
- Ela definiu um conjunto de regras específicas para uma miríade de situações particulares, em alguns casos justificadamente — por exemplo, em casos de insalubridade — e em outros não, sendo inscrita a diferenciação explícita na Constituição apenas em função da força de lobbies específicos, como o dos policiais.

Vejamos agora, então, as mudanças mais importantes.

As mudanças para os servidores

A EC 103 combinou, para os servidores, alguns princípios específicos em alguns casos e gerais em outros, adotados para o RGPS, com algumas especificidades ligadas a características do serviço público. Iremos nos valer aqui, quando necessário, da explicitação *ipsis litteris* da própria redação da EC, para não haver dúvidas acerca do seu significado.

Uma dicotomia presente em todos os casos — regra dos servidores e aposentadoria por idade e por tempo de contribuição no Regime Geral — é a distinção entre o tratamento conferido a quem já se encontrava no mercado de trabalho por ocasião da reforma e aquele a ser dado a quem ingressasse no sistema depois da aprovação da Emenda. Essa diferenciação é algo bastante consagrado tanto na literatura como nas outras experiências internacionais. A "ponte" entre o passado até aquele momento e a regra futura é representada, então, pela chamada "regra de transição" para quem já estava no mercado ao ser aprovada a EC.

O art. 4º da EC 103 define que "o servidor público federal que tenha ingressado no serviço público em cargo efetivo até a data de entrada em vigor desta Emenda Constitucional poderá aposentar-se voluntariamente quando preencher, cumulativamente, os seguintes requisitos:

> I – 56 (cinquenta e seis) anos de idade, se mulher, e 61 (sessenta e um) anos de idade, se homem, observado o disposto no parágrafo 1º.;[7]
>
> II – 30 (trinta) anos de contribuição, se mulher, e 35 (trinta e cinco) anos de contribuição, se homem;
>
> III – ...;
>
> IV – ...; e
>
> V – Somatório da idade e do tempo de contribuição, incluídas as frações, equivalente a 86 (oitenta e seis) pontos, se mulher, e 96 (noventa e seis) pontos, se homem, observado o disposto nos parágrafos 2º e 3º".[8]

Cabe chamar a atenção para a expressão "cumulativamente", porque a desatenção em relação a ela pode dar uma impressão equivocada. Com efeito, a idade mínima ali definida no final da transição é de 57 anos para as mulheres e de 62 para os homens. Isso pode dar a ideia equivocada de um tratamento privilegiado vis-à-vis ao Regime Geral em que essas idades são de 62 e 65, respectivamente. Ocorre que a exigência de pontuação, de 100 para as mulheres e 105 para os homens, como critério obrigatório de elegibilidade, torna na prática a idade mínima irrelevante. Isso porque, para alcançar a pontuação, a pessoa terá que ter uma idade relativamente expressiva. Tome-se um caso comum, de alguém de família abastada que

---

[7] Este parágrafo estabelece, por sua vez, que "a partir de 1º de janeiro de 2022, a idade mínima a que se refere o inciso I do caput será de 57 (cinquenta e sete) anos de idade, se mulher, e 62 (sessenta e dois) anos, se homem".

[8] Os incisos III e IV não interessam para efeitos desta discussão. Enquanto o parágrafo 3º trata de detalhes menores de cálculo associado à contabilização dos dias, o parágrafo 2º estabelece que "a partir de 1º de janeiro de 2020, a pontuação a que se refere o inciso V do caput será acrescida a cada ano de 1 (um) ponto, até atingir o limite de 100 (cem) pontos, se mulher, e de 105 (cento e cinco) pontos, se homem".

tenha podido estudar até tarde para passar em concurso, começando a contribuir, por exemplo, aos 22 anos. Se homem, a pessoa só completará 105 pontos com 63,5 anos de idade e 41,5 de contribuição; e se mulher, aos 61 de idade, com 39 de contribuição, idades essas superiores às dos respectivos gêneros, de 62 e 57 anos.

Já o regime permanente dos servidores é regido pelo art. 10 da EC 103, cujo parágrafo 1º define, com a mesma expressão acerca da cumulatividade de exigências, que "os servidores públicos federais serão aposentados:

> I – Voluntariamente, observados, cumulativamente, os seguintes requisitos:
> a. 62 (sessenta e dois) anos de idade, se mulher, e 65 (sessenta e cinco) anos de idade, se homem; e
> b. 25 (vinte e cinco) anos de contribuição, desde que cumprido o tempo mínimo de 10 (dez) anos de efetivo exercício no serviço público e de 5 (cinco) anos no cargo efetivo em que for concedida a aposentadoria".

Embora expressar um vasto conjunto de regras formais inscritas na Constituição em uma tabela numérica não seja trivial, procuramos sintetizar os pontos mais importantes da EC 103, no que se refere aos servidores, nas Tabelas 5.1 e 5.2.

A Tabela 5.1 exibe as regras de idade mínima e do sistema de pontos na fase de transição, de 2019 em diante, até o final dela, que, no caso da última variável afetada, se completa apenas em 2033. A idade mínima, inicialmente de 61 anos para homens e 56 para as mulheres, aumentaria um ano para ambos os gêneros em 2022 e ali permaneceria, nos termos da EC. Já o sistema de pontos abriga na Constituição o mesmo exemplo já vigente na lei antes citada — embora ela se referisse ao Regime Geral — para o ano de 2019, de 96 pontos para os homens e de 86 para as mulheres, com elevações sucessivas a partir de 2020. Para os homens, no caso desse parâmetro, dado o avanço de 9 pontos, a transição se completa em 2028, e para as mulheres, 5 anos depois. Observe-se que, permanecendo o indivíduo contribuindo, a cada ano ele avançará dois pontos na sua soma, adicionando um ano de idade e, simultaneamente, outro ano de contribuição. Isso significa que, embora a escala da exigência inicialmente se movimente, a pessoa que está empregada e contribui vê a sua pontuação se elevar mais rapidamente que o requisito exigido. Por exemplo, se quando um indivíduo do gênero masculino tiver 99 pontos, o requisito for de 101, em 2024, embora esse limite mude com o tempo, o cumprimento da exigibilidade se dará 2 anos depois, em 2026, quando a soma alcançada pela pessoa — com mais 2 anos de idade e igualmente de contribuição — será de 103 pontos, mesma exigência da pontuação.

Tabela 5.1
Regras de idade mínima e sistema de pontos na administração pública: fase de transição

Ano	Idade mínima (anos)		Sistema de pontos	
	Homens	Mulheres	Homens	Mulheres
2019	61	56	96	86
2020	61	56	97	87
2021	61	56	98	88
2022	62	57	99	89
2023	62	57	100	90
2024	62	57	101	91
2025	62	57	102	92
2026	62	57	103	93
2027	62	57	104	94
2028	62	57	105	95
2029	62	57	105	96
2030	62	57	105	97
2031	62	57	105	98
2032	62	57	105	99
2033	62	57	105	100

Fonte: Elaboração própria, com base na Emenda Constitucional 103, de novembro de 2019.

A tabela anterior é complementada pela Tabela 5.2, que aponta para um denominador comum do espírito da reforma, válido tanto para os servidores como para os filiados ao Regime Geral que ingressassem no sistema após a reforma: a ideia da reforma é acabar, no regime definitivo, depois da transição, com as figuras — separadas — das aposentadorias "por idade", de um lado, e "por tempo de contribuição", de outro, para convergir em um regime comum de "aposentadoria", pura e simplesmente, aos

65 anos para os homens e aos 62 para as mulheres, com exigências de períodos contributivos mínimos — mais específicas para os servidores. Nessas condições, não faz sentido conservar as mesmas exigências contributivas de quem se aposenta hoje por tempo de contribuição, razão pela qual, na regra geral definitiva posterior à reforma, o número mínimo de anos de contribuição cai para 25 anos, para ambos os sexos.

Tabela 5.2
Outras exigências para a aposentadoria na administração pública (RPPS)

Requisito	Transição	Regime permanente
Idade mínima homens	61/62	65
Idade mínima mulheres	56/57	62
TC homens	35	25
TC mulheres	30	25
Tempo de serviço público (*)	20	10
Tempo de cargo (*)	5	5
Pontos (homens)	96/105	-
Pontos (mulheres)	86/100	-

Obs.: O símbolo "/" denota transição entre os parâmetros à esquerda (inicial) e à direita (final) da barra.
TC: Tempo de contribuição.
(*) Para ambos os sexos.
Fonte: Elaboração própria, com base na Emenda Constitucional 103, de novembro de 2019.

A Tabela 5.2 inclui também requisitos específicos exigidos para a incorporação de parcelas remuneratórias associadas ao exercício do cargo, tanto na fase de transição como na regra definitiva.

A aposentadoria por idade no RGPS

Analogamente ao que já foi discutido para os servidores, a reforma contempla as regras definitivas para a aposentadoria por idade, definidas no art. 201 da Constituição, com a seguinte redação do parágrafo 7º:

> "É assegurada aposentadoria no Regime Geral de Previdência Social, nos termos da Lei, obedecidas as seguintes condições:
> I – 65 (sessenta e cinco) anos de idade, se homem, e 62 (sessenta e dois) anos de idade, se mulher, observado tempo mínimo de contribuição."

No caso daqueles que já estavam no sistema, o art. 18 da EC 103 dispõe sobre a regra de transição, da seguinte forma:

> "O segurado de que trata o inciso I do parágrafo 7º. do art. 201 da Constituição Federal filiado ao Regime Geral de Previdência Social até a data de entrada em vigor desta Emenda Constitucional poderá aposentar-se quando preencher, cumulativamente, os seguintes requisitos:
> I – 60 (sessenta) anos de idade, se mulher, e 65 (sessenta e cinco) anos de idade, se homem; e
> II – 15 (quinze) anos de contribuição, para ambos os sexos."

O parágrafo primeiro, porém, estabelece que "a partir de 1º de janeiro de 2020, a idade de 60 (sessenta) anos da mulher, prevista no inciso I do caput, será acrescida em 6 (seis) meses a cada ano, até atingir 62 (sessenta e dois) anos de idade."

Como antes da reforma a idade de aposentadoria era de 60 anos para as mulheres e de 65 anos para os homens, no caso daqueles que se aposentavam por idade, conclui-se que para este grupo a) não houve mudanças de requisitos para os homens; e, no caso das mulheres, b) a idade mínima aumentou em 2 anos. O tempo de contribuição para quem se aposenta por idade foi mantido em 15 anos para ambos os sexos. Já a regra acerca deste parâmetro para quem ingressasse após a reforma é estabelecida no art. 19 da EC 103, que estabelece o seguinte:

> "Até que lei disponha sobre o tempo de contribuição a que se refere o inciso I do parágrafo 7º. do art. 201 da Constituição Federal, o segurado filiado ao Regime Geral de Previdência Social após a data de entrada em vigor desta Emenda Constitucional será aposentado aos 62 (sessenta e dois) anos de idade, se mulher, e 65 (sessenta e cinco) anos de idade, se homem, com 15 (quinze) anos de tempo de contribuição, se mulher, e 20 (vinte) anos de tempo de contribuição, se homem."

Juntando com outros detalhes que seria enfadonho citar aqui *ipsis litteris*, as principais regras para a aposentadoria por idade, até ser completada a transição, constam da Tabela 5.3. Note-se, portanto, que dos quatro grupos — urbanos e rurais, cada um dividido por gênero — especificados, só as mulheres que se aposentam por idade no meio urbano tiveram uma mudança no requisito de elegibilidade, passando de 60 para 62 anos, mas sem que se mudasse a exigência contributiva. É muito importante entender este ponto, porque vai contra o senso comum presente na mente de muitas pessoas de que a reforma teria mudado "radicalmente" as condições de aposentadoria para a maioria das pessoas, o que, definitivamente, não corresponde à verdade. Quando este livro for publicado, as exigências para a aposentadoria por idade serão de 65 e 60 anos — diferença de 5 anos — para os homens no meio urbano e rural, respectivamente; e de 62 e 55 anos — diferença de 7 anos — para as mulheres, no meio urbano e rural, respectivamente.

Tabela 5.3
Exigências para a aposentadoria por idade no RGPS na fase de transição (anos)

Ano	Urbanos		Rurais	
	Homens	Mulheres	Homens	Mulheres
2019	65	60	60	55
2020	65	60,5	60	55
2021	65	61	60	55
2022	65	61,5	60	55
2023	65	62	60	55

Fonte: Elaboração própria, com base na Emenda Constitucional 103, de novembro de 2019.

A reforma mudou também a fórmula de cálculo da aposentadoria, que passou a ser regida pelo art. 26 da EC 103, o qual toma como referência a média aritmética simples — em termos reais — do salário de contribuição desde julho de 1994 ou desde o início da contribuição. O parágrafo 2º diz que "o valor do benefício da aposentadoria corresponderá a 60% (sessenta por cento) da média aritmética definida na forma prevista no caput e no parágrafo 1º, com acréscimo de 2 (dois) pontos percentuais para cada ano de contribuição que exceder o tempo de 20 (vinte) anos de contribuição".⁹ Já o parágrafo 5º define que "o acréscimo a que se refere o caput do parágrafo 2º será aplicado para cada ano que exceder 15 (quinze) anos de tempo de contribuição... para as mulheres filiadas ao Regime Geral de Previdência Social".

Vejamos alguns outros casos para entender bem esse ponto. A lógica do cálculo é mais bem exposta mediante alguns exemplos numéricos. Assumindo que as pessoas se aposentem à idade mínima respectiva exigida por gênero, a aposentadoria corresponderá a, por exemplo:

- 60% e 70% do salário médio da vida contributiva do homem e da mulher que tiverem contribuído durante vinte anos para o regime.
- 80% e 90% do salário médio da vida contributiva do homem e da mulher que tiverem contribuído durante trinta anos para o regime.

Isso significa que a aposentadoria plena será conseguida mediante contribuições de quarenta anos, no caso dos homens; e de 35 anos, no das mulheres. Cabe lembrar, contudo, que como em todos os casos prevalece o princípio de que nenhum benefício será inferior ao piso previdenciário, na prática ele será de 100% da média — podendo ser até maior, se houver aumentos da variável ao longo do tempo — para aqueles que contribuem para o sistema com base no salário mínimo, que correspondem a uma parte expressiva dos casos.

Valendo a unificação de regras após a reforma, entre quem se aposentava "por idade" e por "tempo de contribuição", isso significa que, com os parâmetros contributivos vigentes na época, o homem que contribuísse por 35 anos se aposentaria com 90% da média contributiva, e a mulher que contribuísse por 30 anos o faria com esse mesmo percentual de 90% do seu salário médio de contribuição.

---

9   Por exemplo, uma pessoa que puder se aposentar por idade e tiver uma média de salário de contribuição de R$ 4 mil com 30 anos de contribuição terá uma aposentadoria de 80% (R$ 3.200) desse valor (60% + 2% x [30 – 20]).

Como fica, então, quem se aposentava até a reforma por tempo de contribuição? A reforma foi feita para essas pessoas, afinal de contas. Vejamos isso mais de perto. Podemos antecipar que o impacto foi grande.

A aposentadoria por tempo de contribuição no RGPS

A reforma de 2019, no que se refere às regras de quem até então se aposentava por tempo de contribuição definiu umas regras gerais e outras específicas. Entre estas últimas, cabe citar duas. A primeira é o art. 17 da EC 103, que diz que "ao segurado filiado ao Regime Geral de Previdência Social até a data de entrada em vigor desta Emenda Constitucional e que na referida data contar com mais de 28 (vinte e oito) anos de contribuição, se mulher, e 33 (trinta e três) de contribuição, se homem, fica assegurado o direito à aposentadoria quando preencher, cumulativamente, os seguintes requisitos:

> I – 30 (trinta) anos de contribuição, se mulher, e 35 (trinta e cinco) anos de contribuição, se homem; e
>
> II – Cumprimento de período adicional correspondente a 50% (cinquenta por cento) do tempo que, na data de entrada em vigor desta Emenda Constitucional, faltaria para atingir 30 (trinta) anos de contribuição, se mulher, e 35 (trinta e cinco) anos de contribuição, se homem".

Tratava-se, obviamente, de um dispositivo para evitar que aqueles que estivessem na iminência de se aposentar fizessem uma oposição muito intensa à reforma. No caso extremo de quem estivesse a dois anos de se aposentar, o *plus* seria de apenas um ano de contribuição a mais, algo evidentemente nada dramático para quem havia contribuído por tanto tempo. Esses efeitos se distribuiriam no tempo até novembro de 2022, quando o último beneficiado por essa cláusula estaria em condições de se aposentar.

A outra regra específica, aliás válida também para os servidores, é a expressa no art. 20 da EC 103, que reza que "o segurado ou o servidor público federal que se tenha filiado ao Regime Geral de Previdência Social ou ingressado no serviço público em cargo efetivo até a data de entrada em vigor desta Emenda Constitucional poderá aposentar-se voluntariamente quando preencher, cumulativamente, os seguintes requisitos:

> I – 57 (cinquenta e sete) anos de idade, se mulher, e 60 (sessenta) anos de idade, se homem;
>
> II – 30 (trinta) anos de contribuição, se mulher, e 35 (trinta e cinco) anos de contribuição, se homem;
>
> III – ...;[10] e
>
> IV – Período adicional de contribuição correspondente ao tempo que, na data de entrada em vigor desta Emenda Constitucional, faltaria para atingir o tempo mínimo de contribuição referido no inciso II".

Concretamente, isso significa que um homem ou mulher a quem faltassem X anos para se aposentar poderia optar por continuar e se aposentar, na fase de transição, com um tempo a mais de contribuição, a partir da reforma, correspondente a duas vezes X. À medida que a situação se referisse a pessoas mais jovens, como X seria elevado, essa regra não seria vantajosa, perdendo eficácia com o passar do tempo. Em 2027, por exemplo, uma pessoa a quem em 2019, por ocasião da reforma, faltassem oito anos de contribuição teria que esperar outros oito anos mais para se aposentar, algo que não faria sentido porque as outras regras de transição, a serem explicadas a seguir, seriam mais vantajosas. Ou seja, o art. 20 foi uma forma de evitar uma mudança brusca de situação, especificamente para aqueles que estivessem perto da aposentadoria, mas não tão perto como quem estivesse a dois anos ou menos dela e fosse contemplado pelo art. 17.

A regra mais geral de transição é expressa no art. 15 da EC 103, que afirma que "ao segurado filiado ao Regime Geral de Previdência Social até a data de entrada em vigor desta Emenda Constitucional, fica assegurado o direito à aposentadoria quando forem preenchidos, cumulativamente, os seguintes requisitos:

---

[10] Este inciso não interessa, para efeitos do que estamos discutindo aqui, razão pela qual a sua redação foi omitida.

> I – 30 (trinta) anos de contribuição, se mulher, e 35 (trinta e cinco) anos de contribuição, se homem; e
>
> II – Somatório da idade e do tempo de contribuição, incluídas as frações, equivalente a 86 (oitenta e seis) pontos, se mulher, e 96 (noventa e seis) pontos, se homem, observado o disposto nos parágrafos 1º e 2º".[11]

Esse art. 15 é "irmão gêmeo" do art. 16 da EC 103, conforme o qual "ao segurado filiado ao Regime Geral da Previdência Social até a data de entrada em vigor desta Emenda Constitucional fica assegurado o direito à aposentadoria quando forem preenchidos, cumulativamente, os seguintes requisitos:

> I – 30 (trinta) anos de contribuição, se mulher, e 35 (trinta e cinco) anos de contribuição, se homem; e
>
> II – Idade de 56 (cinquenta e seis) anos, se mulher, e 61 (sessenta e um) anos, se homem".

O parágrafo primeiro desse art. 15 adiciona que "a partir de 1º de janeiro de 2020, a idade a que se refere o inciso II do caput será acrescida de 6 (seis) meses a cada ano, até atingir 62 (sessenta e dois) anos de idade, se mulher, e 65 (sessenta e cinco) anos de idade, se homem".

Assim, além do requisito de tempo contributivo citado no inciso I de ambos os artigos, a combinação do inciso II dos arts. 15 e 16 é exposta na Tabela 5.4. O segurado, diante disso, pode escolher qual regra de transição é mais conveniente para ele.

---

[11] Enquanto o parágrafo 2º trata de detalhes menores de cálculo associado à contabilização dos dias, o parágrafo 1º estabelece que "a partir de 1º de janeiro de 2020, a pontuação a que se refere o inciso II do caput será acrescida a cada ano de 1 (um) ponto, até atingir o limite de 100 (cem) pontos, se mulher, e de 105 (cento e cinco) pontos, se homem".

Tabela 5.4
Exigências para a aposentadoria por tempo de contribuição no RGPS na fase de transição

Ano	Idade mínima (anos)		Sistema de pontos	
	Homens	Mulheres	Homens	Mulheres
2019	61	56	96	86
2020	61,5	56,5	97	87
2021	62	57	98	88
2022	62,5	57,5	99	89
2023	63	58	100	90
2024	63,5	58,5	101	91
2025	64	59	102	92
2026	64,5	59,5	103	93
2027	65	60	104	94
2028	65	60,5	105	95
2029	65	61	105	96
2030	65	61,5	105	97
2031	65	62	105	98
2032	65	62	105	99
2033	65	62	105	100

Fonte: Elaboração própria, com base na Emenda Constitucional 103, de novembro de 2019.

Observe o leitor que, ao contrário do que ocorre no regime dos servidores, a cumulatividade aqui não é da idade mínima com o mínimo de pontos, e sim do requisito contributivo e de uma das duas cláusulas citadas nos respectivos incisos II de cada um dos artigos. Em outras palavras, partindo do suposto de que quem se aposenta por idade precisa cumprir com a exigência de 30 anos de contribuição, no caso das mulheres, e de 35 anos, no dos homens, o beneficiário que não alcançasse as condições para ser beneficiado pelas regras específicas de quem estava perto da aposentadoria por tempo de contribuição em 2019 — arts. 17 e 20 — poderia optar por uma das duas alternativas contempladas, respectivamente, nos arts. 15 (idade mínima) e 16 (sistema de pontos).

Nos termos da Tabela 5.4, portanto, por exemplo, um homem que quisesse se aposentar pela regra de transição observaria em 2025, por exemplo, o que lhe é mais conveniente para se aposentar antes, cumprido o requisito contributivo: ter uma idade mínima de 64 anos; ou, alternativamente, completar 102 pontos.[12] Ou, alternativamente, uma mulher que deseje se aposentar por tempo de contribuição, por exemplo, em 2026, avaliaria qual o requisito que lhe convém mais: ter no mínimo 59,5 anos de idade ou, alternativamente, completar 93 pontos.

Mostrada a essência da reforma, explicaremos agora o que ela não foi. A reforma de 2019, dirão muitos, foi incompleta, porque "faltou adotar a capitalização". Será?

Quanto a isso, os autores optaram no livro por apresentar duas visões diferentes, que serão vistas nos dois capítulos subsequentes, A e B. No primeiros deles, Fabio Giambiagi apresenta diversas questões que, conforme seu ponto de vista, lançam dúvidas acerca da conveniência da adoção de um possível sistema de capitalização. Em seguida, Paulo Tafner desenvolve uma posição pessoal mais favorável ao sistema de pilares, conforme preconiza o Banco Mundial, em que um desses pilares contempla a capitalização. A posição dos autores foi a de reconhecer que existem nuances entre eles acerca da questão específica da capitalização que dificultariam a definição de uma posição unificada a respeito, mas que: i) nada impede que pontos de vista diferentes possam ser apresentados, com bons argumentos de parte a parte; e ii) essa distinção não invalida a ideia de ambos os autores de escreverem um livro em conjunto, dada a ampla convergência na maioria dos temas tratados no livro. Em última instância, o entendimento comum é o de que quem se beneficia dessa apresentação de pontos de vista algo divergentes é o leitor, que poderá formar sua própria opinião a respeito com base na leitura de ambos os capítulos.

---

[12] Para deixar bem claro o conceito, imaginemos um caso de um estudante homem que estudou até uma formação avançada, sem precisar trabalhar, e, graças ao apoio financeiro familiar, começou a contribuir aos 24 anos. Aos 63 anos, poderá ter completado 39 anos de contribuição e, portanto, 102 pontos. Em 2025, ele poderá se aposentar pelo sistema de pontos, mesmo tendo idade inferior a 64 anos. O caso oposto é o de quem tenha 64 anos e 35 de contribuição, por ter deixado de contribuir parte da sua vida ativa. Isso somará apenas 99 pontos, inferior a 102, mas o fato não impedirá a aposentadoria da pessoa, pelo critério da idade mínima, na fase de transição.

CAPÍTULO 6A

CAPITALIZAÇÃO, UM ASSUNTO POUCO COMPREENDIDO

FABIO GIAMBIAGI

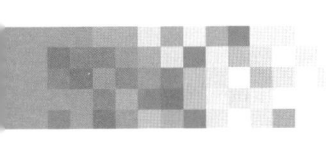

CAPITALIZAÇÃO, UM ASSUNTO POUCO COMPREENDIDO

Com certeza, na cabeça de muita gente, que provavelmente tem uma visão de mundo parecida com a deste autor, apoia as reformas econômicas e quer que o Brasil seja um país com mais competição e que dê o devido reconhecimento ao papel do setor privado, a reforma previdenciária de 2019 "foi boa, mas faltou a capitalização". Esse é um tema sempre presente em todas as palestras sobre o tema Brasil afora, e após as críticas ao estado de coisas vigente sob a ótica fiscal, mais de uma vez, nos mais de vinte anos de pregação sobre o tema, o autor notou a decepção dos interlocutores da plateia quando, na hora das perguntas, a resposta sugeria que a capitalização talvez não fosse a solução definitiva para resolver os problemas da nossa Previdência.

Que fique claro: é bom, para quem pode, ter uma renda complementar à aposentadoria do INSS.[1] E o Brasil tem um sistema relativamente robusto de Previdência Complementar, seja por meio do instrumento das Entidades Fechadas de Previdência Complementar (EFPC), seja mediante os mecanismos já existentes, como as aplicações de tipo PGBL ou VGBL. É importante que esses instrumentos de poupança continuem sendo fortalecidos e que seus ativos aumentem de importância com relação ao PIB.

Isso é uma coisa. Que a poupança que a sociedade hoje faz e na prática carrega para o INSS ou para os sistemas estatais que são responsáveis pela aposentadoria dos servidores seja aplicada em fundos de pensão

---

[1] Sobre este tema, ver, do autor, em coautoria com Arlete Nese, Nese e Giambiagi (2020). A propósito do debate internacional recente, ver Muralidhar (2019).

privados, porém, como forma de supostamente "atacar o problema fiscal da Previdência", é algo bastante diferente. É essa diferença que discutiremos neste capítulo.

O que é um sistema previdenciário "justo"? Ou, colocando a questão de forma mais ampla, há um conceito único de "justiça" aplicado a esse tema?[2] Se "justiça" for entendida como a ideia de que o que cada um recebe na aposentadoria deve ser estritamente fruto do próprio esforço prévio de acumulação, a capitalização parecerá ser o mecanismo mais apropriado.[3] Contudo, como aprendemos aqueles que professamos ideias liberais — incluindo o autor —, há um conceito de "justiça social" presente em uma parte significativa da sociedade que entende que uma das tarefas que cabe ao governo é a de zelar para que as pessoas tenham uma renda digna quando já não têm condições físicas de produzir como na juventude ou na vida adulta ativa. E, sob essa ótica, a capitalização soará muito provavelmente como uma ideia incompleta.

Veremos essas questões mais de perto ao longo das páginas que compõem este capítulo. Começaremos por abordar o chamado "problema da transição" de mudar de um sistema para outro de capitalização, para depois discutir qual seria o comprometimento visto como razoável do compromisso do estado com a renda do indivíduo na terceira idade. Posteriormente, tentaremos discutir até que ponto vale a pena investir muito capital político em algo que provavelmente terá resultados econômicos bastante magros durante bastante tempo. Depois veremos alguns números do que implica um sistema de capitalização, para, então, concluir com algumas ideias acerca do rumo a seguir.

---

[2] Ao leitor interessado em se aprofundar nos fundamentos filosóficos da noção de justiça, recomenda-se o fascinante livro de Sandel (2011).

[3] Mesmo isso, porém, é passível de discussão. Imaginemos que um jovem comece a trabalhar e três meses depois sofra um acidente que o impeça de continuar a trabalhar. Será justo deixar ele à míngua por não ter acumulado praticamente nada? A resposta convencional é a de que um seguro daria conta disso. E se ele não tiver feito seguro, porém?

O "problema da transição"

Independentemente de considerações filosóficas acerca do que seja um sistema previdenciário "justo", há uma questão fundamental que afeta a viabilidade da adoção de um sistema de capitalização: é a situação inicial. Se o Brasil começasse hoje e tivesse que ser adotado um sistema a partir do zero, a capitalização, ou seja, a ideia de que o que cada um ganharia como aposentado dependeria de quanto tivesse acumulado em uma conta de poupança individual, poderia fazer pleno sentido.

O problema é que o Brasil não começa hoje e há situações já constituídas. Especificamente, aposentadorias e pensões que precisam ser pagas. Lá atrás, há um século, quando começaram as primeiras "caixas de aposentadoria" (como eram chamados os primeiros arranjos previdenciários institucionais), praticamente não havia aposentados. E havia um contingente enorme, em termos relativos, de gente trabalhando. Original e idealmente, deveria ter sido erguida uma enorme *chinese wall* para que os recursos das contribuições que começavam a ser feitas fossem preservados e de fato acumulados. O problema é que isso não ocorreu...

Assim, recursos abundantes, por um lado — um país jovem, com muita gente contribuindo —, e demandas igualmente abundantes, por outro — os idosos em número crescente para cuja sustentação na velhice o país não tinha se preparado, necessidade de fazer obras para um país inteiramente subdesenvolvido na época etc. —, levaram, na prática, a "dinamitar" a *chinese wall* e a promover uma mistura tipicamente brasileira entre contas, com receitas que deveriam ter sido guardadas sendo gastas com aposentados que não tinham contribuído para tal, obras públicas etc.

Decorre disso o que pode ser qualificado como o "pecado original" do chamado "regime de repartição", em oposição ao "regime de capitalização". No esquema de repartição — em inglês, *pay as you go* —, basicamente o que ocorre é que a geração que saiu da ativa é sustentada com o financiamento daqueles que estão em atividade. Uma vez que os recursos da fase que deveria ser de acumulação do sistema — com muita gente contribuindo e poucos aposentados antes de o sistema estar maduro com o envelhecimento da população — são gastos em outros fins, ocorre com a lógica financeira algo parecido ao que se verifica com o funcionamento de uma bicicleta. Ou seja, quando não se pedala, a pessoa cai. Analogamente, depois do tal "pecado original" do desperdício de recursos nas primeiras décadas do regime, é preciso estar sempre gerando receitas — ou ter financiamento do Tesouro ao INSS, mediante deficits — para que o sistema possa arcar com o pagamento dos benefícios a aposentados e pensionistas.

Neste ponto, é necessário fazer uma pequena parada para explicar como funciona a relação da maioria dos brasileiros com o INSS. Quem trabalha no mercado formal com carteira de trabalho contribui para a sua futura aposentadoria com uma proporção de seus rendimentos. Formalmente, a aposentadoria será uma função dessa contribuição, mas em termos financeiros, na prática, esta comporá o *funding* para pagar aqueles que já estão em fase de recebimento dos benefícios. Embora o empregador contribua sobre todo o salário da pessoa, o contribuinte filiado ao Regime Geral de Previdência Social contribui apenas até o chamado "teto do INSS", que nos últimos anos, *grosso modo*, tem sido da ordem de grandeza de US$ 1 mil por mês, apenas para ter uma ideia de magnitude — só para ter uma noção relativa, pois obviamente o valor em dólares depende da cotação da moeda norte-americana. As alíquotas variam dependendo da renda e são diferentes, mas apenas para efeitos de raciocínio, digamos que o teto seja de R$ 5 mil e que a alíquota seja de 10%. Nesse caso, quem ganha R$ 2 mil contribuirá com R$ 200 por mês para o INSS; quem recebe R$ 5 mil, com R$ 500; e quem tem uma renda de R$ 20 mil por mês, também com os mesmos R$ 500, dada a vigência do teto. Isso quer dizer que a grande maioria da população que se aposenta no regime formal está abrangida pelo teto do INSS. Quem ganha um pouco acima do teto pode até não ter uma renda complementar, pois a perda não será relevante. Quem recebe no mercado, trabalhando, um salário muito superior ao teto do INSS, porém, terá uma perda de bem-estar significativa se, ao se aposentar, depender apenas do INSS, cuja aposentadoria será muito inferior ao teto pago pelo INSS.

Voltemos então à nossa explicação. O INSS tem um grande deficit, porque a despesa com benefícios de aposentadorias, pensões e outros é enorme, mas sua receita é muito significativa, como mostra o Gráfico 6A.1. Inclusive, mesmo tendo havido uma pequena perda recentemente, trata-se de uma receita quase 1% do PIB maior, nos últimos anos, em relação à que era arrecadada no começo da estabilização, em 1995.[4]

Gráfico 6A.1
Receita INSS (% do PIB)

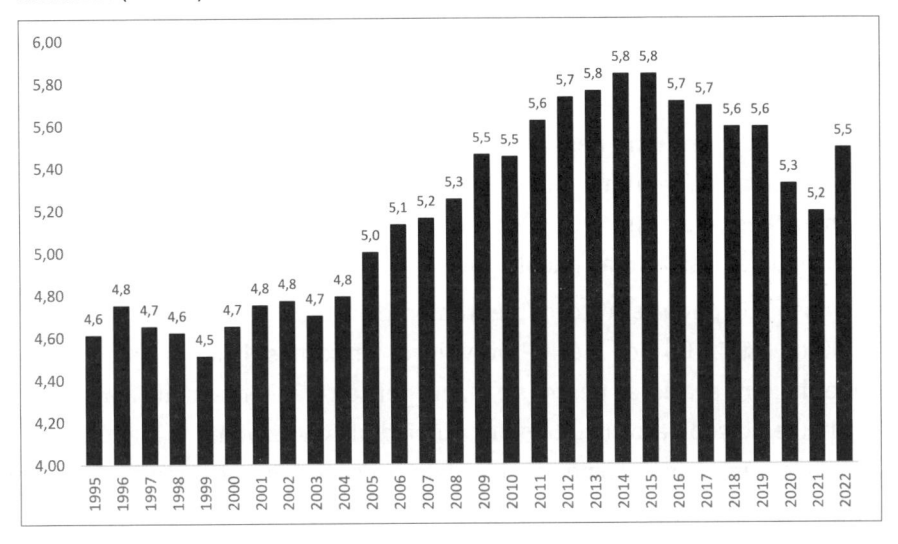

Ano	% do PIB
1995	4,6
1996	4,8
1997	4,7
1998	4,6
1999	4,5
2000	4,7
2001	4,8
2002	4,8
2003	4,7
2004	4,8
2005	5,0
2006	5,1
2007	5,2
2008	5,3
2009	5,5
2010	5,5
2011	5,6
2012	5,7
2013	5,8
2014	5,8
2015	5,8
2016	5,7
2017	5,7
2018	5,6
2019	5,6
2020	5,3
2021	5,2
2022	5,5

Fontes: Secretaria de Política Econômica (1991–1996) e Secretaria do Tesouro Nacional (1997 em diante).

O fato, portanto, é que, se a partir de um determinado momento, as pessoas passassem a contribuir, não para o INSS, e sim para contas individuais de aposentadoria, a pergunta chave que cabe fazer é: o que aconteceria com a receita do INSS, que é parte da carga tributária total do país? No limite, se algo em torno de mais de 5% do PIB "some" da receita, o deficit público atual, já da ordem de 7% a 8% em 2023, aumentaria dramaticamente, gerando uma dinâmica explosiva da dívida pública. A conclusão óbvia é a de que não daria para adotar um sistema "puro" de capitalização, e muito menos da noite para o dia, e sim só após um longo — e isso mede-se em décadas — processo de transição.

---

[4] Isso se deve, em boa parte, à criação da chamada "Super-receita", na primeira década do século atual. Como até então as bases de informação da Receita Federal eram muito boas, e as do INSS, muito precárias, com a unificação das duas equipes, o INSS ganhou em termos de base de informação, apertando a fiscalização e aumentando muito a sua arrecadação.

O que seria um "teto razoável"?

Além da questão meramente fiscal, há outra consideração, filosófico-conceitual, a fazer. Para entender melhor este ponto, imagine o leitor a situação de um indivíduo que era milionário e não se preparou financeiramente para a velhice. Quando esta chega, o ex-milionário está quebrado e passa por dificuldades. Isso pode ser um drama para a pessoa, mas não é uma questão que afete o Estado como provedor de bem-estar. Trocando em miúdos, se uma pessoa que tinha uma renda de R$ 50 mil, de R$ 100 mil ou de R$ 1 milhão por mês não se preparou adequadamente para quando chegasse à sua sétima década, a partir dos 60 anos, esse será um problema da pessoa, mas não do governo.

Isso não pode ser dito, evidentemente, de uma pessoa que recebe R$ 1.300 ou R$ 1.400 por mês — ou valores próximos disso. O Estado não pode chegar para essas pessoas e dizer "perdeu, não tenho nada com isso". Faz parte do contrato social de uma sociedade civilizada que alguém — e esse "alguém" é o governo — zele pela preservação de certa dignidade de quem, por circunstâncias biológicas — infortúnio que o leva a ficar precocemente inativo por algum acidente; ou a velhice que, cedo ou tarde, sempre chega para quem está vivo —, acaba não tendo mais condições de suprir o próprio sustento.

Se podemos estar todos de acordo que aos 60 ou 65 anos a situação dos milionários não diz respeito ao governo, e a de quem ganha nas proximidades de um salário mínimo, sim, tem que haver um ponto intermediário — certamente mais próximo de um salário mínimo que de valores estratosféricos — abaixo do qual a sustentação da pessoa envolve, de alguma forma, a responsabilidade oficial. No Brasil, nos acostumamos a pensar nesses valores em termos de "número de salários mínimos", embora não haja, formalmente, uma indexação legal da renda ao valor desse, com exceção dos que recebem o piso previdenciário, de exatamente um salário mínimo, justamente. Para o que discutiremos a seguir, é útil acompanhar os números da Tabela 6A.1.

No Brasil, muitas vezes existe a referência, na sociedade, dos tais "dez salários". Quantas vezes ouvimos a queixa de que "fulano contribuía sobre dez salários mínimos, mas se aposentou com cinco", ou algo do gênero?

Tabela 6A.1
Relação teto INSS/Piso previdenciário (dezembro)

Ano	Coeficiente
2004	9,65
2005	8,89
2006	8,01
2007	7,62
2008	7,32
2009	6,92
2010	6,80
2011	6,77
2012	6,30
2013	6,13
2014	6,06
2015	5,92
2016	5,90
2017	5,90
2018	5,92
2019	5,85
2020	5,84
2021	5,85
2022	5,85
2023	5,77

Fonte: Elaboração própria.

Embora essa queixa costume gerar revolta no interlocutor ("que absurdo!", "o governo sempre prejudica os aposentados!"), na verdade, o fato tem uma explicação muito singela: o aumento do poder aquisitivo do salário mínimo depois do Plano Real, de 1994, tema que será tratado posteriormente neste mesmo livro.

Tomando como referência o período dos últimos 20 anos, o teto do INSS foi estabelecido em 10 salários mínimos, na prática, no final de 2003, quando o salário mínimo era de R$ 240 e o teto, na reforma previdenciária do governo Lula, foi elevado para R$ 2.400, como forma, entre outras coisas, de arrecadar mais pela incidência da alíquota contributiva do empregado sobre um teto bem maior que o anterior, então de R$ 1.869,34. Com os sucessivos aumentos reais posteriores do salário mínimo — igualado ao piso previdenciário, uma vez que este não pode ser inferior àquele —, ao longo do tempo, porém, o coeficiente teto do INSS/salário mínimo — ou teto/piso previdenciário — foi caindo, e hoje é de menos de 6.

O valor do teto, comparativamente à nossa renda *per capita*, é maior do que o coeficiente de comprometimento que o Estado estabelece com seus compromissos para com a terceira idade em outros países. Por outro lado, praticamente ninguém defende no Brasil que o compromisso com o apoio aos aposentados e beneficiários em geral do INSS se limite apenas àqueles que ganham apenas um salário mínimo.

Salomonicamente, portanto, embora seja difícil aferir a questão com precisão, a experiência de quem tenha acompanhado o debate previdenciário nas últimas duas décadas sugere que um teto de comprometimento do teto do INSS considerado "razoável" pela maioria das pessoas, sendo inferior — mas não muito — ao atual, seria, provavelmente, alguma coisa entre três e quatro salários mínimos.

A relação custo-benefício: vale a pena?

A grande pergunta, à luz do que acabamos de discutir, é: isso geraria uma mudança relevante, de fato? Ou, alternativamente: para o governante de plantão, vale a pena investir recursos políticos expressivos em uma reforma com adoção parcial de capitalização? Vejamos isso mais de perto.

A Tabela 6A.2 mostra a distribuição dos benefícios previdenciários emitidos pelo INSS, em termos do quantitativo e do valor da folha de despesas da instituição. Observa-se que 62% dos benefícios correspondem a pagamentos de até um salário mínimo, e 91% e 97%, de até três e quatro salários mínimos, respectivamente.[5] Em termos da distribuição do valor, como há pessoas que recebem valores acima disso, naturalmente,

---

[5] Embora o valor mínimo do benefício, legalmente, seja de um salário mínimo, há situações de valores inferiores a isso, perfeitamente justificadas, nos casos em que um benefício original nas proximidades de um salário mínimo é partilhado, após o falecimento do titular, entre mais de um pensionista, quando há distribuição da pensão entre filhos, até uma certa idade e dependendo de certas condições.

o peso é menor, de 41% para os valores de até um salário mínimo em relação ao valor total e de 75% e 89% até três e quatro salários mínimos, respectivamente.

Tabela 6A.2
Benefícios previdenciários emitidos pelo INSS por faixa de valor, em salários mínimos: dezembro de 2022 (%)

Faixas	Quantidade	Valor
Até 1	61,7	40,9
>1 a 3	29,0	34,5
>3 a 4	5,8	13,4
>4 a 5	2,4	7,2
>5	1,1	4
Total	**100**	**100**

Fonte: Boletim Estatístico de Previdência Social (BEPS).

Embora uma primeira impressão, por conta disso, indique que, se fosse adotado, por exemplo, um teto de três salários mínimos, daria para poupar, nesse caso, em torno de 25% (100% – 75%) do que o INSS paga, o que seria bastante, essa impressão não corresponde à verdade, devido ao chamado "efeito cascata", parecido com o que se observa na forma de cálculo do Imposto de Renda. Para isso, é fundamental entender os números da Tabela 6A.3.

Tabela 6A.3
Composição da despesa com benefícios do RGPS, com "efeito cascata": dezembro de 2022 (%)

Teto (em salários mínimos)	Benefícios até o teto	Parcela até o teto de quem receberia acima do teto	Total
3	75,4	18,8	94,2
4	88,8	9,5	98,3

Fonte: Elaboração própria.

Para compreender tais números, porém, é necessário explicar o que seja o "efeito cascata", para o que nos valeremos do caso do Imposto de

Renda, com o exemplo de alíquotas fictícias, por não serem as alíquotas praticadas no Brasil, mas permitirem fazer contas mais simples.

Suponha o leitor uma renda de uma pessoa de R$ 12 mil, uma faixa de isenção de Imposto de Renda de R$ 1 mil e alíquotas tributárias de 10% na faixa de R$ 1 mil a R$ 4 mil e de 25% acima disso. Evidentemente, isso não significa que quem ganha R$ 999 não paga nada e quem recebe R$ 1 mil paga R$ 100 de imposto, algo que levaria à situação esdrúxula de alguém "torcer" para não ter aumento para não sofrer uma redução do seu valor líquido.

Na prática, a tributação funciona como se o salário da pessoa fosse distribuído, para fazer uma metáfora, em diversas "garrafas": da primeira, o governo não fica com nada; da segunda, fica com 10%; e assim sucessivamente. Assim, o imposto pago por essa pessoa não será de 25% de R$ 12 mil (ou seja, R$ 3 mil) e sim o resultado da seguinte conta, em R$:

$$\text{Imposto} = 0\% \times 999{,}99 + 10\% \times (3.999{,}99 - 1.000) + 25\% \times (12.000 - 4.000)$$

Ou seja, temos que o valor em R$ desse resultado será:

$$\text{Imposto} = 0 + 300 + 2.000 = 2.300$$

A alíquota ponderada então seria de R$ 2.300 / R$ 12.000 = 19,2%. Por analogia com o exemplo tributário, algo similar ocorreria com o sistema de capitalização. Se o teto do INSS, por exemplo, for de R$ 8 mil, quem ganhasse R$ 10 mil e contribuísse para um sistema de capitalização teria a sua contribuição dividida em duas partes: a parcela até R$ 8 mil receberia a incidência das alíquotas contributivas para contribuir para o INSS, e a contribuição para um sistema de capitalização incidiria apenas sobre a diferença entre o salário de R$ 10 mil e o teto de R$ 8 mil do INSS, ou seja, sobre R$ 2 mil. No limite, ao se aposentar, a pessoa receberia R$ 8 mil do INSS e algo próximo, muito simplificadamente, de R$ 2 mil — dependendo dos rendimentos da aplicação feita na capitalização — de renda complementar oriunda da capitalização.

A Tabela 6A.3 mostra, então, o que resultaria disso. Quando se leva em conta tais detalhes, os números são bem diferentes que os citados anteriormente. Tomando como parâmetro de referência a distribuição atual dos benefícios do INSS por faixa de renda, se o teto fosse de três salários mínimos, os benefícios até o teto seriam de 75% da despesa, mas a parcela da "garrafa" — para usar a analogia antes comentada no caso do Imposto de Renda — que vai até três salários mínimos de quem recebe acima disso é de outros 19% do total. Fazendo as contas, só sobrariam 6% da despesa atual para a Previdência Complementar. E se o teto fosse de quatro salários mínimos, a poupança seria menor ainda: menos de 2% do que o INSS gasta hoje.

Resumidamente, em um governo central que, considerando as transferências a estados e municípios, gasta 23% do PIB, *grosso modo*, e onde a despesa do INSS é de mais de 8% do PIB, faria sentido para o governo investir um capital político enorme para, no final de um longo processo de transição de décadas, poupar menos de 0,2% do PIB com uma reforma de Previdência que adotasse a capitalização para as remunerações superiores a quatro salários mínimos?

O que o leitor faria se ocupasse a Presidência da República? É uma dúvida legítima.

Algumas contas

Outro aspecto geralmente mal compreendido acerca da questão da capitalização é o que isso implica. Muitas vezes, na carreira do autor de participante de debates e palestrante sobre o tema previdenciário, foi possível se deparar com colegas de mercado tentando "vender o peixe" da capitalização, com o argumento de que esta faria os participantes terem uma aposentadoria maior que a propiciada pelo INSS. Na grande maioria dos casos, isso não é correto.

É possível, eventualmente, argumentar que uma pessoa que, após contribuir para o INSS durante 35 anos ou agora, com as novas regras, perto de 40 anos, poderia fazer jus a uma renda complementar maior se tivesse aplicado seus recursos em um sistema de capitalização com boas taxas de rendimento. Essa afirmação seria válida, embora seja preciso considerar o fato de que sistemas de capitalização não necessariamente geram uma renda vitalícia, ao passo que o INSS, sim — algo em geral negligenciado na juventude, mas crucial na velhice. Ocorre que a afirmação é improcedente quando se trata de comparar a renda resultante da contribuição ao INSS para receber uma aposentadoria por idade com apenas quinze ou vinte anos de contribuição, com a renda que resultaria de uma aplicação em um sistema de capitalização. Não há rendimento realista que gere algo comparável ao que o INSS paga por apenas quinze anos de contribuição.

A rigor, não é preciso ser um grande especialista para perceber os desafios envolvidos na sustentação de longo prazo de um indivíduo. Imaginemos, para facilitar as contas, um mundo sem tributação, nem inflação, nem taxas de juros. Uma pessoa que ganhe R$ 10 mil por mês e queira ter uma renda similar, contribuindo, por exemplo, dos 25 aos 65 anos de idade, para fazer retiradas mensais durante 20 anos, dos 65 aos 85 anos de idade, teria que aplicar todo mês simplesmente R$ 5 mil (50% do salário!) para conservar a renda na aposentadoria. Por quê? Porque um valor total de aposentadoria de R$ 10 mil, durante 240 meses (20 anos), com aquelas hipóteses, representa uma necessidade de recursos de R$ 2,4 milhões, que para serem acumulados no final de 480 meses (40 anos), exigem depositar todo mês R$ 5 mil. É muita disciplina durante muito tempo — convenhamos que abrir mão de 50% do consumo que o salário pode representar é um ônus enorme, realisticamente impossível para praticamente todo mundo.

O mundo real é um pouco diferente, porque nele há tributos, inflação e o capital rende juros, mas é possível, em qualquer situação, fazer contas, mesmo sem conhecer o futuro. Exatamente pelo que os números geram — a matemática financeira é de uma frieza implacável — é que, na prática, em geral as contribuições feitas ao sistema visam repor, realisticamente, apenas uma fração da renda da qual se dispõe na vida ativa.

As tabelas a seguir mostram alguns resultados que decorrem de uma lógica financeira, para processos de acumulação em sistemas de capitalização, com situações associadas a saques durante um período programado. Em todos os casos, as contas foram feitas utilizando-se os simuladores do site previdenciário www.longevprev.com, desenvolvido pelo autor em companhia de Arlete Nese, combinando diferentes alternativas de taxas de juros reais, no intervalo de 2% a 6% a.a. Adotou-se a hipótese padrão de inflação de 3% e taxa de administração de 1%, mas todos os exemplos estão apresentados a preços do momento de referência inicial.[6]

A Tabela 6A.4 mostra a renda mensal complementar gerada a partir dos 65 anos, durante 20 anos, em face de uma contribuição mensal de R$ 1 mil, para períodos contributivos de 20, 30 e 40 anos, associados à idade inicial de contribuição. Considere-se um caso realista, condizente com taxas de juros moderadas. Tanto neste caso como nos demais exemplos do capítulo, tomaremos como referência a coluna com taxa de juros real de 3% a.a. Com R$ 1 mil de contribuição mensal, nesse caso, uma contribuição feita durante 30 anos (começando aos 35 anos de idade) gerará uma renda complementar de R$ 1.966. Múltiplos da contribuição gerarão múltiplos iguais dessa renda. Por exemplo, uma contribuição de R$ 3 mil por mês durante 30 anos gerará uma renda de pouco menos de R$ 6 mil mensais durante 20 anos. Observe-se que, nesse caso, para quem, por exemplo, tem uma renda mensal de R$ 10 mil, isso implica que uma "renúncia ao consumo" de nada menos que 30% (R$ 1.966 x 3), por exemplo, da renda gerará na fase de recebimento uma renda que não chegará a ser de 60% (menos de R$ 6 mil) da que a pessoa tinha na ativa. A vida é dura no mundo da capitalização/matemática financeira!

Tabela 6A.4
Renda mensal complementar gerada a partir dos 65 anos, por um período de 20 anos, por uma contribuição mensal de R$ 1 mil, para diferentes taxas de juros reais (R$)

Idade inicial de contribuição (anos)	Taxa de juros real (%)				
	2	3	4	5	6
25	2.152	2.775	3.594	4.674	6.099
35	1.594	1.966	2.427	2.997	3.704
45	1.050	1.239	1.460	1.719	2.019

Fonte: Elaboração própria, com base no Simulador "Renda Complementar", em www.longevprev.com. Acesso em 15/12/2022.

---

[6] Isso significa que, por exemplo, uma renda X durante 20 anos não permaneceria constante em termos nominais durante 240 meses, mas seria indexada periodicamente pelo índice de preços, como já ocorre normalmente hoje com os planos de tipo VGBL ou PGBL, tanto para o reajuste das contribuições como para a indexação anual da renda.

A Tabela 6A.5 exibe o capital acumulado para diferentes períodos de acumulação, dada a mesma contribuição mensal de R$ 1 mil. Com a citada taxa de juros reais de 3%, 30 anos de acumulação gerarão, no final, um capital de R$ 424 mil. Naturalmente, uma aplicação de 2 vezes R$ 1 mil por mês gerará um capital, no final do mesmo período, de 2 vezes aquele, ou seja, da ordem de R$ 850 mil, e assim sucessivamente. Tais valores parecem impressionar, porém, como veremos, não são suficientes para gerar uma renda muito elevada para quem quiser ter um alto padrão de consumo na fase da aposentadoria.

Tabela 6A.5
Capital acumulado em diferentes períodos de acumulação, por uma contribuição mensal de R$ 1 mil, para diferentes taxas de juros reais (Milhares de R$)

Período de acumulação (anos)	Taxa de juros real (%)				
	2	3	4	5	6
20	246	268	292	318	348
30	373	424	484	555	638
40	504	599	717	865	1.050

Fonte: Elaboração própria, com base no Simulador "Capital Acumulado", em www.longevprev.com. Acesso em 15/12/2022.

A Tabela 6A.6 mostra o capital requerido para diferentes períodos de usufruto da renda, considerando um "alvo" de renda mensal desejada de R$ 1 mil. Assim, nosso parâmetro escolhido de juros reais de 3%, para um período de usufruto de, por exemplo, 25 anos, significa que, para ter uma renda complementar na aposentadoria de R$ 1 mil por mês, é preciso um capital de R$ 264 mil.[7] Em outras palavras, uma renda mensal desejada de R$ 10 mil exige um capital de R$ 2,6 milhões! Não são muitos, no Brasil, que conseguem, alcançar tal objetivo. Mais ainda: pessoas de rendimentos particularmente elevados, por exemplo, profissionais liberais que faturem limpos R$ 50 mil por mês — o que os situa na elite do país, mas não é totalmente incomum — terão que dispor, ao se aposentar, de um capital da ordem de R$ 13 milhões!

---

[7] Esse período de usufruto está associado, por exemplo, a quem se aposenta aos 65 anos e tem a expectativa de viver, conservadoramente, digamos, até os 90 anos de idade.

Tabela 6A.6
Capital requerido para diferentes períodos de usufruto da renda, para uma renda mensal desejada de R$ 1 mil, para diferentes taxas de juros reais (Milhares de R$)

Período de usufruto (anos)	Taxa de juros real (%)				
	2	3	4	5	6
15	177	167	157	149	141
25	292	264	240	219	201
35	404	352	309	273	243

Fonte: Elaboração própria, com base no Simulador "Capital Necessário", em www.longevprev.com. Acesso em 15/12/2022.

Por último, a Tabela 6A.7 exibe a renda gerada para diferentes períodos de usufruto, por um capital de R$ 100 mil. Utilizando novamente a combinação de 30% de juros, com 25 anos de usufruto, observa-se que, nesse caso, a renda mensal é de R$ 378. Considere-se, então, o caso, por exemplo, de alguém que herdou R$ 1 milhão. É muito dinheiro, sem dúvida. Porém, isso gera uma renda mensal de menos de R$ 3.800. Se a pessoa tiver uma renda mensal na ativa de R$ 20 mil, digamos, ajuda, mas não é uma herança que possa lhe permitir deixar de trabalhar...

Tabela 6A.7
Renda gerada para diferentes períodos de usufruto, por um capital de R$ 100 mil, para diferentes taxas de juros reais (R$)

Período de usufruto (anos)	Taxa de juros real (%)				
	2	3	4	5	6
15	564	599	635	672	711
25	342	378	416	456	498
35	247	284	324	367	411

Fonte: Elaboração própria, com base no Simulador "Renda Gerada", em www.longevprev.com. Acesso em 15/12/2022.

Os exemplos anteriores ajudam a entender o rigor da matemática financeira e servem para expor de forma crua a realidade dos números e as dificuldades envolvidas no mundo real da capitalização. Considere-se alguém que ganhe, informalmente, e sobreviva com R$ 2 mil por mês. Com 3% de juros reais e multiplicando por 2 os números da Tabela 6A.6 e um período de usufruto de 25 anos, isso significa que aos 65 anos, ao se aposentar por idade, essa pessoa teria que ter um capital de 2 x R$ 264 mil = R$ 528 mil. A resposta do leitor à pergunta de se isso lhe parece viável permitirá entender os limites que existem à massificação da capitalização como instrumento previdenciário no Brasil.

Como ficamos?

Como ficamos, então, à luz do que vimos neste capítulo? Ou, dito de outra forma, isso tudo significa que a capitalização é inviável no Brasil? É preciso, resumidamente, para entender a questão, que algumas coisas fiquem muito claras:

i) O Brasil tem um sistema de capitalização para recebimento de renda complementar, resultado da combinação dos recursos acumulados nas EFPC (Previ, Petros, Valia etc.) e nas aplicações de particulares em instrumentos como as aplicações em PGBL e VGBL.

ii) É muito difícil, politicamente, postular uma mudança de sistema que gere um teto para o INSS que esteja aquém de três salários mínimos.

iii) Quando se considera o fato de que, mesmo que o regime mudasse, a parcela até três ou quatro salários mínimos do salário das pessoas continuaria atrelada ao INSS, constata-se que o INSS continuaria gastando, mesmo após completada a transição rumo ao novo regime, algo em torno de 95%, ou mais, do que ele gasta hoje, o que sugere que a relação custo-benefício de uma mudança deve ser cuidadosamente avaliada.

Se o que se deseja é, sob a ótica fiscal, limitar o valor do pagamento dos benefícios pelos quais o governo se responsabilizaria daqui a uns trinta ou quarenta anos, o que é legítimo, desde que preservados os princípios de justiça social pelos quais as autoridades devem zelar, uma alternativa seria simplesmente reduzir o teto contributivo, a partir de certa data, para o citado nível de, por exemplo, três salários mínimos. Isso ensejaria uma perda de receita, associada às contribuições que se situam entre esse nível e o piso atual, que seria compensada décadas depois pela redução do valor dos pagamentos feitos. Em algum momento futuro, daqui a décadas, o sistema só contaria com aqueles que ingressarem após a mudança com a adoção do novo teto, inferior ao atual.

O resultado disso, porém, dependerá da existência ou não de uma campanha de conscientização por parte das autoridades — e convém-nos exagerar acerca dos efeitos esperados. Ou seja, se a parcela dos recursos associados às contribuições que se situam entre o atual e o futuro teto for utilizada para consumo, no futuro, o país poupará menos e os contribuintes terão menores aposentadorias. Se, em vez de contribuir para o INSS, esses recursos forem aplicados em algum dos instrumentos de capitalização previdenciária, não haverá maiores mudanças na poupança do país, ocorrendo uma melhora marginal das contas públicas.

O fato é que, quando se põe a lupa nessas questões, a conclusão à qual se tende a chegar é a de que o Brasil continuará com um sistema previdenciário de natureza de repartição, cabendo, de tempos em tempos, ajustar os parâmetros do sistema para evitar que as mudanças demográficas que ocorrem ao longo das décadas comprometam a saúde financeira do sistema. Ou seja, provavelmente, daqui a vinte anos, teremos também deficit primário do INSS, acompanhado de um robusto superavit primário do Tesouro Nacional, gerando como resultado um superavit primário das contas consolidadas do governo central — soma do Tesouro Nacional e do INSS — que permitirá cobrir parcialmente a conta de juros. Ou seja, ainda teremos deficit público, o que é a situação da grande maioria dos países. O que não representará um problema — desde que, naturalmente, a trajetória da relação entre a dívida pública e o PIB se mantenha sob controle. No mais, como diria Fellini, *e la nave va...* A! E desde que as autoridades não somem, aos efeitos da demografia, os efeitos de um aumento no valor real das aposentadorias.

Como assim? É o que veremos no Capítulo 7.

CAPÍTULO 6B

UM MODELO DE CAPITALIZAÇÃO COM UNIVERSALIZAÇÃO DA COBERTURA

PAULO TAFNER

UM MODELO DE CAPITALIZAÇÃO COM UNIVERSALIZAÇÃO DA COBERTURA

Em 2018, o autor teve a honra e enorme satisfação de coordenar um grupo excepcional de pesquisadores para formular uma proposta de reforma da Previdência.

A "Nova Previdência para os futuros entrantes" — para todos os nascidos a partir de 1º de janeiro de 2014 — era uma proposta ampla. Além de reformar os parâmetros operacionais, ela propunha a criação de um sistema híbrido, contendo elementos de repartição e de capitalização. Além disso, a proposta universalizava a cobertura previdenciária, de modo a proteger todo cidadão brasileiro. Em síntese, ela combinaria o princípio de renda mínima com as virtudes do sistema de repartição e do sistema de capitalização. Formalmente, ela seria criada em 2020. Resumidamente, a proposta contemplava:

- Um Benefício Universal para todos os brasileiros ao atingirem a idade de 65 anos.
- Uma camada de repartição simples que preservaria o caráter de solidariedade de gerações.
- Uma camada de capitalização, com contas individuais. Essa camada de capitalização seria constituída progressivamente, ano a

ano, até atingir um patamar que fosse julgado conveniente, digamos, a partir de dois ou três salários mínimos.[8]

- Todo o sistema seria financiado nos moldes atuais, e parte da contribuição seria deslocada para a conta individual do trabalhador. A vantagem dessa sistemática é que não exigiria qualquer mudança prática na atual sistemática de cobrança e arrecadação, não demandando, portanto, tempo para ajustamentos ou adaptação.

Além disso, o trabalhador, por livre escolha, poderia transferir parte dos depósitos correntes de seu FGTS para sua conta individual, elevando sua reserva de poupança e, consequentemente, aumentando seu benefício futuro, evitando-se, dessa forma, um valor de benefício muito reduzido quando de sua aposentadoria.

Como ela seria destinada àqueles que nasceram a partir de 1º de janeiro de 2014, somente a partir de 2030 — quando o mais "velho" dos novos trabalhadores tivesse 16 anos — haveria tempo suficiente para fazer todos os ajustes para a criação da camada de capitalização. Note-se que, em 2031, ingressariam os trabalhadores nascidos em 2015, e assim por diante.

As parcelas a serem capitalizadas seriam aquelas decorrentes da aplicação de uma alíquota de capitalização de 8,5%[9], tanto para o trabalhador quanto para o empregador. Isso é importante porque, uma vez feita a transição geracional, os custos previdenciários poderiam ser substancialmente reduzidos, eliminando-se essa indesejável carga sobre a

---

[8] A proposta aqui apresentada é a de uma adaptação atualizada do que foi originalmente apresentada em 2019, e não necessariamente conta com o apoio dos membros do grupo mencionado. Pessoalmente, o autor do capítulo entende que esse patamar é muito elevado e poderia ser fixado em dois salários mínimos. Assim, a repartição garantiria benefícios de no máximo dois salários mínios e, a partir daí, o benefício seria dado pelo montante acumulado em contas individuais capitalizadas.

[9] A alíquota de 8,5% é frequentemente utilizada em Previdência Complementar no setor público. Isso porque, considerando um período contributivo de 40 anos, juros reais anuais de 3,5% e aposentadoria aos 65 anos, o montante acumulado produz reserva matemática suficiente para custear um benefício com taxa de reposição de até 90% da base contributiva até o final da vida do segurado.

produção nacional. Além disso, nessa alíquota de contribuição estão incluídos os custos para cobertura de benefícios de risco, como invalidez ou morte.

A "Nova Previdência" permitiria que os trabalhadores pudessem, segundo sua escolha, carregar uma parcela dos depósitos correntes do FGTS (25% dos depósitos correntes na proposta, mas, a princípio, poderiam carregar o que quisessem) para sua conta capitalizada, com rendimentos maiores e igualmente seguros. Além disso, seria permitida a portabilidade de sua conta para instituições de sua escolha.

Muitas pessoas perguntaram: por que essa Nova Previdência não poderia entrar em funcionamento imediatamente? Por duas razões: (1) porque o sistema atual, mesmo depois da reforma que acabou de ser aprovada, continua deficitário e sua despesa será crescente até meados dos anos 2040, de modo que não se pode perder receita ao longo dos próximos anos; e (2) porque é necessário tempo para criar a camada de capitalização.

Vejamos agora alguns números e custos. Na primeira parte do restante do capítulo, trataremos do Benefício Universal. Na etapa subsequente, analisaremos o processo de criação de uma camada de capitalização e, por último, tentaremos estimar seus custos.

O Benefício Universal

Nas regras vigentes, por ocasião da formulação da proposta, o trabalhador podia se aposentar de duas formas: (1) por tempo de contribuição, desde que cumpridos 30/35 anos de contribuição (mulher/homem), ou (2) por idade, desde que tivesse 60/65 (mulher/homem) e com pelo menos 15 anos de contribuição. Se fosse trabalhador rural, podia se aposentar aos 55/60 (mulher/homem) anos de idade, sem exigência contributiva, desde que comprovasse ter trabalhado no campo. Caso não preenchesse nenhum desses requisitos, o trabalhador poderia obter um Benefício de Prestação Continuada (BPC), caso comprovasse ser pobre. Em qualquer dos tipos de benefício, o valor mínimo a ser pago é um de salário mínimo (SM).

Somadas as quatro possibilidades, o fato é que aproximadamente 94% dos brasileiros com 65 anos ou mais recebiam, na época, benefícios do sistema previdenciário/assistencial. Para a completa universalização, faltava muito pouco.

O fato de benefícios contributivos terem o mesmo valor de benefícios que não exigem contribuição é um incentivo equivocado e recompensa igualmente comportamentos completamente distintos.

Na proposta apresentada, todos aqueles que atingissem uma idade mínima de 65 anos teriam direito a um Benefício Universal básico, mas seu valor seria fixado, em 2020, em 70% do salário mínimo e, a partir daí, corrigido pela inflação, ficando totalmente desvinculado do salário mínimo. Esse benefício não estaria vinculado à contribuição. Porém, note-se que, se o trabalhador tivesse contribuído por apenas um ano, seu benefício teria o valor maior e cresceria quanto mais tempo tivesse contribuído. Atingiria 100% do SM com quinze anos de contribuição. Dessa forma, estaríamos contemplando a contribuição.

Esse princípio traria enormes vantagens: a) tornaria o custo de administração quase nulo, posto que dispensaria qualquer condicionalidade, além do cumprimento da idade e estar vivo; b) por isso mesmo, seria praticamente imune a fraudes, o que, além do prejuízo decorrente da própria fraude, exige recursos enormes para equipes de auditorias e fiscalizações, além de processos judiciais caros e demorados; e c) traria implícito o conceito de cidadania e pertencimento, pois todo brasileiro, independentemente de sua inserção laboral ou social, faria jus a uma renda mínima, fato amplamente defendido em diversas oportunidades pelo coautor do livro, o meu colega Fabio Giambiagi.

O custo desse benefício será dado por seu valor (70% do SM de 2020) e pela demografia. Assim, quanto mais gente chegar aos 65 anos de idade, maior será a despesa. Da mesma forma, quanto mais as pessoas viverem (depois de atingirem 65 anos) maior será o volume de benefícios ativos e, consequentemente, maior será a despesa com esse benefício.

A Tabela 6B.1 apresenta a evolução do número de potenciais beneficiários a partir de 2017 até o ano de 2060. Entre 2020 e 2060 o número de indivíduos com 65 anos ou mais saltará de 20,8 milhões para 58,2 milhões, ou seja, será multiplicado por quase 3 vezes.

Tabela 6B.1
Brasil: número de indivíduos com 65 anos ou mais — 2020–2060

Ano	Homem	Mulher	Total	(%) Na População
2020	8.966.932	11.846.417	20.813.349	9,83%
2025	10.899.784	14.449.799	25.349.583	11,57%
2030	13.079.581	17.369.284	30.448.865	13,54%
2035	15.275.327	20.286.140	35.561.467	15,52%
2040	17.315.943	23.052.105	40.368.048	17,41%
2045	19.595.844	26.054.213	45.650.057	19,58%
2050	21.922.510	29.010.155	50.932.665	21,87%
2055	23.831.639	31.352.091	55.183.730	23,86%
2060	25.184.119	32.997.811	58.181.930	25,49%

Fonte: IBGE. Revisão da População, 2018.

Evidentemente, isso significa que o volume de despesas com um Benefício Universal nos moldes aqui propostos crescerá, e muito, nos próximos anos. O Gráfico 6B.1 apresenta a evolução da despesa bruta com esse benefício, tomando como base de comparação o ano de 2020. Os dados são expressos como proporção do PIB, e são considerados três níveis de crescimento médio do produto.

Gráfico 6B.1
Despesa bruta com o piso universal em % do PIB entre 2020 e 2060 — Piso de 0,7 SM em 2020 sem ganho real (crescimento exógeno do PIB)

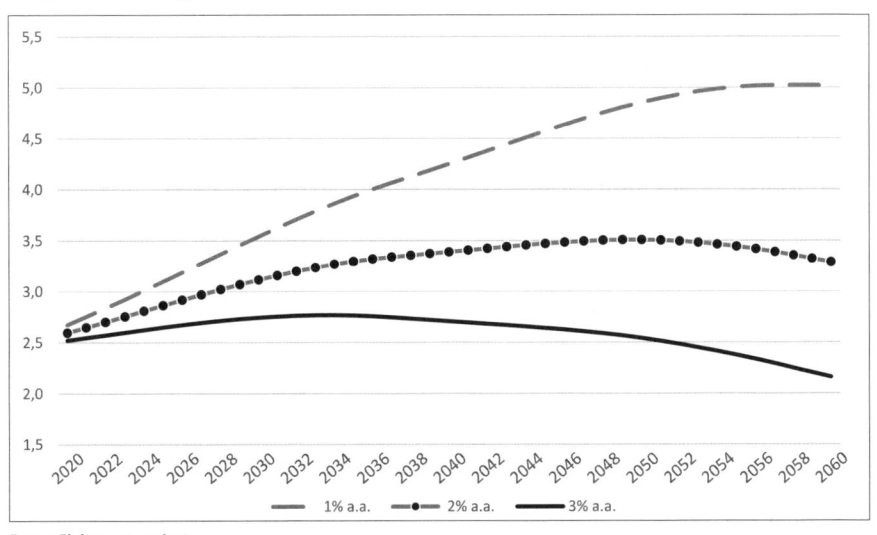

Fonte: Elaboração própria.

Os formatos das curvas representam o diferencial de crescimento da população idosa e do PIB. No cenário mais pessimista, de um crescimento médio do PIB de apenas 1% ao ano, a despesa bruta saltaria de 2,6% para 5,1% do PIB até 2060. No cenário mais otimista (crescimento médio do PIB de 3% ao ano), a despesa bruta, depois de se elevar até 2033, quando atingiria 2,94% do PIB, passaria a cair e chegaria em 2060 com apenas 2,3% do PIB, uma queda de 10%. Por fim, admitido um cenário moderado, de crescimento médio do PIB de 2% ao ano, a despesa bruta cresce moderadamente até 2050 e, a partir daí, apresenta tendência de queda, chegando em 2060 em 3,4% do PIB, com crescimento de 27% em relação a 2020.

Essa, entretanto, seria a evolução da despesa bruta do Benefício Universal do Idoso, e não seu impacto líquido, ou seja, o aumento agregado da despesa. Isso porque, mantido o status quo, uma enorme parcela desses beneficiários receberia de toda forma ou o BPC ou a aposentadoria rural, ambos com piso de um SM. Muitos desses que não tivessem feito nenhuma contribuição passariam a receber o Benefício Universal do Idoso (70% do SM em 2020) e produziriam, portanto, uma redução da despesa.

Isso está apresentado no Gráfico 6B.2, considerada uma hipótese bem conservadora de crescimento do PIB de apenas 1,5% ao ano.

Considerada, então, a redução de despesa decorrente da extinção de benefícios não contributivos, o aumento líquido de despesa é de apenas 0,1% do PIB, considerado uma trajetória do PIB bastante conservadora. Note-se que, se o PIB crescer a um ritmo mais forte, o resultado poderá não gerar um aumento de despesa, mas até uma redução da despesa líquida, como proporção do PIB.

Se quisermos imaginar um novo modelo previdenciário que incorpore todos os brasileiros, que tenha incentivos adequados, que seja socialmente justo, que incentive a poupança dos indivíduos (capitalização) e que seja fiscalmente equilibrado, então um Benefício Universal nesses moldes (ou algo semelhante) seria uma excelente alternativa.

Gráfico 6B.2
Despesa adicional pilar universal, redução BPC/LOAS com 0,7 SM e resultado líquido em % do PIB (crescimento exógeno do PIB de 1,5% a.a.)

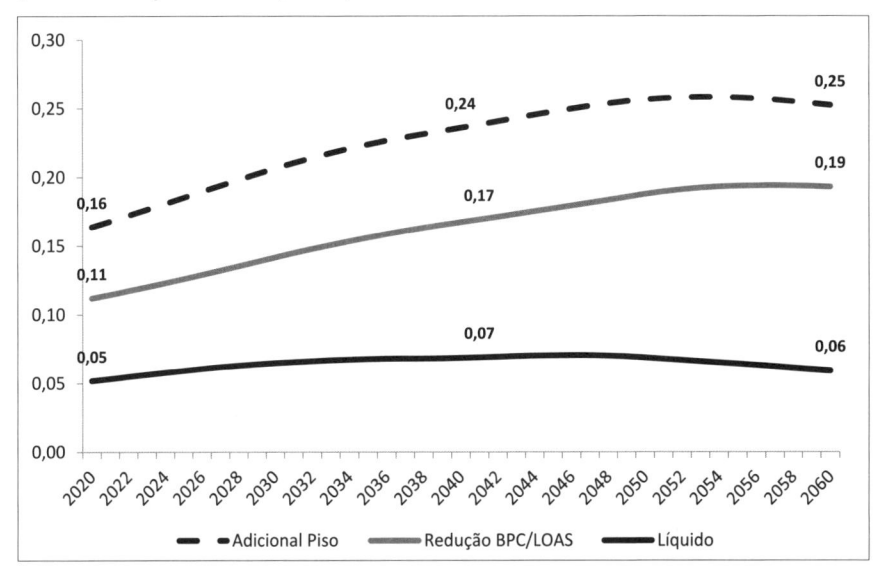

[Gráfico de linhas mostrando três séries de 2020 a 2060:
- Adicional Piso (linha tracejada): 0,16 em 2020, 0,24 em valor intermediário, 0,25 em 2060
- Redução BPC/LOAS (linha cinza): 0,11 em 2020, 0,17 em valor intermediário, 0,19 em 2060
- Líquido (linha preta): 0,05 em 2020, 0,07 em valor intermediário, 0,06 em 2060]

Fonte: Elaboração própria (ver texto).

Nas próximas seções, trataremos da capitalização propriamente dita.

Apresentação da proposta

Para muitos analistas, a implantação de um regime de capitalização seria impossível devido ao enorme "custo de transição". Esse termo não parece o mais correto, mas procuraremos mostrar aqui que é possível superar esse obstáculo. E, na realidade, há diversas formas de fazer isso. Apresentaremos uma dessas possíveis formas.

Em nossa proposta, faríamos uma lenta transição para um modelo híbrido com capitalização. Vamos a ela. Na versão original, propunha-se iniciar o processo em 2020. Obviamente, isso não mais faz sentido. Mas, se imaginarmos, para efeitos de raciocínio, uma reforma para o próximo governo, poder-se-ia imaginar o processo começando em 2030. Mesmo que, com certo realismo político, considere-se que talvez uma reforma maior só possa ser aprovada por quem assumir a presidência da República em

2031, e não em 2027, o impacto se daria a partir de 2032, de modo que uma simulação que comece em 2032 não geraria resultados muito diferentes daqueles de uma proposta formulada para começar em 2030.

Formalmente, supõe-se que a Nova Previdência seria criada em 2030 e seria aplicável para os brasileiros nascidos a partir desse mesmo ano. Por efeito de sua construção, não haveria nenhum segurado até a segunda metade da década de 2040, quando o custo do atual sistema começaria a cair. Ainda em 2030, seria criado o subteto de capitalização com valor igual ao teto atual, mas durante três décadas seu reajustamento seria inferior ao do teto, de modo que somente em 2050 atingisse o valor equivalente a dois SM. O Gráfico 6B.3 mostra esse processo.

Gráfico 6B.3
Valores do benefício universal do Idoso, do subteto do regime de repartição e do limite máximo do regime de capitalização (em R$ constantes de 2020 — salário mínimo utilizado = R$ 1.055,51).

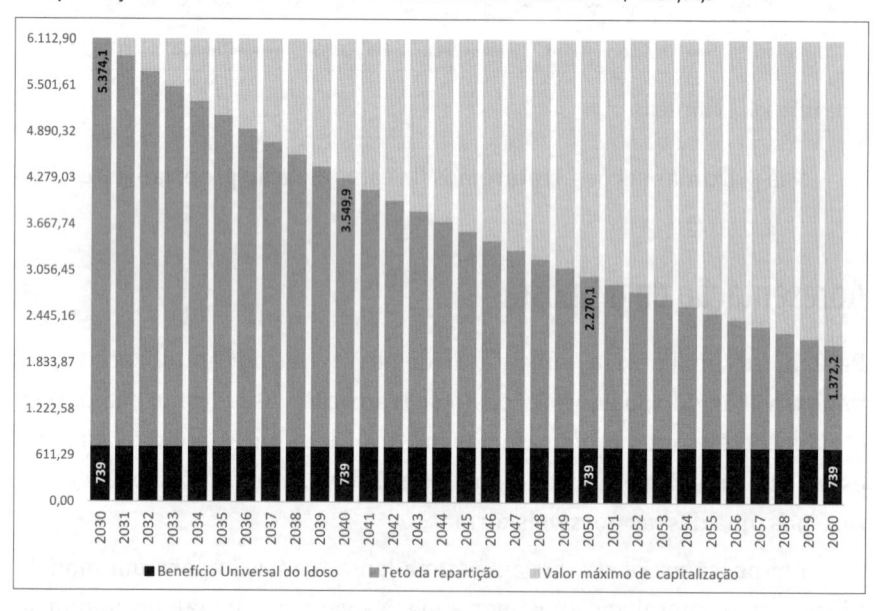

Fonte: Elaboração própria.

Note-se que, em 2040, somente os trabalhadores nascidos a partir de 2030 e que ganhassem mais do que R$ 4.288,74 (a preços de 2020) teriam o valor excedente a esse limite direcionado para uma conta individual de capitalização. Em 2050, os trabalhadores nascidos a partir de 2030 e que ganhassem acima de R$ 3.008 (também a preços de 2020) teriam o valor excedente depositado em sua conta capitalizada, e assim sucessivamente até 2060.

Sobre qualquer que fosse o valor excedente até o teto de R$ 6.112,91, seria levado para a conta capitalizada o valor obtido pela aplicação de uma alíquota de 8,5% da parcela excedente tanto do trabalhador quanto do empregador. Assim, por exemplo, se em 2050 um trabalhador preenchesse o requisito e ganhasse R$ 4,5 mil, o montante a ser depositado em sua conta capitalizada seria de R$ 253,48 [2 x 0,085 x (4.500 - 738,86 - 2.270,07)]. Se, em 2060, ganhasse R$ 6 mil, a parcela a ser depositada em sua conta seria de R$ 661,12 [2 x 0,085 x (6.000 - 738,86 - 1.372,17)].

Além disso, o trabalhador, por livre escolha, poderia transferir parte (25%) dos depósitos correntes de seu FGTS para sua conta individual, independentemente do valor de sua remuneração, reforçando sua reserva capitalizada e, consequentemente, aumentando seu benefício futuro.

É importante explicar que a sistemática atual de cobrança da contribuição previdenciária seria mantida, deslocando-se apenas o recurso financeiro para a conta individual. Isso garantiria que a perda de arrecadação (o "custo de transição") fosse nula por uma década e meia — até o ingresso dos mais jovens no mercado de trabalho — e muito reduzida na década seguinte, e somente ocorreria quando os primeiros trabalhadores nascidos a partir de 2030 estivessem inseridos no mercado de trabalho e ganhando mais do que o limite de repartição.

Esse mecanismo garantiria o financiamento do atual modelo (que entraria em processo de extinção parcial para quem ganhasse acima do valor de referência definido), e após os anos 2050, poderíamos ter uma redução substancial dos custos previdenciários, diminuindo o indesejável custo previdenciário sobre nossa produção.

Os "custos de transição" da capitalização

É evidente que entre 2030 e 2045, não haveria nenhum trabalhador na Nova Previdência. A partir daí, os jovens nascidos em 2030 estariam aptos a ingressar no mercado de trabalho e, consequentemente, na Nova

Previdência. Porém, seu ingresso no mercado de trabalho não teria impacto na arrecadação. E por quê? Porque jovens, quando ingressam no mercado de trabalho, começam ganhando pouco. Seus salários crescem com a idade e com aumento de sua escolaridade e de seu treinamento. Isso significa que não haveria perda de receita para financiar o velho sistema, pois ninguém estaria na camada de capitalização por vários anos.

Vejamos alguns dados. Usando a Pesquisa Nacional por Amostra de Domicílios (PNAD)/IBGE 2021, é possível verificar a distribuição de rendimentos entre os indivíduos, inclusive segundo a idade de cada indivíduo. O Gráfico 6B.4 ilustra essas informações.

Gráfico 6B.4
Rendimento médio do trabalho principal, segundo faixa etária (R$ de 2021)

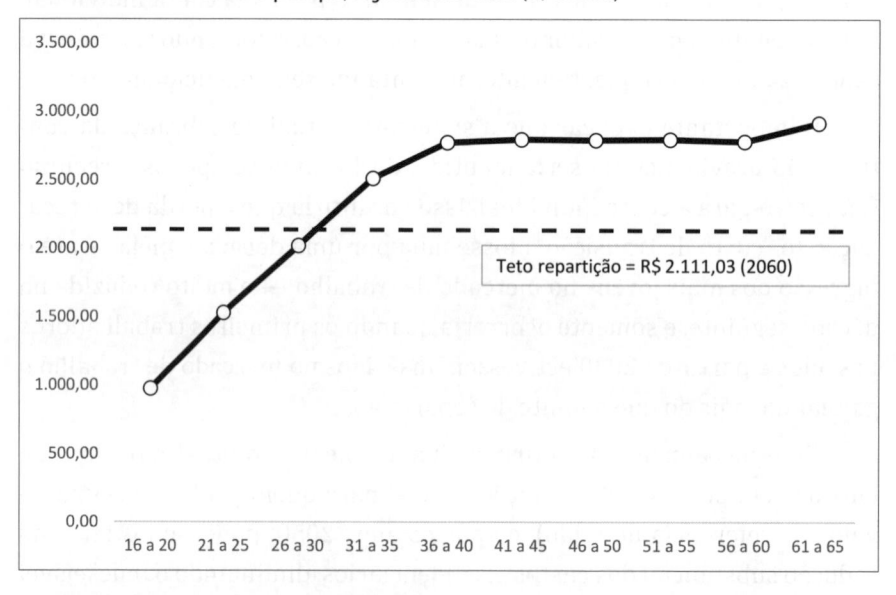

Fonte: Pnad Contínua, 2021. Elaboração própria (ver texto).

Os dados revelam que o rendimento cresce com a idade e que os jovens têm rendimento médio muito inferior ao subteto, garantindo que não haveria perda de receita por vários anos. Em 2046, por exemplo, quando os primeiros indivíduos da Nova Previdência estivessem aptos a ingressar no mercado de trabalho, o teto de repartição (a preços constantes) seria de R$ 3.467,20, acima dos valores recebidos por trabalhadores jovens.

É possível, entretanto, que alguns poucos jovens (mesmo que, em média, ganhem bem abaixo do teto de repartição) ganhassem além do subteto, o que implicaria perda de receita. Com a mesma base de dados, verifica-se a distribuição de rendimento para cada idade. No Gráfico 6B.5, a seguir, estão apresentadas as distribuições de rendimento, segundo grupos etários dos jovens de 16 a 30 anos de idade (período que cobriria as décadas de 2040 e 2050).

Gráfico 6B.5
Distribuição de indivíduos jovens por faixa de rendimento do trabalho principal, segundo grupos etários (R$ de 2021)

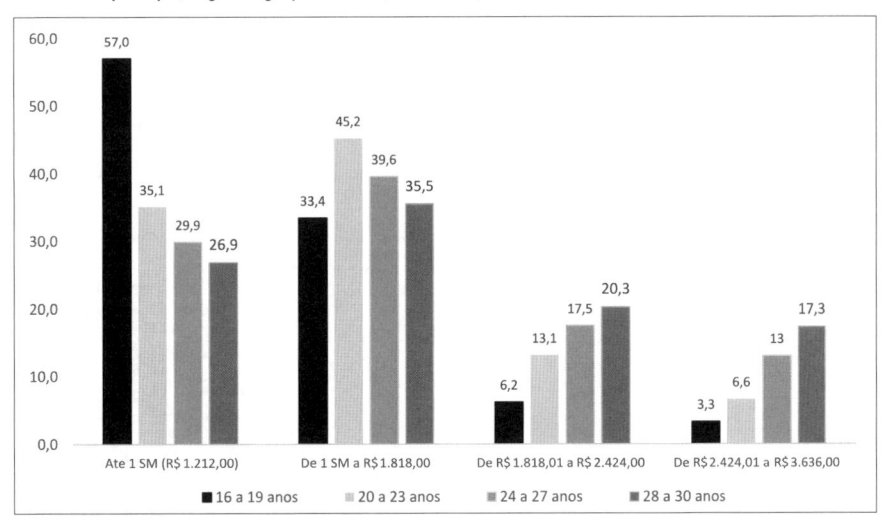

Faixa de rendimento	16 a 19 anos	20 a 23 anos	24 a 27 anos	28 a 30 anos
Até 1 SM (R$ 1.212,00)	57,0	35,1	29,9	26,9
De 1 SM a R$ 1.818,00	33,4	45,2	39,6	35,5
De R$ 1.818,01 a R$ 2.424,00	6,2	13,1	17,5	20,3
De R$ 2.424,01 a R$ 3.636,00	3,3	6,6	13	17,3

Fonte: Pnad Contínua, 2021. Elaboração própria (ver texto).

Note-se que a grande maioria dos jovens de até 30 anos recebe menos do que o limite para capitalização. Em poucas palavras, durante toda a década de 2040, pouquíssimos jovens estariam na camada de capitalização e, consequentemente, a perda de arrecadação (o "custo de transição") seria desprezível.

É importante notar que a potencial perda de arrecadação ocorreria apenas a partir de 2046. Contudo, essa perda será irrisória, tendo em vista a baixíssima incidência de indivíduos jovens com rendimentos acima desse valor. Somente a partir da década 2050, quando o subteto já tivesse atingido metade do teto do INSS, é que as perdas começariam a se elevar.

Porém, é justamente nessa década que os gastos previdenciários do velho sistema estariam em pleno declínio, de tal sorte que não haveria comprometimento da sustentabilidade do sistema.

Nem mesmo aqueles jovens que, mesmo ganhando pouco, optassem por transferir parte de seu FGTS para suas contas de capitalização produziriam perda de arrecadação, pois os recursos do FGTS não são receita previdenciária.

Ainda que reduzido, é necessário que se saiba qual será o volume de recursos que progressivamente seria "perdido" para financiar a Velha Previdência. Os Gráficos 6B.6 e 6B.7 apresentam os resultados anuais e acumulados entre 2040 e 2060.

Gráfico 6B.6
Projeção da perda anual de receita entre o subteto e o teto do RGPS 2046–2065 (R$ milhão 2021)

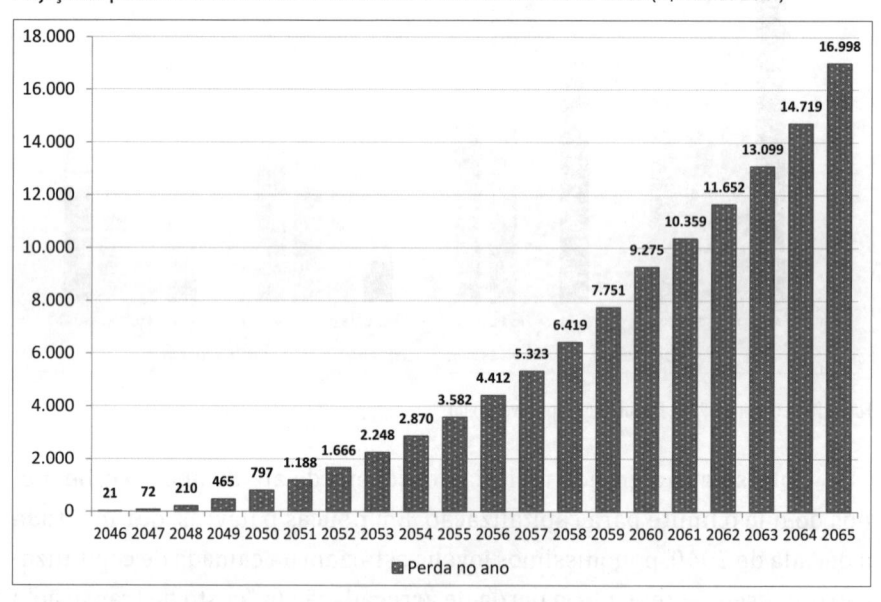

Ano	Perda no ano
2046	21
2047	72
2048	210
2049	465
2050	797
2051	1.188
2052	1.666
2053	2.248
2054	2.870
2055	3.582
2056	4.412
2057	5.323
2058	6.419
2059	7.751
2060	9.275
2061	10.359
2062	11.652
2063	13.099
2064	14.719
2065	16.998

Fonte: Projeções realizadas pelo autor.

Gráfico 6B.7
Projeção da perda de receita anual acumulada entre o subteto
(2 SM) e o teto do RGPS 2046–2065 (R$ milhão 2021).

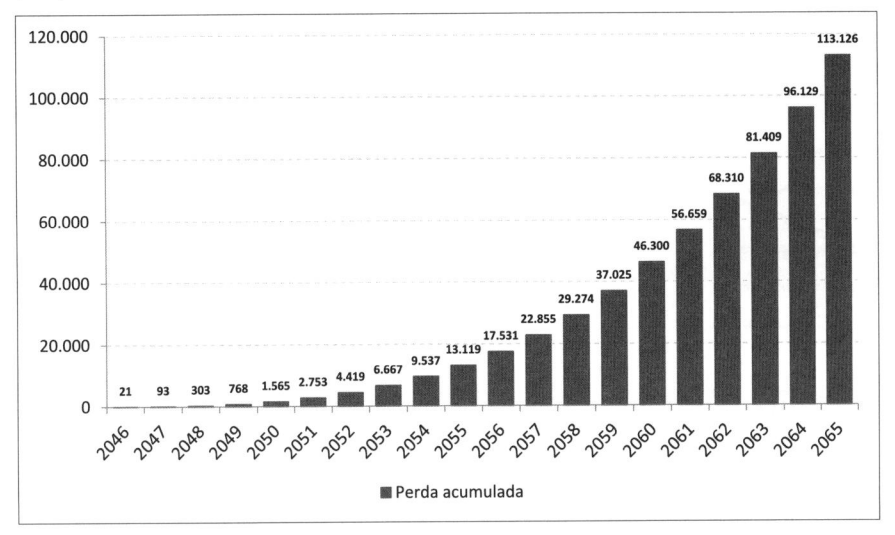

Ano	Perda acumulada
2046	21
2047	93
2048	303
2049	768
2050	1.565
2051	2.753
2052	4.419
2053	6.667
2054	9.537
2055	13.119
2056	17.531
2057	22.855
2058	29.274
2059	37.025
2060	46.300
2061	56.659
2062	68.310
2063	81.409
2064	96.129
2065	113.126

Fonte: Projeções realizadas pelo autor.

As projeções indicam que é plenamente factível implementar a Nova Previdência com capitalização. Entre 2046 e 2055 (dez primeiros anos), a perda acumulada de arrecadação será de apenas R$ 13,12 bilhões. Na década seguinte, o volume de perda de arrecadação crescerá, porém a perda média anual será de apenas R$ 10 bilhões, montante plenamente absorvível, e totalizará aproximadamente R$ 113,1 bilhões.

Parece ser plenamente possível, portanto, implantarmos a capitalização sem sobressaltos nem problemas decorrentes do "custo de transição".

CAPÍTULO 7

SALÁRIO MÍNIMO

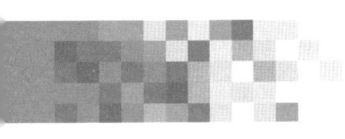

SALÁRIO MÍNIMO: O DEBATE NECESSÁRIO

Há poucas coisas que "mexem" tanto com o brasileiro quanto o debate sobre o salário mínimo (SM). Em primeiro lugar, obviamente, porque o número de indivíduos que têm suas remunerações formalmente atreladas à variável é de dezenas de milhões de pessoas — ali contabilizados trabalhadores do setor privado no setor formal; funcionários públicos, especialmente nos níveis estadual e municipal; beneficiários do INSS; e aposentados e pensionistas estaduais e municipais. Em segundo lugar, porque ele exerce um poderoso fascínio como sinalizador do suposto compromisso do governo da época com a promoção de uma maior justiça social. Há sólidas evidências de que também no mercado informal o salário mínimo é amplamente praticado, e mesmo aqueles que na informalidade recebem menos do que o SM, embora não sejam afetados pelas definições oficiais acerca da variável, sentem seus efeitos, pois sua remuneração, implícita e indiretamente, muitas vezes guarda uma proporção com o valor do salário mínimo. E até quem ganha acima do SM, e, muitas vezes, muito acima dele, em um país tão desigual como o nosso e que convive, psicanaliticamente, com certo "complexo de culpa" pelos desníveis salariais existentes, vê com bons olhos o aumento da variável, por sentir certo conforto que, de alguma forma, diminui essa "culpa" ao entender que, assim, a desigualdade, de alguma forma, está sendo mitigada.

Cabe aqui uma pequena digressão, acerca da qual pedimos a atenção do leitor para alguns detalhes importantes. Provavelmente o leitor deve ter ouvido alguma vez a expressão "índice de Gini" e talvez saiba que ele varia entre 0 (associado à igualdade absoluta) e 1 (no caso teórico em que um único indivíduo fica com toda a renda do país). Realisticamente, o índice tende a se situar, em geral, na maioria dos países, entre 0,3 e 0,6, com 0,3, associado a sociedades mais igualitárias — tipicamente, por exemplo, as escandinavas — e perto de 0,6, a grandes níveis de desigualdade — como os do Brasil nos anos 70 e 80 do século passado.

O índice resulta da expressão gráfica que associa, no eixo horizontal, o percentual acumulado da população, indo de 0% a 100%, e, no eixo vertical, o percentual acumulado da renda de um país, listado dos indivíduos mais pobres para os mais ricos, também indo de 0% a 100%. Isso define um conjunto de pontos. Por exemplo, digamos que os 10% mais pobres tenham 3% da renda; os 20% mais pobres, 7% da renda; e assim sucessivamente. Nos extremos, por definição, 0% das pessoas tem 0% da renda, e 100% das pessoas que compõem uma população têm, juntas, 100% da renda nacional. Como a renda é desigualmente distribuída, a curva inicia uma subida suave e, à medida que se vai avançando para a direita no eixo X, vai empinando. Essa curva é chamada, na linguagem dos especialistas, de "curva de Lorenz". Ao mesmo tempo, o gráfico é cortado por uma diagonal positivamente inclinada, que corresponde ao caso teórico de igualdade total, em que todos ganham a mesma coisa, de modo que 1% da população tem 1% da renda; 2% têm 2% da renda; e assim sucessivamente. Essa diagonal, que vai do canto inferior esquerdo do gráfico ao canto superior direito dele, define, com a reta X na base e com a linha paralela ao eixo Y do lado direito, um triângulo. O índice de Gini nada mais é do que o coeficiente entre a área que separa a diagonal da curva de Lorenz e a área total do triângulo. Em sociedades muito desiguais, essa curva é muito achatada nos degraus inferiores da população e, portanto, o espaçamento entre a diagonal e a curva de Lorenz é muito amplo (índice de Gini elevado). Já em sociedades mais igualitárias, a curva de Lorenz se aproxima, em termos relativos, da diagonal da perfeita igualdade e a área é pequena (Gini baixo).

Aqui temos um ponto interessante a introduzir, porque está no cerne do debate sobre o salário mínimo no Brasil. Em nosso país, temos uma distribuição de renda que se caracteriza por uma enorme polaridade nos extremos: temos muita gente ganhando rendimentos baixíssimos — muito inferiores ao salário mínimo — e um pequeno grupo de pessoas ganhando múltiplos elevadíssimos da renda média do país. Nesse contexto, o salário mínimo está "ali pelo meio" da distribuição de renda. Não no meio, mas, dependendo do ano, "entre a raia 3 e a raia 4", em uma metáfora de 10 "raias" da distribuição de renda, em que 1 seja a dos mais pobres, e 10, a dos mais ricos.[1] O que ocorre, então, é que, quando o salário mínimo aumenta, formalmente, a desigualdade cai, porque os "40% mais pobres" passam a ter uma parcela maior da renda (a curva de Lorenz se desloca para cima no seu trecho até 40% da população, tecnicamente falando). Ocorre que não acontece nada com os extremos: nem os ricos ficam menos ricos nem os pobres ficam menos pobres. Voltaremos a esta questão, que é chave neste debate.

Neste capítulo, inicialmente procuraremos entender o que aconteceu com o SM desde a estabilização. Posteriormente, retomaremos ao debate sobre distribuição de renda. Logo depois, mostraremos como esta discussão é essencial para o tema da Previdência Social, pela sua dimensão fiscal, e, por último, veremos como isso se combina com as tendências demográficas.

Uma dívida antiga

Quando o Plano Real foi lançado, no dia 30 de junho de 1994, com a definição dos principais parâmetros que norteariam a economia brasileira a partir de então, o salário mínimo — fixado com base nos mesmos critérios que levaram à transformação dos valores em Unidades Reais de Valor (URV) em reais — foi definido em um valor que, na época, era de aproximadamente US$ 65, com a paridade de R$ 1 para US$ 1.[2] Naquela

---

[1] Um caso paradigmático é o do Nordeste, onde perto de 20% da população ganha um salário mínimo, situando-se bem no meio da distribuição de renda, no quinto e sexto décimo dela. Tecnicamente, portanto, como o valor médio desses dois décimos é o mesmo, em termos matemáticos, é como se uma pessoa que ganha um salário mínimo se situasse no "andar de cima" da escala distributiva local.

[2] Ele corresponderia a um valor algo maior, em dólares, após a apreciação inicial do real, nos primeiros meses do plano.

época, utilizava-se muito a expressão "dívida social" para se referir à situação em que uma parcela importante da sociedade auferia rendimentos de fato muito modestos, para não dizer paupérrimos. Evidentemente, o valor expresso em dólares viria a oscilar muito nos anos posteriores, com a "gangorra" da apreciação cambial de 1995-1998, seguida das diversas desvalorizações de 1999-2002 e da bonança cambial dos anos Lula.

Em termos reais, expurgando, portanto, a dimensão por vezes especulativa das oscilações cambiais, três questões se destacam:

   i) O salto expressivo do poder aquisitivo do salário mínimo em maio de 1995, quando o valor nominal foi definido em R$ 100, representando um incremento nominal de 43%, quando a inflação já era substancialmente inferior a isso.

   ii) Os aumentos expressivos em situações particulares, obedecendo a pressões políticas momentâneas, como em 2000 e 2006, por exemplo, às vezes para arredondar a variável para valores nominais que impressionassem o eleitor, representando reajustes reais importantes.

   iii) Uma fase de aumentos regulares consistentes, nos anos de governos do PT, quando se definiu uma política de aumentos reais baseados na dinâmica defasada do PIB.

O resultado desse conjunto de influências aparece expresso no Gráfico 7.1, que mostra a variação real acumulada de 1995 em diante, tendo como base 100 o momento do último reajuste de 1994 (setembro). Observa-se que, em 20 anos de estabilização, houve um incremento real notável do salário mínimo, alcançando um acumulado de 155% até 2015. Os aumentos reais acumulados por período foram de 44% nos anos FHC, 54% nos 8 anos de Lula e mais 15% entre 2010 e 2016, no governo Dilma. Depois, de um modo geral, o que houve foi uma espécie de "não política", ou seja, basicamente o salário mínimo acompanhou a inflação, com decisões acerca do seu valor tomadas concomitantemente à votação do Orçamento, mas sem que haja uma definição acerca de questões de longo prazo. É como se o Congresso Nacional expressasse ao Poder Executivo o seguinte pacto: "Ok, autoridades da área econômica, concedo a variação real nula do salário mínimo, mas ano que vem voltamos a avaliar." As autoridades da área econômica conseguiram o que desejavam entre 2016 e 2022 — evitar pressões fiscais decorrentes do aumento real do piso previdenciário —, porém sem nunca ter tido força para definir uma regra mais duradoura acerca do tema, gerando uma previsibilidade maior acerca do longo prazo da economia.

Como, em que pese o fato de que o PIB cresceu moderadamente nesse período no governo FHC e de forma mais intensa nos anos Lula, antes da "década perdida" de 2010, o aumento do salário mínimo foi muito maior, e como nos anos de encolhimento do PIB — 2015, 2016 e 2020 — o valor real da variável se manteve constante, o fato é que a importância relativa do parâmetro cresceu muito até 2020. Quando se divide o PIB pela população, obtém-se o PIB *per capita* ou renda *per capita* de um dado ano. Calculando-se o valor nominal médio do salário mínimo no ano e multiplicando-se esse valor por 13 — considerando aqui o pagamento do décimo terceiro —, é possível se comparar esse valor com a renda *per capita*. Em 1995 — e já influenciado pelo aumento de meados daquele ano —, o salário mínimo médio representava 26% da renda *per capita* brasileira. Vinte e cinco anos depois (2020), correspondeu a 38%, ou seja, aumentou quase 50% em termos relativos nesse período, antes de cair ligeiramente em 2021-2022, devido ao maior crescimento do PIB no último biênio, marcado pela recuperação da economia após a crise da covid-19 (Gráfico 7.2).

Isso suscita duas grandes questões. A primeira é: isso melhorou a situação social do país do ponto de vista distributivo? E a segunda é: quais foram as consequências dessa política para as contas fiscais do país? Veremos esses dois pontos, por separado, nas próximas duas seções do capítulo.

Gráfico 7.1
Variação real acumulada do salário mínimo na data de reajuste (%, referência: setembro 1994)

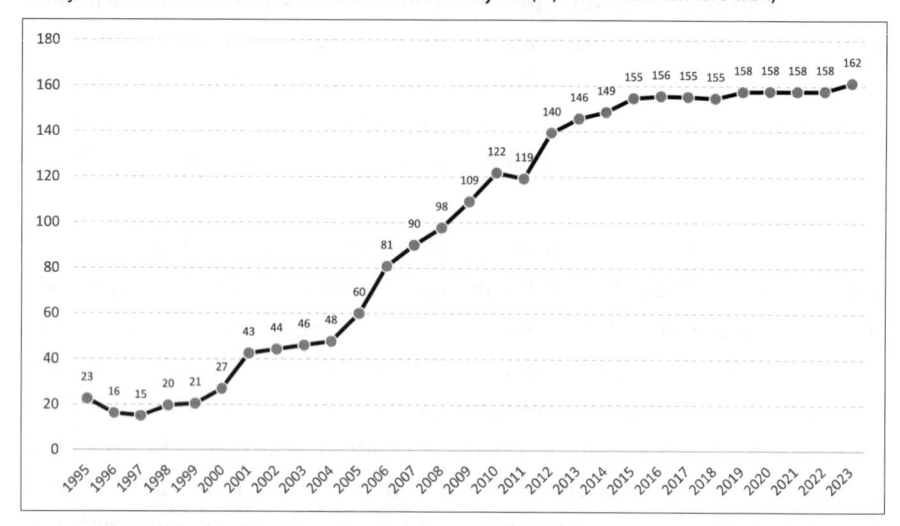

Ano	Valor
1995	23
1996	16
1997	15
1998	20
1999	21
2000	27
2001	43
2002	44
2003	46
2004	48
2005	60
2006	81
2007	90
2008	98
2009	109
2010	122
2011	119
2012	140
2013	146
2014	149
2015	155
2016	156
2017	155
2018	155
2019	158
2020	158
2021	158
2022	158
2023	162

Deflator: IPCA. Nos anos em que houve mais de um reajuste, considerou-se o segundo.
Fonte: Elaboração própria.

Gráfico 7.2
Salário mínimo médio (% renda per capita)

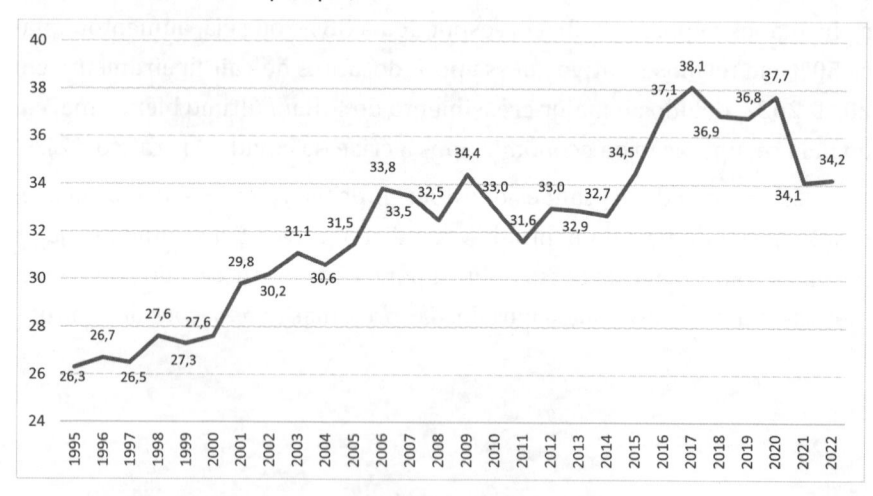

Ano	Valor
1995	26,3
1996	26,7
1997	26,5
1998	27,6
1999	27,6
2000	27,3
2001	29,8
2002	31,1
2003	30,2
2004	31,5
2005	30,6
2006	33,8
2007	33,5
2008	32,5
2009	34,4
2010	33,0
2011	31,6
2012	33,0
2013	32,9
2014	32,7
2015	34,5
2016	37,1
2017	38,1
2018	36,9
2019	36,8
2020	37,7
2021	34,1
2022	34,2

Fonte: Elaboração própria, com base nos dados do IBGE (PIB e população)

Sobre andares

No imaginário popular, o salário mínimo é, pelo que sugere implicitamente a etimologia da palavra, um valor recebido pelos "pobres". Assim, um aumento da variável pararia nas mãos das pessoas que, na feliz definição do jornalista Elio Gaspari, comporiam o "andar de baixo" da sociedade brasileira.

Observe o leitor, porém, o que mostra a Tabela 7.1, com dados da nova Pesquisa Nacional por Amostra de Domicílios (PNAD-C). Ela mostra a distribuição dos aposentados e pensionistas com rendimento de um SM, por décimo da distribuição de renda *per capita*, onde o primeiro décimo corresponde, comparativamente, ao mais pobre, e o décimo, ao mais rico.

Por incrível que pareça, bem menos de 1% das pessoas que recebiam, por ocasião da pesquisa, benefícios como aposentados ou pensionistas de exatamente um SM viviam nos lares que se situavam entre os 10% dos lares mais pobres da população, e só 3% se situavam entre os 20% mais pobres. Se dividíssemos a população em duas metades de 50%, entre aquele grupo de indivíduos que recebiam SM, 32% se situariam no "andar de baixo" da distribuição de renda, e 68%, no "andar de cima".

Embora isso seja, a princípio, contraintuitivo, não é difícil, no fundo, explicar o fenômeno. Pense-se no dono de uma pequena "birosca" do interior que todo final de mês, com muito sacrifício, tira "limpos" R$ 2.500. É óbvio que essa pessoa não é "rica", mas também é claro que ela não se situa entre as pessoas mais pobres do país. Se, para efeitos de registro formal, ela contribuiu para o INSS "pelo mínimo", ao se aposentar receberá os aumentos correspondentes, mesmo não estando entre os 10% ou 20% mais pobres do país.

Tabela 7.1
Distribuição dos aposentados e pensionistas com rendimento de um salário mínimo, por décimo da distribuição de renda *per capita*: PNAD 2021 (%)

Décimo da distribuição	(%)
Primeiro (inferior)	0,2
Segundo	2,9
Terceiro	5,9
Quarto	11,4
Quinto	11,6
Sexto	7,9
Sétimo	38
Oitavo	10,7
Nono	7,5
Décimo (superior)	3,8
Total	**100**
Primeiro ao terceiro	9
Primeiro ao quinto	32,1
Oitavo ao décimo	22

Fonte: IBGE (PNAD-C, 2021). Os autores agradecem a Rafael Gabbay pelo processamento de dados.

Pensemos em outro caso extremo. Imaginemos um grande empresário cuja esposa não trabalhe, situação cada vez menos comum, mas ainda observada em muitas famílias. O empresário pertence ao grupo dos 1% mais ricos do país, e digamos que, por alguma razão, a esposa contribua para o INSS só para ter sua situação legalizada, mas também pelo SM, pelo fato de o marido ter feito um PGBL para ela. Se ela tiver contribuído para a Previdência desde os 20 anos, poderá se aposentar aos 50 anos por tempo de contribuição e, mesmo pertencendo a uma família rica, receber o mesmo aumento real do SM de um camponês aposentado no interior do país. É por esse tipo de situações que 4% dos beneficiários de aposentadorias e pensões de um SM se localizam no décimo superior da distribuição de renda. Por isso, aumentar as aposentadorias para "melhorar a situação dos mais pobres" é de uma ineficiência absoluta: trata-se de uma política que custa rios de dinheiro, com benefícios ínfimos, comparativamente aos seus efeitos supostamente pretendidos.

Mais de um analista da vida brasileira notou que "não somos o que pensamos ser". Nas pesquisas feitas, dificilmente o entrevistado se considera parte da "elite". Para o empresário da FIESP, os "privilegiados" serão os "funcionários públicos"; para estes, "os banqueiros"; e assim sucessivamente. Da mesma forma, em geral, não se tem consciência do que nossa realidade social representa e de como cada indivíduo se insere nela. Observe-se, por exemplo, a Tabela 7.2, que mostra o rendimento domiciliar *per capita* no Brasil, em 2021, conforme o dado da Síntese de Indicadores Sociais (SIS) divulgada todos os anos pelo IBGE.

Imaginemos uma situação relativamente comum: uma jovem em São Paulo, enfrentando o custo de vida da capital paulista, tendo saído recentemente da casa dos pais e ganhando pouco mais de R$ 2 mil, tendo que pagar aluguel, contas etc. e custear o seu dia a dia. Muito provavelmente, essa pessoa se considerará "pobre" e reagirá com indignação se for considerada classe média. Contudo, à luz dos dados da distribuição de renda do país, ela se situaria entre os 20% mais ricos da população.[3]

O fato que interessa aqui destacar é que, se o que se pretende com o salário mínimo é beneficiar algumas dezenas de milhões de pessoas que recebem essa remuneração, não é preciso ser um cientista político para perceber como isso pode alimentar a popularidade dos governos. Porém, se o que se deseja é ter como prioridade melhorar a situação dos 20% mais pobres do país, definitivamente não será com aumentos do SM que isso será conseguido. E isso por uma razão muito simples: no Brasil, o salário mínimo não é mínimo!

---

[3] Na mesma estatística, o IBGE informou que o valor inferior do quinto superior da estatística de distribuição de renda da Tabela 7.2 foi de R$ 1.722.

Tabela 7.2
Rendimento domiciliar *per capita* médio: 2021 (R$)

Décimo da distribuição	Valor per capita
Primeiro (inferior)	94
Segundo	281
Terceiro	420
Quarto	561
Quinto	721
Sexto	926
Sétimo	1.140
Oitavo	1.477
Nono	2.141
Décimo (superior)	5.767
Total	**1.353**

Fonte: IBGE (Síntese de Indicadores Sociais 2022).

Um pouco de aritmética

Em relação ao impacto fiscal do SM, ele se dá de diversas formas, dentre as quais cabe destacar:

- O efeito sobre a despesa com seguro-desemprego, no caso daqueles que recebem um SM, pelo fato de ser essa sua remuneração na carteira de trabalho e de que ficaram desempregados.
- O impacto sobre a despesa do abono salarial.
- O incremento das folhas do funcionalismo, pouco relevante em nível federal (porque poucos servidores públicos federais recebem um SM, já que a grande maioria ganha mais do que isso), mas muito expressivo em nível estadual e, principalmente, municipal.
- A influência sobre a despesa do INSS e das despesas assistenciais do LOAS e da RMV.

Aqui abordaremos apenas este último aspecto, para o que é importante olhar o Gráfico 7.3.

Gráfico 7.3
Proporção do valor dos benefícios emitidos de um piso previdenciário em relação ao valor do contingente total de benefícios emitidos: urbanos e rurais (%)

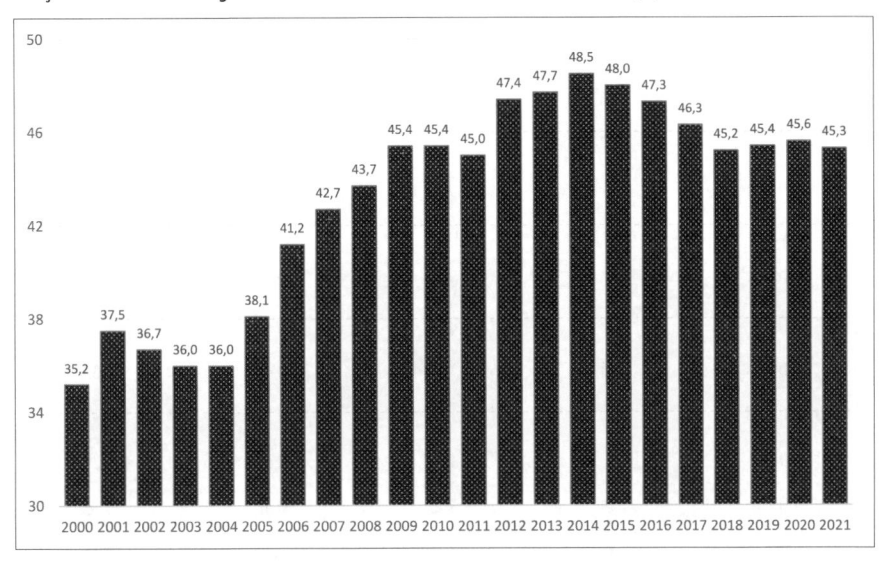

Ano	%
2000	35,2
2001	37,5
2002	36,7
2003	36,0
2004	36,0
2005	38,1
2006	41,2
2007	42,7
2008	43,7
2009	45,4
2010	45,4
2011	45,0
2012	47,4
2013	47,7
2014	48,5
2015	48,0
2016	47,3
2017	46,3
2018	45,2
2019	45,4
2020	45,6
2021	45,3

Fonte: Anuário Estatístico da Previdência Social, vários anos (Tabela B.23).

Ele mostra a proporção do valor dos benefícios emitidos no valor de exatamente um piso previdenciário, em relação ao valor do contingente total de benefícios emitidos (urbanos e rurais). Esse peso era de 35% no começo do século e, devido ao "efeito arrasto" da "puxada" do valor real do SM, foi abrangendo valores cada vez mais elevados, sendo que recentemente chegou a ser de mais de 45% do total. Isso significa que um aumento de 1% do valor do SM gera *per se* uma variação de mais de 0,45% da despesa do INSS.

Essa tabela é complementada pela de número 7.3, que mostra a importância relativa, comparativamente ao PIB, do valor da despesa com benefícios previdenciários e assistenciais iguais ou inferiores a 1 SM, neste último caso, pela partilha do valor da pensão na presença de mais de um pensionista que herda o benefício original da pessoa falecida.

Tabela 7.3
Valor da despesa com benefícios previdenciários e assistenciais iguais ou inferiores a um salário mínimo (% PIB)

Ano	Rurais	Urbanos	LOAS/RMV	Total
1997	0,67	0,48	0,25	1,40
1998	0,83	0,62	0,27	1,72
1999	0,93	0,71	0,27	1,91
2000	0,96	0,71	0,30	1,97
2001	1,07	0,79	0,32	2,18
2002	1,11	0,81	0,34	2,26
2003	1,15	0,84	0,36	2,35
2004	1,20	0,80	0,38	2,38
2005	1,26	0,86	0,43	2,55
2006	1,36	1,00	0,48	2,84
2007	1,36	1,04	0,52	2,92
2008	1,33	1,04	0,52	2,89
2009	1,44	1,15	0,57	3,16
2010	1,41	1,14	0,58	3,13
2011	1,37	1,11	0,58	3,06
2012	1,46	1,22	0,61	3,29
2013	1,47	1,28	0,64	3,39
2014	1,49	1,31	0,67	3,47
2015	1,59	1,41	0,71	3,71
2016	1,72	1,54	0,78	4,04
2017	1,76	1,59	0,82	4,17
2018	1,70	1,52	0,80	4,02
2019	1,69	1,53	0,81	4,03
2020	1,72	1,63	0,82	4,17
2021	1,56	1,50	0,76	3,82
2022	1,57	1,50	0,80	3,87

Fonte: Elaboração própria, com base em dados do Anuário Estatístico da Previdência Social, vários anos e na Secretaria do Tesouro Nacional (LOAS). Para 2022, previsão dos autores, à luz dos dados já divulgados.

O que se observa é que, ao longo de 25 anos, esse peso se multiplicou por um fator 2,8: era de 1,40% do PIB em 1997 e foi de 3,87% do PIB em 2022. Esse valor inclui três grupos:

- Benefícios rurais, com despesas muito superiores às urbanas no começo da série e que aumentaram de peso devido aos aumentos reais do SM.
- Benefícios previdenciários urbanos, de valor da despesa inferior à rural no começo, mas que se aproximaram daquela com o passar dos anos, devido ao maior crescimento físico de beneficiários no meio urbano.
- Benefícios assistenciais do LOAS/RMV.

Isso significa que, em uma despesa total do Tesouro Nacional, sem considerar as transferências a estados e municípios, prevista em 2023 para algo da ordem de 19% do PIB, mais de 20% são utilizadas para a despesa com beneficiários previdenciários ou assistenciais que recebem um benefício no valor de um SM.

Uma combinação equivalente a nitroglicerina

Esse efeito corresponde ao que tecnicamente nós economistas chamamos de "aumento do preço relativo" de quem ganha um salário mínimo. Ou seja, se todos os preços na economia aumentam à mesma taxa, em termos relativos, a realidade se mantém. Porém, quando esse ritmo de aumentos é diferenciado, há ganhadores e perdedores do que se denomina de "variação de preços relativos". Isso significa que, além do desafio que o sistema previdenciário brasileiro — assim como boa parte dos sistemas previdenciários do mundo inteiro — tem para encarar a realidade representada pelo incremento do número de idosos ao longo das décadas, ele experimentou o aumento do valor médio dos benefícios, associado ao fato de que mais de 60% dos benefícios — aqueles associados ao SM — tiveram aumentos reais expressivos desde a estabilização do ano de 1994. De fato, se tomarmos como referência a população de 60 anos e mais de idade e a compararmos com a população de 15 a 59 anos — entendida historicamente como a "população em idade de trabalhar" —, veremos que, em um período de quarenta anos, ela passou de menos de 8% desse contingente no Censo Populacional para 11% em 1980, e para o dobro disso, ou seja, 22%, em 2020 (Tabela 7.4).

Tabela 7.4
Proporção da população de 60 anos e mais de idade em relação à população de 15 a 59 anos (%)

Ano	%
1940	7,7
1980	10,9
2000	13,9
2020	22,0
2040	39,3
2060	60,6

Fonte: IBGE. Para 1940, Censo Populacional. Para os anos posteriores, Projeção da População (Revisão 2018).

Embora essa seja uma realidade que reflete os avanços da medicina e das condições gerais de vida da população e a maior longevidade mereça, obviamente, ser saudada como expressão de progresso, é inegável que isso representa um desafio para o Tesouro e para o INSS, pelo maior comprometimento de recursos nacionais que isso implica.[4]

Aumentar o valor do SM enquanto não for equacionada a questão legal de como evitar o repasse automático ao piso de benefícios — dada a vinculação constitucional hoje existente — é impor uma carga dupla ao Fisco, que tem que pagar benefícios a um custo real crescente e a um número cada vez maior de indivíduos.

Nesse contexto, a prioridade precisa ser a de que o país cresça a uma taxa sustentada, que permita reduzir paulatinamente o desemprego e melhorar o padrão de vida da população. Isso passa, entre outras coisas, por

---

[4] O envelhecimento da população traz um aumento expressivo de despesas não apenas no âmbito previdenciário, mas também no da saúde. O custo médio de manutenção de saúde da população idosa chega a ser de sete vezes a de crianças e jovens adultos. Isso significa que, além da pressão de despesa previdenciária, há que se considerar o enorme crescimento de despesas de saúde que, em conjunto, pressionarão fortemente as contas públicas nos próximos anos, por razões eminentemente demográficas.

aumentar a taxa de investimento e, dentro da formação bruta de capital fixo, por elevar o investimento público naquelas áreas em que ele se faz necessário, mesmo reconhecendo o papel fundamental do setor privado. Concretamente, no contexto fiscal brasileiro, isso significa ampliar o espaço para as despesas discricionárias na composição do dispêndio do governo central. Não será possível fazer isso se a despesa com aposentadorias continuar aumentando como nas últimas décadas. Para isso, evitar aumentos reais do salário mínimo, transportados à despesa previdenciária, é parte fundamental dessa estratégia. Ela teria que ser combinada com outros elementos. É o que veremos no restante do livro.

CAPÍTULO 8

PROFESSORES

PROFESSORES: UMA QUESTÃO DIFÍCIL[1]

Anos atrás, o jornalista Carlos Alberto Sardenberg entrevistou um dos autores deste livro a propósito do tema da reforma previdenciária. Generosamente, deu cinco minutos por dia — o que, no rádio, é muito tempo — para, ao longo de quatro dias, abordar diferentes aspectos da questão. Em um dia, tratou-se do INSS; em outro, do regime dos funcionários públicos; em outro, do salário mínimo; e no quarto dia, de outro item ligado ao tema. Foram, ao todo, vinte minutos, durante uma semana. Desses vinte minutos, o autor falou *en passant* da necessidade de mudar as regras de aposentadoria dos professores, o que, no máximo, deve ter tomado um minuto daqueles vinte.

Depois de acabar, após um par de dias, foi solicitado ao jornalista, por curiosidade, que informasse se soubesse qual tinha sido a repercussão. A resposta veio carregada de ironia: "Você quer saber mesmo? Depois não diga que não avisei…" E, ato contínuo, mandou algumas dezenas de mensagens que tinham sido recebidas pela produção, todas elas sobre o que tinha sido dito acerca da aposentadoria dos professores, e digamos que muitas delas tratando de forma não muito carinhosa a mãe do entrevistado…

Uma delas era de uma professora, que, depois de dizer a frase à qual ambos os autores já estávamos acostumados em minha pregação reformista ("é muito fácil ao senhor, da sua sala com ar-condicionado, ficar dizendo o que deveria ser feito… etc., etc."), fez uns comentários que

---

[1] Os autores agradecem o apoio de Renata Santos, que colaborou no acesso a parte dos dados para a seção sobre os desafios da gestão estadual e municipal.

demonstravam claramente a sua indignação, mas de um modo muito respeitoso. Como era impossível atender a todas as mensagens — até porque algumas primavam pela grosseria —, o autor escreveu um e-mail gentil, que começava mais ou menos assim: "Permito-me entrar em contato com a senhora. Desculpe-me se passei uma ideia negativa acerca de como vejo a questão, provavelmente pela escassez de tempo para tratar do tema..." E discorreu mais sobre o problema representado pelas aposentadorias precoces de professores.

A resposta dela foi comovente. Isso se deu há mais de quinze anos e, portanto, não há como ter uma lembrança exata das palavras, mas era algo assim: "Entendo os argumentos do senhor como economista, mas eu preciso que o senhor compreenda a minha realidade. O seu trabalho é estar todo dia num escritório. O meu é dar aulas em condições terríveis. Já fui ameaçada de morte duas vezes por alunos meus. Preciso me aposentar, porque não aguento mais essa vida." A revolta dessa senhora era inteiramente compreensível, nas circunstâncias, porque ela tinha uma relação com o trabalho completamente diferente daquela que uma pessoa tem em um emprego saudável. Nós, autores, gostamos de ir trabalhar no escritório e pensar em números ou escrever relatórios. O cozinheiro de um restaurante gosta de fazer comida e perceber a satisfação dos fregueses. E assim é para muita gente. Já para ela, comparecer à sala de aula era equivalente ao inferno na Terra.

O terrível é que, por mais compreensível que fosse a revolta dela, isso correspondia a compensar um absurdo com outro, o que, ainda que com uma carga de dramaticidade muito maior, fez-nos lembrar o que era conhecido nos meios esportivos, anos antes, como "efeito Vampeta". Este, como muitos devem se lembrar, era um jogador que chegou à Seleção Brasileira e, no fim de sua vida profissional, jogou no Flamengo, mas já em plena decadência técnica e sem se esforçar muito em campo. Naquela época, o Flamengo não era a potência que se tornou depois e vivia atrasando o salário de jogadores, além de jogar muito mal. Nesse ambiente, o jogador — conhecido pelo espírito brincalhão — certo dia, entrevistado na televisão, pronunciou a frase que, no espírito de "uma mão lava a outra", entrou para o folclore esportivo: "Eu finjo que jogo e eles fingem que me pagam."

Mal comparando, algo assim ocorria com a citada professora. Ela tinha todas as razões do mundo para querer fugir daquela realidade, mas me parecia óbvio que, naquelas circunstâncias, a sua dedicação ao ensino das crianças estava se tornando uma prioridade distante — quando deveria ser a primeira delas. A educação entrava, assim, em um círculo vicioso: com recursos escassos, a "compensação" aos professores era a de que se aposentassem cedo. E assim o Estado, tendo que arcar com um "exército" de professores aposentados cada vez mais numeroso, tinha cada vez mais dificuldade para pagar bem aos professores que estavam na ativa. Era o "efeito Vampeta" na educação.

Neste capítulo, trataremos especificamente desses assuntos, que afetam mais os estados e municípios, antes de entrar nas questões que atingem mais o governo federal. Começaremos discutindo em que a reforma previdenciária de 2019 mudou essa situação, para depois expor como esses temas desafiam os gestores estaduais, mostrar o impacto das aposentadorias nos Regimes Próprios de Previdência Social (RPPS) e, então, explicaremos ao leitor, com algumas contas, o que as regras benevolentes para determinadas categorias significam concretamente, traduzidas para uma realidade mais próxima do seu dia a dia.

A reforma de 2019 e os professores

Já vimos em capítulo específico quais foram os principais elementos da reforma previdenciária de 2019. Nele, porém, propositalmente, deixamos de lado os aspectos que dizem respeito às regras para os professores, exatamente porque seriam objeto do presente capítulo. No caso da administração pública, as regras, analogamente à lógica já exposta para os demais servidores, porém com parâmetros diferentes, são expostas na Tabela 8.1, que mostram as exigências de idade mínima e de pontuação mínima da soma de idade e tempo de contribuição.

Tabela 8.1
Regras de idade mínima e sistema de pontos para professores da administração pública na fase de transição

Ano	Idade mínima (anos)		Sistema de pontos	
	Homens	Mulheres	Homens	Mulheres
2019	56	51	91	81
2020	56	51	92	82
2021	56	51	93	83
2022	57	52	94	84
2023	57	52	95	85
2024	57	52	96	86
2025	57	52	97	87
2026	57	52	98	88
2027	57	52	99	89
2028	57	52	100	90
2029	57	52	100	91
2030	57	52	100	92

Fonte: Elaboração própria, com base na Emenda Constitucional 103, de novembro de 2019.

Na prática, como se pode concluir rapidamente, o componente de pontos predomina, no sentido de tornar a idade mínima irrelevante. Basta pensar em um par de casos em que, após a licenciatura, a pessoa comece a contribuir trabalhando no magistério, digamos, aos 22 anos. Uma mulher, portanto, completará 92 pontos aos 57 anos de idade — e 35 de contribuição —, ou seja, bem acima da idade mínima de 52 anos. Já o homem que começar a contribuir e exercer o magistério à mesma idade completará os 100 pontos aos 61 anos — com 39 de contribuição —, muito depois da idade mínima, formalmente, de 57 anos. Lembrando que as exigências da tabela são cumulativas, ou seja, condicionam a aposentadoria ao cumprimento da idade mínima e, simultaneamente, da pontuação mínima.

No caso dos professores vinculados ao Regime Geral de Previdência Social (RGPS), ou seja, tipicamente, ao INSS, não vale a regra de cumulatividade, podendo eles optar por se aposentar pela idade mínima — o que explica por que esta é maior que para os professores da administração pública — ou pelo sistema de pontos, que é o mesmo da administração pública (Tabela 8.2).

Tabela 8.2
Exigências para a aposentadoria por tempo de contribuição para professores no RGPS na fase de transição

Ano	Idade mínima (anos)		Sistema de pontos	
	Homens	Mulheres	Homens	Mulheres
2019	56	51	91	81
2020	56,5	51,5	92	82
2021	57	52	93	83
2022	57,5	52,5	94	84
2023	58	53	95	85
2024	58,5	53,5	96	86
2025	59	54	97	87
2026	59,5	54,5	98	88
2027	60	55	99	89
2028	60	55,5	100	90
2029	60	56	100	91
2030	60	56,5	100	92
2031	60	57	100	92

Fonte: Elaboração própria, com base na Emenda Constitucional 103, de novembro de 2019.

Nos exemplos citados, utilizou-se o caso de quem começa a trabalhar aos 22 anos, para exemplificar. Tomemos agora, porém, como referência um caso em que a pessoa comece a trabalhar no mercado formal aos 18 anos e complete os estudos do magistério enquanto trabalha. Nesse caso, a mulher completará os 92 pontos aos 55 anos de idade e 37 de contribuição — cumprindo com o requisito de idade mínima, na administração pública —, e o homem, os 100 pontos aos 59 anos de idade e 41 de contribuição — também obedecendo à idade mínima, na administração pública. Essas idades estão abaixo da idade mínima no caso dos professores filiados ao RGPS, mas nesses casos, como já ressaltado, não há cumulatividade da exigência, bastando apenas cumprir com um dos requisitos — no caso, a pontuação mínima.

Essas idades de aposentadoria nos casos escolhidos, de 55 anos para a mulher professora e 59 para o homem da mesma profissão, são bastante superiores às que vigoravam antes da aprovação da Emenda Constitucional 103 e melhorarão a situação das finanças subnacionais vis-à-vis ao que aconteceria na ausência da medida — se o estado ou o município aprovar medida similar em nível local.[2] Entretanto, é ainda uma idade comparativamente precoce, em relação à que prevalecerá para os não professores após completada a fase de transição, de 65 anos para os homens e 62 para as mulheres, ou pouco tempo a menos para quem completar a pontuação mínima de 105 pontos para os homens e 100 para as mulheres — bem maior que a exigida para os professores. Em algum momento, a promoção de uma maior aproximação da regra aplicada aos professores em relação às vigentes para as demais categorias terá que entrar em debate novamente.

Um desafio para os gestores públicos

Os professores aposentados que passam à inatividade no âmbito privado deixam, nessa passagem, de ser responsabilidade das escolas e, no âmbito do INSS, pesam pouco em relação ao conjunto de profissões. Porém, na administração pública, as aposentadorias precoces dos professores, nos níveis estadual e municipal, são uma dor de cabeça, porque o profissional se aposenta e precisa ser substituído, em um fluxo que ultrapassa em muito o de óbitos no extremo etário daqueles que saem do sistema por falecimento, na maioria dos casos com mais de 80 ou 90 anos. Como ativos e inativos se confundem na despesa, sendo ambos parte da folha de pessoal, o fato é que esta cresce bastante, pela expansão contínua do número

---

[2] Cabe lembrar que a EC 103 se aplica, no caso da administração pública, apenas ao governo federal, sendo necessário, para valer para outras unidades da Federação, que o corpo legislativo local — Assembleia ou Câmara de Vereadores — aprove legislação apropriada em nível local. Esse processo de reedição de uma versão local da EC 103 começou a se disseminar entre estados rapidamente pela Federação logo após a aprovação da reforma federal, em novembro de 2019. Ele não se aplica aos municípios.

de professores e ex-professores que, somados, precisam ser pagos pelo estado ou pelo município.

A Tabela 8.3 fornece uma ideia da importância que esse fator alcançava antes da reforma federal de 2019 e das reformas que se seguiram nos estados. O dado se refere ao estado do Rio Grande do Sul e indica que as aposentadorias de profissionais vinculados, quando na ativa, ao ensino, representava dois terços do total de aposentados do estado. Quando se soma com a participação das aposentadorias especiais ligadas à segurança — o equivalente à Polícia Militar — e supondo que metade do contingente que não for de profissionais de segurança e da educação seja de mulheres — outra categoria com regras diferenciadas —, conclui-se que 93% dos aposentados tinham se aposentado com alguma regra especial. Para os gestores, é um desafio maiúsculo.

Tabela 8.3
Participação das aposentadorias especiais com servidores inativos no total de aposentados da administração direta no RS antes da mudança das regras federal e estadual de 2019 e 2020 (2018)

Especificação	Proporção do quantitativo (%)
Segurança	20,3
Educação	65,1
Soma	85,4
Mulheres	7,3
Total regras especiais	92,7

Fonte: Santos e Calazans (2021), Capítulo 11, Tabela 4.

A Tabela 8.4 dá uma ideia de como isso afeta um estado específico, que escolhemos como *case* por duas razões. A primeira é que ele foi objeto de uma gestão saneadora das finanças estaduais nos últimos anos, ou seja, dista de ser um caso de falência — muito pelo contrário. E a segunda é que é um estado pobre, com uma longevidade da população um pouco inferior à de outros estados com melhores condições de vida e longevidade um pouco mais dilatada. Mesmo assim, o quadro associado ao tema em tela é preocupante.

Como se pode ver na tabela, a participação da despesa com inativos (incluindo pensionistas) da área de educação, conjuntamente com os inativos e pensionistas militares, no estado, já respondia em 2020 por quase dois terços da despesa total com inativos, percentual que se ampliou ao longo dos anos, pela maior incidência dos efeitos da aposentadoria de militares do estado.

Tabela 8.4
Alagoas: participação da despesa com inativos (incluindo pensionistas) da educação e militares em relação ao total da despesa com inativos (%)

Ano	Educação	Militares	Soma
2011	26,2	24,1	50,3
2012	30,3	24	54,3
2013	28,5	25,6	54,1
2014	26,5	29,8	56,3
2015	26,1	32,4	58,5
2016	30,2	32,1	62,1
2017	29,1	34	63,1
2018	28,4	35,7	64,1
2019	27,0	36,6	63,6
2020	26,1	38,1	64,2

Fonte: Secretaria da Fazenda de Alagoas. Os autores agradece a gentileza de Renata Santos pelo envio dos dados, a pedido dos autores.

A Tabela 8.5 complementa essas informações. Mostrando os dados por outro ângulo, pode-se dizer que:

- Na educação, para cada R$ 1 gasto com um profissional na ativa, Alagoas gastava, em 2020, R$ 1,49 com inativos;[3]
- Nas demais carreiras, essa proporção era menor (para cada R$ 1 gasto na ativa, o governo estadual gasta R$ 0,77 com inativos);

---

[3] Este número resulta de dividir o percentual de 59,8% da educação pelo de 40,2% das demais carreiras.

- No conjunto total, para cada R$ 1 gasto com um funcionário ativo, gasta-se R$ 0,88 com inativos.
- Esse quadro tem piorado com o passar dos anos, com um crescimento maior da folha de inativos.

Tabela 8.5
Alagoas: participação da despesa com inativos (incluindo pensionistas) na folha total da despesa de pessoal (ativos e inativos), por carreiras (%)

Ano	Educação	Demais exceto educação	Total
2016	57,5	38	42,3
2017	58,5	39,8	43,9
2018	59,5	41,6	45,5
2019	58,2	42,9	46,2
2020	59,8	43,6	46,9

Fonte: Secretaria da Fazenda de Alagoas. Os autores agradecem a gentileza de Renata Santos pelo envio dos dados, a pedido dos autores.

O envelhecimento e o impactos nos RPPS com regras especiais

Os dados produzidos pela STN anualmente têm revelado que a despesa dos estados cresce a um ritmo superior ao das receitas. Devemos nos perguntar: por que a despesa tem crescido tanto? Em outras palavras, por que a despesa cresceu a um ritmo tão acentuado, comprometendo a capacidade fiscal das unidades federativas? Analisando os resultados fiscais no período 2008–2018, nota-se que a participação da despesa com pessoal no total da despesa bruta saltou, em termos médios, de 44% para 62%, um crescimento de 18 pontos percentuais, ou 1,8 ponto percentual a cada ano. E essa dinâmica tem sido severamente impactada pelo crescimento da despesa com pagamentos de aposentadorias e pensões. A Tabela 8.6 apresenta dados relevantes para o ano de 2017, pouco antes da reforma de 2019.

Enquanto esse item do gasto aumenta a um ritmo acelerado, isso não acontece com a arrecadação previdenciária dos estados, resultando em acentuado crescimento do deficit previdenciário.

Os estados criaram seus Regimes Próprios logo após a Constituição Federal de 1988 e, consequentemente, apresentam quantitativo elevado de servidores já aposentados e ativos com idade elevada, já próximos da idade de aposentadoria. Como se sabe, policiais e professores, que, em geral, representam mais de 60% da força de trabalho dos governos estaduais, como mostra a Tabela 8.6, têm regras especiais de aposentadoria que lhes garantem o direito de se aposentar em idades particularmente precoces. Tomando dados do Boletim das Finanças Subnacionais, é possível verificar que, em alguns estados, a participação de categorias que têm regras especiais chega a comprometer quase 90% do gasto com inativos.

Tabela 8.6:
Participação do gasto previdenciário com professores e militares dos estados no total de inativos em estados selecionados (2017) (%)

Estado	Professores	Militares	Total
Santa Catarina	66	23	89
Rio Grande do Sul	69	16	85
Minas Gerais	70	12	82
São Paulo	58	19	77
Goiás	56	13	69
Espírito Santo	53	15	68
Pernambuco	47	19	67
Paraná	50	15	65
Amapá	55	8	63
Pará	45	18	63
Mato Grosso do Sul	40	16	56
Acre	41	13	54
Ceará	39	11	50
Paraíba	37	12	49
Média	**52**	**15**	**67**

Fonte: Secretaria do Tesouro Nacional. Elaborado pelos autores.

Além disso, todos os servidores contratados até 2003 desfrutam do direito de se aposentar com benefício igual ao último vencimento recebido enquanto ativo (integralidade), e seus benefícios são reajustados nas mesmas datas e nos mesmos índices concedidos aos ativos (paridade).

A associação entre envelhecimento de trabalhadores e aumento do deficit previdenciário é inequívoca. Consideradas todas as unidades federativas, obtêm-se os seguintes resultados, expressos no Gráfico 8.1.

Gráfico 8.1
Relação entre demografia e deficit previdenciário estadual (2017)

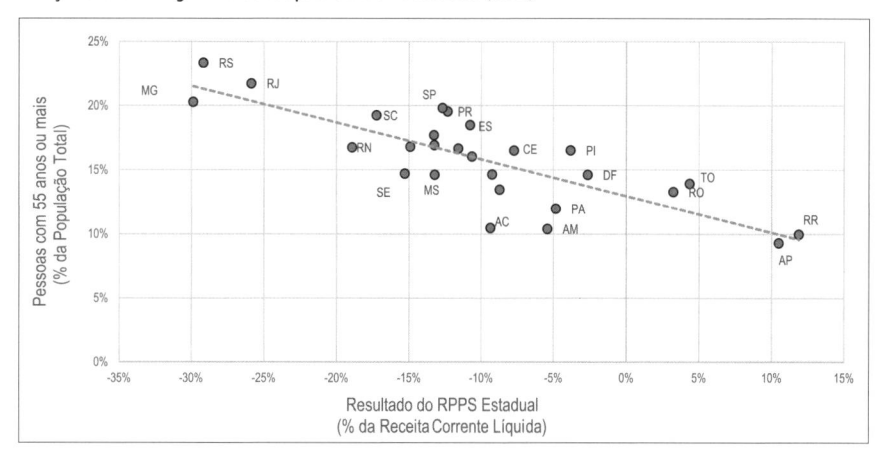

Fonte: STN — Indicadores fiscais dos estados.

O Gráfico 8.1 é muito claro ao evidenciar que os estados que apresentam uma maior proporção de pessoas com 55 anos ou mais na sua população são justamente aqueles que têm o pior resultado de seus regimes de previdência como razão de sua respectiva Receita Corrente Líquida (RCL). Enquanto apenas os cinco estados mais jovens do país apresentaram superavit no RPPS em 2017, os mais idosos, como os estados do RJ, RS e MG, comprometeram de 25% a 30% de sua RCL. Mantidas as regras atuais, uma quantidade enorme de estados poderá convergir rapidamente para uma situação de agudo desequilíbrio de seus regimes previdenciários, a exemplo de Santa Catarina, São Paulo, Paraná e Rio Grande do Norte, dentre outros.

A título de exemplo, tomando dados do caderno de recursos humanos do estado do Rio de Janeiro de dezembro de 2018, a idade média de aposentadoria de policiais militares homens foi de 49 anos, enquanto a das mulheres foi de 54 anos. Em média, a idade de aposentadoria da PMERJ foi de 50 anos. No corpo de bombeiros (CBMERJ), a idade média é ainda mais reduzida, de 51 anos, sendo de 48 e 51 anos para mulheres e homens, respectivamente. Outras carreiras, como a de policiais civis (PCERJ), apresentam idade inferior a 60 anos, sendo de 55 e 57 anos para mulheres e homens, respectivamente, enquanto para os agentes que atuam na secretaria de administração penitenciária, a idade média foi de 54 anos.

No tocante à idade média de aposentadoria de professores de ambos os gêneros, na média, ela foi de 56 anos, sendo de 55 e 60 anos para professoras e professores, respectivamente. A quantidade de aposentados nessa carreira é a mais representativa para o estado, seguida da PMERJ, profissionais da área da saúde, CBMERJ e PCERJ. A existência de regras especiais de aposentadoria para carreiras do estado revela as razões para o desequilíbrio previdenciário e fiscal de muitos estados. Regras especiais, quantitativos elevados dessa mão de obra e envelhecimento da população, tornam-se, assim, elementos explosivos da despesa pública com previdência de servidores.

Umas contas simples

Quando se põe dinheiro em uma aplicação com vistas a, posteriormente, utilizar esse recurso para algo, na ausência de novos aportes, um dia a conta é zerada. Um pai ou uma mãe podem dizer a um filho adolescente: "Olha, vou depositar R$ X numa conta e te dar mesada durante algum tempo a mais, mas quando o dinheiro acabar, não tem mais mesada." São conceitos que qualquer um entende. Entretanto, a relação do brasileiro com a aposentadoria está sujeita a crenças que, por vezes, parecem fundamentadas em princípios mágicos, porque supõem que um grupo ou pessoa específica pode receber mais recursos e por mais tempo (aposentadorias especiais) sem que se defina de onde sairão os recursos para tal.

Todos sabemos que a Previdência Social não pode ser entendida como uma questão "meramente" matemática, mas é bom evitar que os números sejam completamente ignorados. A lógica de um sistema previdenciário é a de que há recursos que se acumulam na fase ativa do indivíduo e serão consumidos durante a inatividade. O sistema pode ser de repartição, como tende a ser na maioria dos casos, e, na prática, quem paga as aposentadorias de hoje são os trabalhadores de hoje, mas aquele princípio continua valendo, filosoficamente. Se alguém briga para pagar contribuições inferiores e/ou para se aposentar antes dos outros, é preciso que fique claro: o dinheiro deverá sair de algum lugar.

Vejamos como era a situação em 2019, quando foi adotada a reforma previdenciária que estabeleceu os parâmetros de aposentadoria vigentes atualmente para os professores. A Tabela 8.7 mostra diferentes situações associadas à realidade existente no final do século passado, e em 2019, tendo como referência a tábua de mortalidade de ambos os sexos e a situação de uma pessoa que começasse a contribuir, hipoteticamente, aos 25 anos e poderia se aposentar, alternativamente, aos 55, aos 60 ou aos 65 anos de idade. No ano 2000, por exemplo, quem se aposentava aos 65 anos, após 40 anos de contribuição, tinha uma expectativa de viver mais 17 anos. O tempo de usufruto da aposentadoria, em média, portanto, corresponderia, nesse caso, a 43% do tempo de contribuição. Se a pessoa se aposentasse, porém, 10 anos antes, essa relação entre o período de usufruto (maior) e de contribuição (menor) aumentaria para 80%. Pior: em 2019, com a maior longevidade e a tábua de mortalidade da época, a relação para quem se aposentasse aos 65 anos seria de 89%, e para quem se aposentasse aos 60 anos, teria passado de 58% para 65%.

Tabela 8.7
Relação entre o período contributivo e o tempo de usufruto, para diferentes expectativas de vida, em função da idade de aposentadoria, com início de contribuição aos 25 anos (%)

Idade de aposentadoria (anos)	Tempo de contribuição e de usufruto expressos em anos					
	Em 2000			Em 2019		
	Tempo de contribuição (A)	Tempo de usufruto (B)	B/A	Tempo de contribuição (A)	Tempo de usufruto (B)	B/A
55	30	23,9	0,80	30	26,7	0,89
60	35	20,3	0,58	35	22,7	0,65
65	40	17,0	0,43	40	18,9	0,47

Fonte: Elaboração própria, com base na tábua de mortalidade do IBGE de ambos os sexos para 2019.

A mudança paramétrica de 2019 veio corrigir, em parte, a distorção das regras existentes. É preciso entender que, para as condições existentes quando da Constituição de 1988, a regra da época poderia até parecer adequada. Entretanto, de lá para cá, quando se passaram mais de trinta anos, as condições mudaram bastante. A mudança da expectativa de vida foi muito significativa.

O que se quer dizer com isso é que parâmetros de aposentadoria para os professores que, já hoje e apesar da reforma, são muito generosos não farão sentido na realidade demográfica de meados ou final da década atual e terão, cedo ou tarde, que ser novamente revisados.

Voltamos à situação já exposta, particularmente relevante, dado que a maioria dos profissionais da área é do gênero feminino: quem começou — e o cálculo é feito já com as regras atuais resultantes da reforma — a contribuir e trabalhar aos 18 anos e se aposenta no magistério sendo mulher, completa 92 pontos, com 37 anos de contribuição, aos 55 anos de idade. E a expectativa de vida a essa idade, em média, para uma mulher, é de viver mais 28,9 anos. Ou seja, 78% do período contributivo. Com uma contribuição paritária de R$ 1 do empregador para cada R$ 1 do empregado, como é possível pagar em torno de 20% do salário como contribuição para a aposentadoria durante 37 anos e depois receber, na prática, 94% da média contributiva durante 29 anos? Essa conta não fecha. De onde o estado ou município tira os recursos para cobrir a diferença entre o que essa pessoa paga e o que ela receberá depois nas quase três décadas como aposentada?

A Tabela 8.8 mostra o que ocorreria diante de uma nova mudança paramétrica. Para quem começa a contribuir aos 18 anos, aposentar-se aos 55 anos sendo mulher, após 37 de contribuição, gera uma relação Tempo de usufruto/Tempo de contribuição de 78%, muito elevada por qualquer critério atuarial. Uma eventual mudança paramétrica de 5 anos implicaria uma redução desse percentual para 59%, com mais anos de contribuição e menos de necessidade de pagamento por parte dos cofres públicos — dado, realisticamente, que a maioria dos alunos estuda na rede pública. Trata-se de uma realidade que seria completamente diferente para a saúde financeira do sistema previdenciário dos estados e municípios.

Tabela 8.8
Exemplo hipotético de professora (mulher) que começa a contribuir aos 18 anos: relação entre período contributivo e expectativa de vida ao se aposentar

Idade	Tempo contribuição em anos (A)	Tempo de usufruto em anos (B)	B/A
55	37	28,9	0,78
56	38	28,1	0,74
57	39	27,2	0,70
58	40	26,4	0,66
59	41	25,5	0,62
60	42	24,7	0,59

Fonte: Elaboração própria, com base na tábua de mortalidade feminina do IBGE de 2021.

Todo mundo entende o que as regras significam?

Os números discutidos anteriormente servem de introdução para uma discussão mais aprofundada acerca da questão. É evidente que, quando se trata de discutir o papel dos professores, o tema que mais interessa é a educação, por definição. Este livro, porém, não é sobre educação, e sim sobre Previdência. E por mais importante que seja a temática educativa como parte do contexto em que são tomadas as decisões acerca da Previdência Social, qualquer um é capaz de entender que a matemática não pode ser ignorada. Toda pessoa pode entender que um indivíduo não pode contribuir, no limite, por apenas um mês e depois ficar aposentado durante vinte ou trinta anos, porque o divórcio entre as contribuições e os recebimentos seria absurdo. No caso extremo oposto, é evidente que não faz o menor sentido propugnar que as pessoas contribuam até os 80 anos, para só então usufruir das aposentadorias durante alguns anos.

A conclusão evidente é a de que é preciso que haja alguma relação que faça minimamente sentido entre o tempo que se recebe o benefício e o período pelo qual se contribui para ele. Na disputa no Congresso, muitas categorias se valem do seu poder de lobby para tentar reduzir o número de anos no qual a categoria deve contribuir e ampliar, em consequência, o tempo de usufruto, mas é preciso que a sociedade entenda que isso tem um custo. O que não parece ser claro para todos. Observe-se, por exemplo, esta declaração, feita por não importa quem — estamos aqui discutindo teses, e não nomes — que na época era representante de uma categoria específica dos servidores e que no debate da reforma Temer — posteriormente frustrada — disse uma frase antológica em 2018: "No Brasil, estão querendo tornar nossa aposentadoria praticamente igual à do cidadão comum, e isso a gente não concorda." É essa cultura tão brasileira do "comigo é diferente" que levou a esse emaranhado de legislações especiais, das quais a dos professores é um dos exemplos.

Considere-se uma pessoa que tenha, para facilitar as contas, uma renda de R$ 10 mil. Para ter uma renda igual a essa dos 65 aos 85 anos, após 40 anos de contribuição, ela teria que contribuir com 50% do salário, em um mundo sem aumentos salariais e sem taxas de juros, nem inflação, nem taxação, nem cobrança de taxa de administração. Assim, uma "receita" de R$ 5 mil por mês, durante 12 meses, após 40 anos, geraria um patrimônio de R$ 2,4 milhões para arcar com R$ 10 mil por um período de 12 x 20 = 240 meses. No mundo real, as coisas são um pouco diferentes: a contribuição não terá que ser exatamente por 40 anos; o salário aumenta ao longo da vida ativa da pessoa; as contribuições são remuneradas; a inflação existe; parte dos rendimentos são taxados; e quem administra os recursos cobra por isso.

A consideração dessas coisas é complexa e envolve uma série de hipóteses. A Tabela 8.9 contempla algumas dessas questões específicas — mas não todas —, sendo que, especificamente, trata do caso em que a aposentadoria é igual ao último salário, o início da contribuição se dá aos 25 anos de idade, a fase contributiva é de 35 anos e o período de usufruto vai de 25 a 35 anos, com taxas reais de juros das aplicações variando de 2% a 6% a.a., sem custos de administração.

Tomando um caso intermediário em que a pessoa receba a renda complementar a partir dos 60 anos, durante 30 anos, com uma taxa de juros real de 3% a.a., isso implicaria uma alíquota contributiva de nada menos que 43%. Isso pode soar absurdo ao leitor, mas pedimos que acompanhe o raciocínio, supondo hipóteses simplificadoras de ausência de aumentos salariais, taxa de juros, inflação, impostos nem taxas de administração. Nesse caso, o cálculo da contribuição como proporção do salário é simples: se o que se postula é igualar a soma das contribuições X e dos recebimentos Y, sendo Y igual ao salário, então:

$$12 \text{ contribuições} \times 35 \text{ anos} \times X = 12 \text{ pagamentos} \times 30 \text{ anos} \times Y$$

e o percentual de contribuição (X/Y) é igual a 360 / 420 = 0,857, o que significa que a contribuição deveria ser de 85,7% do salário, e o valor líquido deste deveria ser igual a apenas 14,3% dele! O fato de a alíquota do caso mais realista anteriormente explicitado ser de 43% (valor na tabela correspondente a 30 anos de usufruto com 3% de juros), e não de 86%, explica-se pelas maravilhas da matemática financeira. Afinal de contas, R$ 100 aplicados em uma certa data a 3% a.a. serão R$ 281 depois de 35 anos. Tal raciocínio vale para as demais contribuições. Por isso, a taxa de juros faz parte relevante do esforço de acumulação de reservas. Note-se que, em um ambiente de taxas de juros menores, será necessário um maior esforço de poupança do indivíduo (e da sociedade) para arcar com o benefício.[4]

Tabela 8.9
Alíquotas de equilíbrio atuarial, em regime de capitalização, com aposentadoria igual ao último salário, início da contribuição aos 25 anos, 35 anos de contribuição e diferentes períodos de usufruto (%)

Período de usufruto (anos)	Taxa real anual de juros (%)				
	2	3	4	5	6
25	51,3	38,4	28,6	21,4	15,9
30	58,8	43,2	31,7	23,4	17,1
35	65,6	47,3	34,2	24,8	18

Obs.1: Hipótese de variação real do salário: 1,5% a.a.
Obs.2: Não se consideram custos de administração.
Fonte: Afonso e Giambiagi (2019), Tabela 6.

Observe-se que, no mundo mágico dos juros elevados, no qual o Brasil viveu durante mais de duas décadas depois do Plano Real de 1994, na mesma linha de trinta anos de usufruto da Tabela 8.9, com 6% de juros e as mesmas hipóteses restantes, a alíquota cairia de 43% para 17%.

Essas contas dão apenas uma ideia ao leitor de duas coisas essenciais, que é importante deixar como lição deste capítulo:

- Aposentadoria é algo muito caro, e quanto mais cedo ela for concedida, mais cara ela fica.
- Em um Brasil futuro que tenha dado certo, e com juros baixos, do ponto de vista financeiro, a conta que iguala as contribuições recebidas pelo governo aos pagamentos por ele feitos se torna muito mais desafiadora, e o benefício que, implicitamente, as pessoas

---

[4] Esse caso, que guarda muitas similaridades com a vida real (e por isso mesmo foi aqui utilizado como referência), revela aspectos muito interessantes de nossa previdência. Como apresentado, a alíquota de equilíbrio seria de 43,2%. Entretanto, a alíquota praticada em nosso sistema é de 32%. Isso revela um diferencial de 11,2%, mais de um terço da atual alíquota. Uma forma alternativa de ver nosso sistema previdenciário é identificar esse diferencial de alíquota como o subsídio que a sociedade dá a cada um dos participantes desse regime, que é normalmente expresso como um deficit financeiro do sistema.

recebem se aposentando com uma certa remuneração a uma idade X, em vez de depender da aposentadoria de uma previdência complementar, torna-se cada vez mais oneroso.

Em resumo, não há "jeitinho" que resolva, no mundo da matemática financeira.

Veremos agora como ficou a situação de quem contribui para se aposentar por tempo de contribuição, à luz das mudanças da reforma de 2019.

CAPÍTULO 9

A APOSENTADORIA POR TEMPO DE CONTRIBUIÇÃO

A APOSENTADORIA POR TEMPO DE CONTRIBUIÇÃO

A reforma previdenciária de 2019 foi bastante abrangente e merece realmente o qualificativo de uma reforma efetiva. Até então, as mudanças ocorridas nas regras de concessão de benefícios tinham sido superficiais ou parciais, afetando mais alguns grupos que outros, embora, no seu conjunto, tenham tido certa relevância.

A reforma constitucional de 1998 promoveu basicamente as seguintes mudanças:

- Adotou uma idade mínima de 60 anos para os homens e de 55 para as mulheres para os novos entrantes no serviço público.
- Assentou as bases para mudanças relevantes no ambiente institucional de funcionamento da previdência complementar.
- Desconstitucionalizou o mecanismo de cálculo da aposentadoria no âmbito do RGPS, o que criou as condições para a aprovação posterior do fator previdenciário, por legislação ordinária.
- Aumentou em aproximadamente 30% o valor real do teto do INSS.

A reforma de 2003 antecipou a vigência da idade mínima, com aqueles mesmos parâmetros citados, para todos os funcionários públicos na ativa — excetuados os professores —, e adotou a taxação dos inativos e pensionistas do serviço público, além de abrir espaço — condicionado à regulamentação posterior — para a criação do fundo de pensão dos servidores públicos para todos os entes, nos moldes do que, por exemplo, é a Previ para o Banco do Brasil ou a Petros para os da Petrobras. É o que anos depois viria a ser o Funpresp.

Finalmente, embora os dois governos de Dilma Rousseff não tenham aprovado nenhuma reforma constitucional referente às regras de aposentadoria, no começo da década de 2010, foi regulamentado o funcionamento do mencionado Funpresp, que passou a receber contribuições dos novos servidores contratados a partir de então.[1] Daqui a algumas décadas, então, quando for feita toda a substituição da massa atual de servidores e, mais ainda, quando o contingente de aposentados e pensionistas composto no futuro por eles ceder todo o espaço para os aposentados já contratados no novo regime, os pagamentos feitos pelo Tesouro aos aposentados, e que hoje abrangem valores até o teto remuneratório da ordem de R$ 40 mil, ficarão limitados ao mesmo teto do INSS. Deste modo, os servidores aposentados com rendimentos mais elevados terão a maior parte da sua aposentadoria coberta pela Funpresp, da mesma forma que hoje um aposentado do Banco do Brasil que ganhe, por exemplo, R$ 40 mil na ativa, recebe um valor em torno de R$ 7 mil a R$ 8 mil de aposentadoria do INSS, e o resto da Previ.

Observe o leitor que a reforma constitucional de 1998 foi relativamente inócua na ausência de mudanças posteriores; a aprovação do fator previdenciário afetou o valor do benefício, mas não a sua concessão precoce; e as reformas de Lula e Dilma não afetaram o INSS, exceção feita ao aumento do teto.

Em contraste com isso, a mudança fundamental da reforma previdenciária de 2019 — embora esta tenha afetado outros dispositivos e alterado a estrutura de alíquotas, a regra de cálculo das aposentadorias e modificado a regra de concessão de pensões — foi, fundamentalmente,

---

[1] O Regime de Previdência Complementar previsto em nossa legislação desde 2003 iniciou-se efetivamente em 2012 com o Funpresp e Previcom-SP. Esse instituto tornou-se obrigatório para todos os entes que têm RPPS com o advento da EC nº 103, de 12/11/2019. A referida EC estabeleceu prazo de dois anos para a instituição do RPC. Diversos entes federativos criaram seus RPCs (além de outros que já tinham desde 2013). Atualmente, dos 2.151 entes que têm RPPS, 1.733 apresentaram legislação específica para o Regime de Previdência Complementar, mas apenas 368 estão devidamente registrados na Previc e autorizados, entre os quais todos os estados da federação e o Distrito Federal. Em poucas palavras, a situação da Previdência Complementar no Brasil ainda é muito incipiente nos governos subnacionais.

a que modificou as regras para a concessão dos benefícios por tempo de contribuição, intactos desde a Constituição de 1988. Como já salientado, o fator previdenciário mudou a regra de cálculo, mas não afetou o direito à concessão do benefício, o que explica por que tantas pessoas continuaram se aposentando a idades muito precoces, mesmo após a aprovação daquela lei.

A reforma de 2019, nesse sentido, como veremos, mudou essa realidade completamente.[2] Neste capítulo, apresentaremos o histórico da evolução do benefício, para depois expor a situação por ocasião da aprovação da reforma de 2019 e destacar a intensidade da mudança ocorrida.

Um breve histórico

A concessão de aposentadorias por tempo de contribuição seguiu regras extremamente benevolentes na Constituição de 1988. Antes de 2019, era possível se aposentar a idades incrivelmente baixas para padrões mundiais, sem maiores perdas em relação à aposentadoria que poderia ser concedida em uma idade mais avançada.

A lei do fator previdenciário, aprovada no segundo governo FHC, tencionava inibir esse processo, levando as pessoas a postergar o momento da aposentadoria, diante da perda que sofreriam pelo fato da aposentadoria ser concedida precocemente. Entretanto, os resultados, nesse sentido, foram pífios, porque, de um modo geral, a maioria dos beneficiários preferia garantir "um pássaro na mão do que dois voando" e aposentar-se muito cedo, mesmo com a corrosão dos proventos causada pelo fator. Como, ao mesmo tempo, a demografia começou a mudar e a taxa de crescimento da população em idade mais avançada era bastante elevada, a quantidade de aposentadorias por tempo de contribuição subiu rapidamente (Gráfico 9.1). Para isso, contribuiu também o aumento, verificado décadas antes,

---

[2] Neste capítulo, tomaremos como referência a situação daquele contingente de pessoas de meia-idade, que foi o mais afetado pela reforma. Não consideraremos a situação daqueles indivíduos aos quais restavam poucos anos para se aposentar em 2019, a maioria dos quais, beneficiados por regras de transição de curto prazo muito específicas e anteriormente explicadas, já terão se aposentado até o começo do próximo governo, em 2027.

da participação feminina no mercado de trabalho. Enquanto a presença de mulheres nos guichês do INSS solicitando aposentadoria por tempo de contribuição em 1988 era relativamente rara — pois para isso teriam que ter começado a trabalhar em 1958, quando a participação das mulheres no mercado de trabalho ainda era incipiente —, ela passou a ser cada vez mais frequente nos anos posteriores, tema que ainda será objeto do próximo capítulo deste livro.

Gráfico 9.1
Aposentadorias ativas por tempo de contribuição (milhões)

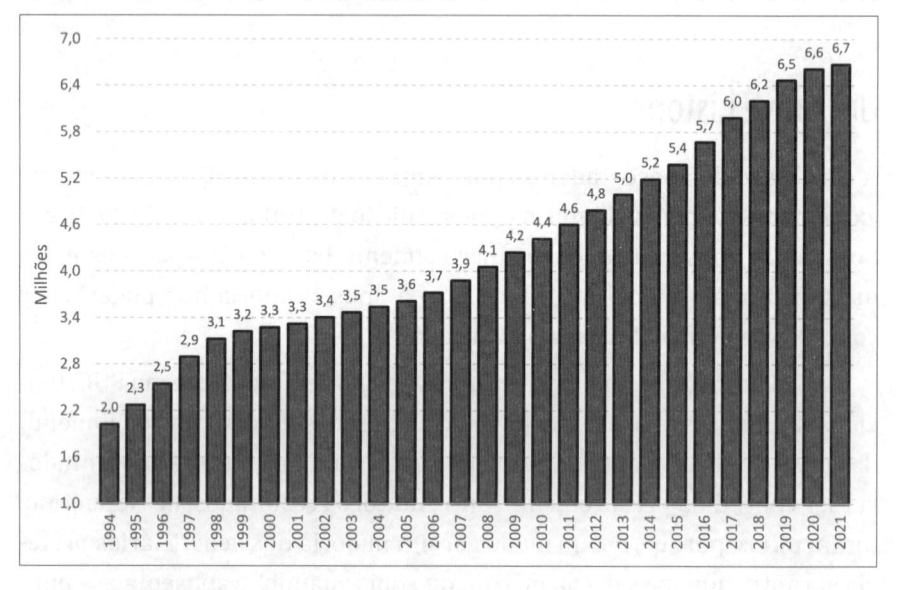

Ano	Milhões
1994	2,0
1995	2,3
1996	2,5
1997	2,9
1998	3,1
1999	3,2
2000	3,3
2001	3,3
2002	3,4
2003	3,5
2004	3,5
2005	3,6
2006	3,7
2007	3,9
2008	4,1
2009	4,2
2010	4,4
2011	4,6
2012	4,8
2013	5,0
2014	5,2
2015	5,4
2016	5,7
2017	6,0
2018	6,2
2019	6,5
2020	6,6
2021	6,7

Fonte: Anuário Estatístico da Previdência Social, vários anos.

Além disso, nos primeiros anos da estabilização, ocorreu um fenômeno que o ex-ministro Delfim Neto, rival histórico do então presidente FHC em virtude de décadas de debates acadêmicos, definia jocosamente como "o efeito que precede as causas": como o tema da reforma da Previdência passou a frequentar com mais intensidade as páginas de jornais desde 1995, quando o governo enviou a sua proposta de reforma ao Congresso — iniciando um périplo infernal de idas e vindas legislativas — muitas pessoas que eventualmente poderiam esperar um pouco mais para se aposentar já tendo adquirido as condições de elegibilidade correram para se aposentar, em alguns casos fazendo jus à aposentadoria proporcional, bastante utilizada na época. O fato é que aposentadorias que, em condições normais, ocorreriam em 1999 ou 2000 acabaram sendo antecipadas para 1997 ou 1998 diante do receio de muitas pessoas de "perderem o direito à aposentadoria". Era um receio infundado, uma vez que ninguém tinha proposto violar direitos adquiridos, mas o argumento racional pouco vale diante de temores muito intensos como esse. O fato é que, entre 1994 e 1998, o contingente de aposentados por tempo de contribuição aumentou mais de 50%, algo completamente inconsistente com a dinâmica populacional *per se*. Mesmo com a reforma de FHC, nos 25 anos transcorridos entre a estabilização de 1994 e o ano de 2019, quando foi implementada a reforma de Bolsonaro, o total de aposentadorias por tempo de contribuição cresceu a uma taxa (física!) média de 4,8% a.a.[3]

Cabe lembrar que, ao tratarmos das aposentadorias por tempo de contribuição, estamos lidando essencialmente com aposentadorias urbanas (Tabela 9.1). Em 2022, as aposentadorias rurais por tempo de contribuição foram menores do que 0,5% do total.[4]

Tabela 9.1
Benefícios de aposentadoria por tempo de contribuição emitidos pelo INSS: dezembro 2022

Composição	Número de Benefícios	(%)
Urbanos	6.836.124	99,6%
Rurais	25.006	0,4%
Total	**6.861.130**	**100%**

Fonte: Boletim Estatístico da Previdência Social-BEPS.

---

[3] Neste livro, algumas estatísticas se referem aos benefícios ditos "ativos", e outras, aos chamados benefícios "emitidos". Ambas são variáveis que caracterizam o estoque, em contraposição à do fluxo de novas aposentadorias ("concessões", na terminologia previdenciária). A diferença entre aqueles dois conceitos é mínima e se situa em torno de uma ordem de grandeza de 1%, sendo causada por diferenças dos critérios de registro. O conceito "ativo" tem a vantagem de permitir dispor de séries retrospectivas longas. O conceito de benefícios emitidos é o seguido pelo BEPS e possibilita atualizações mais frequentes e recentes.

[4] Outro fato para o qual cabe chamar a atenção é que em algumas tabelas a informação se refere à média anual (somatório dos valores mensais, dividido por doze meses) e, em outras, ao dado de dezembro de cada ano. Evidentemente, a tendência da trajetória de ambas as variáveis tende a ser a mesma.

Após a aprovação das reformas do governo FHC (EC n. 20/98 e Lei 9.876/99, conhecida como "Lei do fator previdenciário"), o ritmo de concessão de aposentadorias por tempo de contribuição arrefeceu um pouco, pelo fato de que, como salientado antes, parte das aposentarias que ocorreriam nessa rubrica depois de 1998 tinha, na prática, sido antecipada. Depois dessa normalização, de qualquer forma, nos quatorze anos transcorridos entre 2005 e 2019, ano da reforma, as aposentadorias por tempo de contribuição, em termos físicos, cresceram a uma média anual de 4%, bastante superior à taxa média de crescimento do conjunto dos benefícios previdenciários como um todo (Tabela 9.2).

Tabela 9.2
Benefícios previdenciários emitidos pelo INSS — Taxas de crescimento médias (% a.a.)

Período	Aposentadorias por Tempo de Contribuição	Total de Benefícios Previdenciários
2000–2005	2,1	3,9
2005–2010	3,7	2,9
2010–2015	4	3,3
2015–2020	4,4	2,1
2020–2022	1,3	1,7

Obs.: Refere-se à comparação entre médias anuais.
Fonte: Boletim Estatístico da Previdência Social (BEPS), vários números.

No debate da reforma de 2019, foi fácil caracterizar a aposentadoria por tempo de contribuição como um benefício tipicamente "de classe média", em contraposição ao benefício por idade, praticamente intocado na reforma, excetuada a revisão do cálculo do valor dos benefícios e a elevação parcial na idade de elegibilidade das mulheres. Com efeito, como mostra a Tabela 9.3, tomando como referência o fluxo de novas concessões na área urbana, enquanto, no caso das aposentadorias por idade, quase dois terços são concedidas a pessoas que recebem benefícios de um SM, no caso das aposentadorias por tempo de contribuição, essa proporção é de apenas 20%.

Tabela 9.3
Proporção de novas aposentadorias urbanas concedidas pelo INSS, por faixa de valor em SM — 2021 (%)

Faixas de valor (SM)	Aposentadoria por Idade	Aposentadoria por tempo de contribuição	Aposentadoria por Invalidez	Total
Igual a 1	61,7	20,1	63,7	47,9
Acima de 1 até 5 SM	38,2	75	35,9	50,3
Acima de 5 SM	0,1	4,9	0,4	1,8
Total	**100**	**100**	**100**	**100**

Fonte: Anuário Estatístico da Previdência Social, Tabelas 1.3, 1.5 e 1.6.

A situação estava madura, então, no final do governo Temer, em 2018, com dois anos de intensa controvérsia a propósito da reforma que não ocorreu, após os anos anteriores de debate e com as tendências antes explicadas, para finalmente encarar a necessidade de revisar as regras de elegibilidade para esse tipo de benefício. Foi o que ocorreu um ano depois.

A situação em 2019

Quando o governo Bolsonaro apresentou a sua proposta de reforma, o regime de aposentadoria por tempo de contribuição, do jeito que existia, havia se tornado praticamente indefensável (ver Tabela 9.4).

Tabela 9.4
Aposentadoria urbana por tempo de contribuição:
Idade aposentadoria x Expectativa de sobrevida (anos)

Ano	Idade aposentadoria			Expectativa de sobrevida na idade de aposentadoria		
	Homens	Mulheres	Total	Homens	Mulheres	Total
2005	54,4	51,3	53,3	23,5	29,6	26,1
2019	55,1	52,7	54,2	24,5	31,4	27,5

Obs.: Foram utilizadas as tábuas de mortalidade específicas por sexo.
Fontes: IBGE (Tábuas de mortalidade) e Boletim Estatístico da Previdência Social (BEPS).

No meio urbano, a percepção da erosão de valor causada pelo fator previdenciário tinha elevado a idade média de concessão desse tipo de benefício em 0,9 ano entre 2005 e 2019. O problema é que, nesse mesmo período, a expectativa de vida após a idade média da aposentadoria de quem recebia esse benefício tinha aumentado mais! Precisamente, 1,4 ano. Ou seja, a situação, do ponto de vista financeiro, que já era danosa para o erário em função da benevolência das regras, tornou-se ainda pior com o passar dos anos, devido às tendências demográficas. Se for considerada, por exemplo, a situação específica das mulheres, o que se tinha em 2019 era que elas, em média, estavam se aposentando por tempo de contribuição com pouco menos de 53 anos, mas sua expectativa de sobrevida era superior a 31 anos! A pessoa contribuía com 31% do salário por 30 anos e tinha um benefício que durava, em média, 31 anos, ou seja, recebia por mais tempo do que contribuía! Esse sistema não poderia dar certo nunca.

A Tabela 9.5 mostra uma realidade que, aos poucos, passou a ser mais compreendida pelo cidadão comum: a diferença entre os conceitos de "expectativa de vida ao nascer" e de "expectativa de sobrevida a uma determinada idade".[5] Há vinte anos, ainda era muito comum ouvir coisas como "se o tempo de contribuição aumentar, a pessoa vai ter que contribuir por quarenta anos e depois viver com isso apenas dez anos", por parte de quem olhava apenas para a expectativa de vida de quem nascia. Ocorre que as *causas mortis* no Brasil podem ser divididas em três categorias:

- A mortalidade infantil, muito menor que no passado, mas ainda relevante, de modo que quem chega vivo a 1 ano de idade já tem uma expectativa de vida maior que a de quem nasce.
- As causas de morte na juventude (associadas a acidentes de carro em outros países e, no Brasil, infelizmente, à violência, que ceifa muito mais pessoas de 15 a 25 anos que idosos) e na vida adulta ainda na fase ativa do ser humano, com destaque para o câncer e doenças cardíacas.
- A mortalidade natural associada à terceira idade.

---

[5] Aqui no livro, definimos "expectativa de vida a uma idade X" como sendo a "expectativa de sobrevida a uma idade X" adicionada a essa idade X.

O fato é que a pessoa que chega viva aos 60 anos já passou por "dois Rubicões", por assim dizer: a mortalidade infantil e as causas que provocam a morte (pouco comum, mas em proporção não insignificante) de pessoas entre 1 ano e 59 anos de idade. Nessas circunstâncias, esse grupo de pessoas, por definição, tende a viver bem mais do que a média da idade de falecimento do conjunto de indivíduos que nasceu no mesmo ano que ela, parte dos quais faleceu nos primeiros 12 meses de vida e dos quais outros terão falecido nos 58 anos seguintes. Por isso, atualmente, no Brasil, em média, a expectativa de vida do subconjunto de pessoas que chegam vivas aos 60 anos é 6 anos maior que a expectativa de vida ao nascer.

Tabela 9.5
Expectativa de vida por idade: 2021 (anos)

Idade	Expectativa de vida (ambos os sexos)
0	77
10	78,1
50	81,1
60	83
70	85,7
80 +	89,9

Fonte: IBGE (Tábua de mortalidade, 2021).

A essa distinção entre a expectativa de vida ao nascer e na idade adulta deve ser acrescentada a diferença entre gêneros. No passado, o câncer feminino dizimava muitas mulheres muito cedo. Com os mecanismos de identificação precoce da doença e o tratamento mediante quimioterapia e/ou extração do tumor por procedimentos cirúrgicos — uma das áreas em que a medicina fez avanços mais notáveis nos últimos quarenta ou cinquenta anos — essa realidade mudou drasticamente, e as mulheres dilataram, em média, em muitos anos a sua expectativa de vida. Além disso, determinados tipos de doenças — tipicamente, câncer de pulmão e problemas cardiovasculares — afetam mais os homens do que as mulheres. O resultado é que, para quem tem 60 anos, a expectativa de vida de uma mulher é em torno de 4 anos maior que a de um homem (Tabela 9.6).

Tabela 9.6
Expectativa de vida aos 60 anos: 2021 (anos)

Composição	Expectativa de vida
Homens	81
Mulheres	84,7
Total	83

Fonte: IBGE (Tábua de mortalidade).

A Tabela 9.6 nos dá uma ideia do corte, ou seja, da "fotografia", a cada momento do tempo, de qual é a expectativa de vida para cada faixa etária. É importante, porém, complementar essa imagem com a do "filme", para mostrar como essa situação evoluiu ao longo do tempo. O fato é que, com os avanços da medicina em geral e com as mudanças referentes à redução de incidência de mortalidade no grupo das mulheres, em particular, a expectativa de vida de quem tinha 60 anos de idade avançou muito com o passar dos anos. O Gráfico 9.2 mostra que, para a média de ambos os sexos, esse *plus* foi de quase 3 anos nos 20 anos entre 1999 e 2019, ano de aprovação da reforma previdenciária.

Gráfico 9.2
Expectativa de vida aos 60 anos: ambos os sexos (anos)

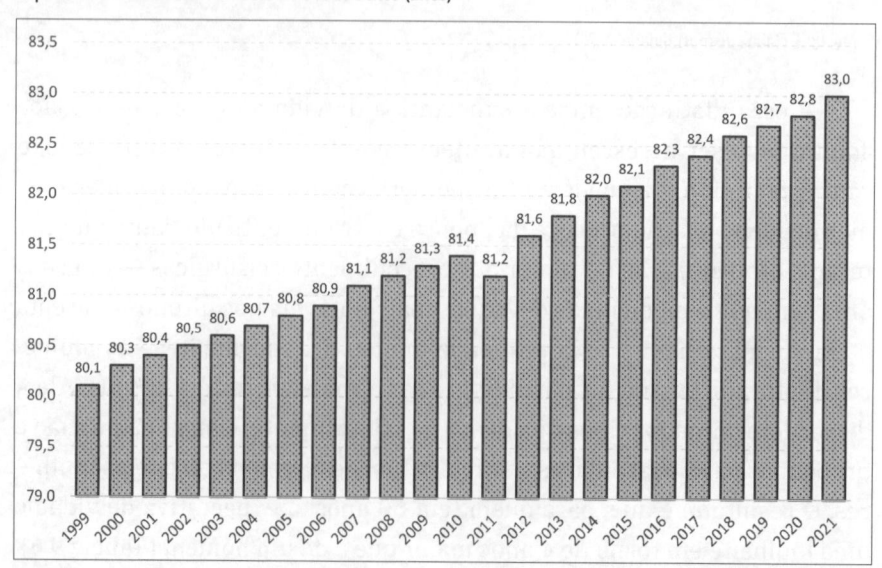

Ano	Expectativa
1999	80,1
2000	80,3
2001	80,4
2002	80,5
2003	80,6
2004	80,7
2005	80,8
2006	80,9
2007	81,1
2008	81,2
2009	81,3
2010	81,4
2011	81,2
2012	81,6
2013	81,8
2014	82,0
2015	82,1
2016	82,3
2017	82,4
2018	82,6
2019	82,7
2020	82,8
2021	83,0

Fonte: IBGE (Tábuas de mortalidade, vários anos).

A essa realidade, cabe adicionar um detalhe crucial, que foi a divulgação de uma nova tábua de mortalidade referente ao ano de 1999. Normalmente, o que ocorre é que o IBGE divulga, todos os anos, as tábuas de mortalidade para homens, mulheres e ambos os sexos, com pequenas mudanças em relação ao ano anterior, em geral, com aumento da expectativa de sobrevida por idade entre 0,1 e 0,2 ano a cada ano. No ano 2000, porém, foi feito o Censo Populacional, que captou uma realidade associada ao envelhecimento populacional ainda mais intensa do que a que até então se supunha. Com esses novos dados, excepcionalmente, o IBGE fez posteriormente uma revisão das próprias tábuas passadas, divulgando, já na década de 2000, tábuas novas e substitutas das anteriores para as que já tinham sido divulgadas referentes a 1999, 2000 e 2001. Na ocasião, a expectativa de sobrevida aos 60 anos, na tábua de 1999, passou de 17,7 para 20,1 anos para a tábua de ambos os sexos (2,4 anos a mais); de 15,9 para 18,7 para os homens (2,8 anos a mais); e de 19,4 para 21,5 anos para as mulheres (2,1 anos a mais). O resumo, então, é que, tomando a realidade que se tinha em conta no final dos anos 1990 — baseada na tábua antiga — e comparando com a de 2019, no caso de ambos os sexos, a comparação entre ambos os pontos indica uma expectativa de vida, aos 60 anos, 5 anos maior que a suposta 20 anos antes. Em outras palavras, mudar 5 anos o parâmetro significaria apenas voltar ao contexto que se tinha no final do século passado...

Uma mudança expressiva

Por tudo o que foi explicado, no presente capítulo e nos anteriores, a figura da aposentadoria por tempo de contribuição estava naturalmente fadada a ser a "bola da vez" da reforma, como de fato ocorreu em 2019.

Curiosamente, embora a proposta do governo fosse, como veremos, muito dura para com esse grupo de pessoas que se beneficiavam dessa possibilidade de aposentadoria até então, ela passou mais ou menos incólume pelas diversas negociações parlamentares próprias desse tipo de debates sobre questões controversas. As negociações acabaram se concentrando em outras coisas, que foram retiradas ou alteradas, ora na instância da Comissão Especial constituída para tratar o tema na Câmara de

Deputados, ora nas emendas específicas votadas em plenário na definição sobre detalhes particulares.

No caso das pessoas que poderiam se beneficiar do dispositivo, provavelmente a ausência de maiores resistências se explica pela sábia providência da PEC proposta de ter uma regra de transição particularmente benevolente para quem estava a apenas dois anos de se aposentar, grupo específico que teria que trabalhar então apenas 50% a mais que o tempo remanescente antes da mudança. Para aqueles que tivessem que cumprir apenas seis meses, por exemplo, isso demandaria mais três de contribuição além dos seis originalmente previstos: nada que afetasse muito a vida de ninguém.

A realidade é que, na categoria "futuros candidatos a serem aposentados por tempo de contribuição", incluíam-se situações muito diversas, indo desde aqueles que estavam na iminência de se aposentar — e que, no limite, estariam dispostos a ir furiosamente para as ruas em caso de mudança brusca de regras — até os jovens que mal tinham assinado a carteira de trabalho — e para os quais a aposentadoria era uma realidade tão distante quanto Marte da Terra. No meio, a realidade permitiu constatar que o grupo etário entre 25 e 45 anos, severamente afetado pela reforma, seja por não estar muito ligado na questão, seja por ter uma compreensão da natureza do problema e entender a necessidade de não olhar especificamente para os próprios interesses, aceitou a mudança com certa resignação, pelo que revelaram as pesquisas da época, sem exercer maior pressão contrária à reforma.

Excetuados os detalhes específicos de subgrupos beneficiados por regras de transição especiais em função do tempo restante de contribuição até adquirir a elegibilidade para aqueles a quem não restava muito tempo na vida ativa, aquelas pessoas que poderiam vir a se aposentar por tempo de contribuição foram, dessa vez ao contrário do que ocorrera nas reformas de FHC e Lula, seriamente afetadas pela reforma.

Tipicamente, quem estivesse na meia-idade, com um número já relativamente considerável de anos de contribuição, mas ainda muito distante de ganhar o direito à aposentadoria, teria, com as novas regras, que trabalhar muitos anos a mais para poder se aposentar antes da elegibilidade da aposentadoria por idade. Considerem-se, por exemplo, os dois casos

— homem e mulher — contemplados pela Tabela 9.7, de quem tinha 35 anos de idade, com 15 de contribuição, por ocasião da reforma previdenciária, para os anos de 2039 — quando essas pessoas teriam 55 anos de idade — em diante.

Tabela 9.7
Situações diferenciadas de quem tinha 35 anos de idade, com 15 de contribuição, por ocasião da reforma previdenciária de 2019, a partir dos 55 anos

Ano	Homem		Mulher	
	Idade (anos)	Pontos	Idade (anos)	Pontos
2039	55	90	55	90
2040	56	92	56	92
2041	57	94	57	94
2042	58	96	58	96
2043	59	98	59	98
2044	60	100	60	100
2045	61	102		
2046	62	104		
2047	63	106		

Obs.: Exigências: idade mínima de 65 anos (homem) ou 62 (mulher) ou, alternativamente, 105 pontos (homem) ou 100 pontos (mulher).
Fonte: Elaboração própria (ver texto).

Essas pessoas poderão se aposentar, somando a idade com o tempo contributivo, pelo critério de pontuação, de 105 anos para os homens e de 100 para as mulheres, uma vez que a fase de transição de elevação dessa pontuação mínima, que tinha começado em 2019 com 96 e 86 pontos, respectivamente, já terá sido completada. Não precisarão, portanto, preencher o requisito de idade mínima — para quem não atinge a pontuação requerida — de 65 anos para os homens, e 62 anos para as mulheres. Porém, terão que se aposentar a uma idade bem maior do que o fariam antes da reforma, lembrando que pessoas que começassem a contribuir aos 20 anos, antes disso, podiam se aposentar aos 55 anos, no caso dos homens, e aos 50 anos, no das mulheres. Nessas situações, o homem teria que trabalhar entre 7 e 8 anos a mais do que antes da reforma, e a mulher, 10 anos a mais. É um impacto considerável.

A Tabela 9.8 mostra essa mesma realidade, por outro ângulo, da contagem do número de anos por tempo de contribuição que passou a ser necessário para ter acesso ao benefício, para diferentes pessoas. A tabela assume início de contribuição aos 20 anos de idade, ausência de interrupção do vínculo contributivo e contempla (para homens e mulheres) os casos de pessoas com 30 a 45 anos de idade, variando de 10 a 25 anos de contribuição prévia, respectivamente.

Tabela 9.8
Tempo de contribuição requerido para se aposentar, assumindo contribuição futura sem interrupção a partir de 2019 e diferentes tempos prévios de contribuição, para diferentes situações associadas ao tempo contributivo e à idade na época (anos)

Tempo contribuição em 2019	Homem	Mulher
10 anos (idade 30 anos)	42,5 (idade 62,5 anos)	40 (idade 60 anos)
15 anos (idade 35 anos)	42,5 (idade 62,5 anos)	40 (idade 60 anos)
20 anos (idade 40 anos)	42,5 (idade 62,5 anos)	40 (idade 60 anos)
25 anos (idade 45 anos)	42,5 (idade 62,5 anos)	37/[a] (idade 57 anos)

/[a] Benefício associado à regra de transição, que exige ter um tempo adicional de contribuição pelo menos igual ao restante para se aposentar (no caso, 5 anos, além dos 30 requeridos) e 57 anos de idade para as mulheres.
Fonte: Elaboração própria (ver texto).

Como se pode ver na tabela, o único caso em que haveria algum benefício da regra de transição é o das mulheres com 25 anos de contribuição, que estariam a 5 anos de se aposentar. Com mais 5 anos adicionais a esses, aos 55 anos, a pessoa cumprira com o requisito contributivo, mas não com o de idade mínima nesse caso, que pela regra específica de transição seria de 57 anos, o que elevaria o tempo contributivo para 37 anos. O resultado é que, face às regras prévias de 35 anos de contribuição para os homens e 30 para as mulheres, a nova regra elevará esse tempo de contribuição em 7,5 anos para os homens em todos esses casos, e no caso das mulheres, entre 7 e 10 anos, dependendo da situação específica. Como foi salientado, um efeito expressivo.

Em função desta explicação, é razoável concluir que, para quem se aposentaria pela regra de transição por tempo de contribuição, é difícil argumentar que seja necessário um endurecimento maior ao já adotado e que dilatará bastante o tempo de permanência no mercado de trabalho.[6]

Neste livro, já apresentamos a reforma de 2019 e discutimos os aspectos específicos relacionados com os temas da capitalização, do impacto do salário mínimo, da regra dos professores e da regra de quem se aposenta por tempo de contribuição. Trataremos do que faltou adotar na reforma de 2019, ou seja:

- Aproximar mais a exigência de requisitos por gênero.
- Abordar a questão das aposentadorias rurais.
- Mudar a idade de elegibilidade para o benefício assistencial.
- Encarar o requisito para a aposentadoria por idade.

Na sequência, dedicaremos um capítulo específico a cada um desses pontos.

---

[6] Mesmo que a idade mínima no futuro venha a aumentar para as mulheres, se continuar valendo a opção pelo sistema de pontos atualmente vigente, a exigência adicional não afetaria quem se aposenta por tempo de contribuição, desde que atendido o critério de pontuação mínima e de que o requisito de pontuação não seja cumulativo com o da idade mínima.

CAPÍTULO 10

O TEMA DE GÊNERO E A PREVIDÊNCIA

O TEMA DE GÊNERO E A PREVIDÊNCIA

No capítulo associado a esse tema — a diferença de gênero em favor das mulheres — que um dos autores publicou há aproximadamente quinze anos, em defesa da reforma da Previdência, o capítulo se iniciava com esta pequena anedota: "Pela minha experiência pessoal, nada causa tanto rebuliço nas plateias quanto a aposentadoria das mulheres. Certa vez, eu estava defendendo algumas das ideias expostas neste livro, no auditório da Fundação Getulio Vargas, em um debate e notava que uma senhora, já do alto dos seus 50 e alguns anos, ficava crescentemente incomodada com meus comentários críticos acerca das regras que regulam a aposentadoria das mulheres. Antes mesmo do tempo para beber um copo de água, no final da exposição, no momento de abrir o debate para as perguntas do público, ela se levantou de dedo em riste e avançou celeremente na direção da mesa, gritando, furiosa, para mim: 'O senhor diz essas coisas porque nunca trocou uma fralda!' Desde aquela oportunidade, sempre ressalto as virtudes do trabalho das mulheres, friso que nenhuma sociedade conseguiu resolver a contento o problema da chamada 'dupla jornada de trabalho' e declaro que falo como homem, marido e pai que reconhece humildemente a dívida que aqueles que pertencem a essas três categorias têm para com a outra metade da humanidade."[1]

Isso ocorreu vários anos atrás e se trata de uma realidade que foi mudando parcialmente com o aprofundamento do debate. O que em muitos círculos feministas, sociais e políticos era, no começo, visto como uma

---

[1] Giambiagi (2007), página 179.

expressão de machismo, passou crescentemente a ser entendido como a manifestação de um problema concreto, representado por uma realidade incontestável: as mulheres se aposentam antes dos homens — e vivem mais. A renovação etária produzida por mulheres jovens que, lutando pela igualdade de direitos, passaram a reconhecer que não fazia muito sentido que algumas entre elas se aposentassem aos 50 ou 51 anos, e a própria decantação do debate — que começa aos poucos e gera efeitos anos depois — são parte do fenômeno dessa mudança de atitude acerca do tema.

Como ninguém em sã consciência está propondo que as mulheres se aposentem depois dos homens, o que está em discussão, concretamente, é apenas a dimensão da diferença entre gêneros dos requisitos para a aposentadoria. Essa diferença, tradicionalmente, foi de 5 anos e, na reforma de 2019, caiu para 3 anos, embora a proposta inicial manifestada pelos desejos da equipe econômica fosse de convergir para a igualdade plena de parâmetros entre ambos os gêneros. Não sabemos o que teria acontecido na negociação no Congresso se aquela intenção inicial da equipe do ministro Paulo Guedes tivesse prevalecido.

Neste capítulo, abordaremos novamente essa questão, procurando, sempre que possível, acompanhar os argumentos das informações disponíveis, para ilustrar o ponto que está se querendo demonstrar. Começaremos expondo os dados mais importantes, para, na sequência, mostrar como a aposentadoria das mulheres apresenta realidades diferenciadas dependendo do tipo de benefício; explicar a diferença entre o que está acontecendo na margem — ou seja, com os fluxos — e com o contingente total de pessoas que recebem benefícios do INSS; exibir a realidade representada pelo fato de que as mulheres já compõem a maioria entre as pessoas que recebem tais benefícios; apresentar as grandes tendências demográficas ligadas ao tema; e, por último, discutir o que fazer à luz do que for mostrado nas próximas páginas.

Sua Excelência, o dado

Ulysses Guimarães, lendário líder da oposição no tempo do governo militar, dizia que em política pode-se muita coisa, mas só não é possível ignorar "Sua Excelência, o fato", indicando a importância de os políticos se guiarem pela realidade dos eventos. Parodiando-o, podemos dizer que, em economia, é preciso prestar atenção à "Sua Excelência, o dado". É possível ter qualquer ideia, qualquer vinculação político-partidária e qualquer ideologia, mas é sempre essencial olhar os números. Olhemos, então, para o que nos falam (aos berros) os dados do Gráfico 10.1.[2]

Gráfico 10.1
Aposentadorias urbanas femininas ativas por tempo de contribuição (milhões)

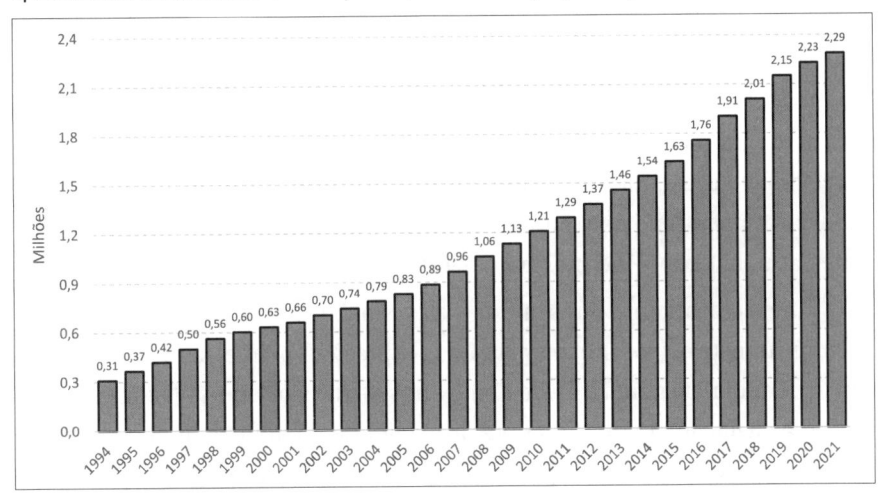

Ano	Milhões
1994	0,31
1995	0,37
1996	0,42
1997	0,50
1998	0,56
1999	0,60
2000	0,63
2001	0,66
2002	0,70
2003	0,74
2004	0,79
2005	0,83
2006	0,89
2007	0,96
2008	1,06
2009	1,13
2010	1,21
2011	1,29
2012	1,37
2013	1,46
2014	1,54
2015	1,63
2016	1,76
2017	1,91
2018	2,01
2019	2,15
2020	2,23
2021	2,29

Fonte: Anuário Estatístico da Previdência Social, vários anos.

Eles indicam que, nos 25 anos entre a estabilização de 1994 e o ano da aprovação da reforma previdenciária no governo de Jair Bolsonaro (2019), o contingente de aposentadorias urbanas femininas se multiplicou por um fator 7, com uma taxa média de crescimento (física) de impressionantes 8,1% a.a. Nesse mesmo período, a população total do país cresceu a uma taxa de 1,1% a.a. Vale repetir algo que nós, defensores da reforma, não nos cansamos de afirmar várias vezes em nossas palestras em defesa dela: "Há algo errado ali — e não é o gráfico." O que estava errado, obviamente, eram as regras que permitiam isso. A informação é complementada pelos dados da Tabela 10.1.

---

[2] A fonte do dado é o Anuário Estatístico da Previdência Social, cuja última publicação se refere à posição de 2021.

Tabela 10.1
Taxas de variação anual do número de aposentadorias urbanas ativas por tempo de contribuição (%)

Período	Homens	Mulheres
1994–2000	7,5	12,7
2000–2010	1,9	6,7
2010–2020	3,2	6,3
2020–2021	0	2,6

Fonte: Anuário Estatístico da Previdência Social, vários anos.

Havia, é claro, um problema geral com as regras gerais benevolentes da aposentadoria por tempo de contribuição e o fenômeno da maior presença feminina no mercado de trabalho, mas chama a atenção o contraste entre aquele crescimento e a expansão, bem mais moderada, das aposentadorias masculinas por tempo de contribuição, de 3,7% — menos da metade daquela taxa — no mesmo período de um quarto de século.

Havia claramente duas falhas na legislação — no caso específico, para sermos mais precisos, na própria Constituição. A primeira foi ter adotado um diferencial de gênero — de cinco anos — para o requisito contributivo em uma situação já marcada pela precocidade da idade à qual o benefício era concedido aos homens, por tempo de contribuição. E a segunda foi não ter condicionado a concessão do benefício a qualquer requisito de idade mínima. Dessa forma, no limite, uma mulher que contribuísse a partir dos 16 anos poderia se aposentar por tempo de contribuição, após 30 anos, à idade de 46 anos,[3] quando, nessa altura, pela tábua de mortalidade feminina, em 2019, esperava-se, em média, que vivesse mais 37 anos. Não era preciso ser especialista em ciências atuariais para notar que isso parecia ser meio absurdo...

Realidades diferenciadas

Até a reforma de 2019, a aposentadoria para as mulheres era concedida com um diferencial de cinco anos a menos em relação aos homens nas diversas modalidades, mas com uma realidade diferenciada em cada caso

---

[3] E para as professoras, cinco anos antes.

(Tabela 10.2). Por exemplo, como já salientado, as aposentadorias rurais por tempo de contribuição eram irrelevantes, de modo que isso também se aplicava às aposentadorias femininas — em todo o país, em 2019, havia menos de 2 mil mulheres aposentadas por tempo de contribuição no meio rural.

Tabela 10.2
Composição do total de aposentadorias ativas: 2019 (número de benefícios)

Urbanas	Total	Femininas
Idade	4.626.960	3.044.776
Invalidez	2.895.067	1.271.386
Tempo de contribuição	6.443.372	2.150.545
Total	13.965.399	6.466.707
Rurais	**Total**	**Femininas**
Idade	6.525.650	3.980.308
Invalidez	471.225	168.315
Tempo de contribuição	24.063	1.685
Total	7.020.938	4.150.308
Total	**Total**	**Femininas**
Idade	11.152.610	7.025.084
Invalidez	3.366.292	1.439.701
Tempo de contribuição	6.467.435	2.152.230
Total	20.986.337	10.617.015

Fonte: Anuário Estatístico da Previdência Social.

Ao mesmo tempo, as características de alguns benefícios interferem na concessão de outros. Como a aposentadoria por tempo de contribuição é, ainda, predominantemente masculina, o fato de muitos homens se aposentarem por tempo de contribuição faz que eles se tornem menos elegíveis para a aposentadoria por idade, no meio urbano. Dessa forma, a presença feminina se torna largamente dominante no universo das aposentadorias concedidas por idade, fato que se soma à maior incidência de mortalidade entre os homens após a concessão da aposentadoria, devido à menor longevidade vis-à-vis a das mulheres. Já no caso das aposentadorias por invalidez, as mulheres representavam em 2019 um percentual de

44% do contingente de aposentadorias dessa categoria no meio urbano, e 36% no meio rural, com uma média de participação de 43%.[4]

Uma realidade dinâmica

Uma das maiores transformações experimentadas pela sociedade no século XX — no mundo inteiro e também no Brasil — foi a maior participação das mulheres no mercado de trabalho. Enquanto nas décadas de 1930 e 1940 era ainda relativamente pouco frequente a figura da mulher trabalhadora, ela foi se tornando cada vez mais comum, até a situação de normalidade e plena participação no mercado de trabalho que assistimos hoje. A composição do contingente de aposentadorias reflete essa realidade com defasagem. Em 1994, quando foi lançado o Plano Real, apenas 19 de cada 100 novas aposentadorias concedidas por tempo de contribuição eram para mulheres, proporção que 25 anos depois, após uma expansão praticamente ininterrupta ao longo de duas décadas e meia, passou a ser de 41%, como pode ser visto no Gráfico 10.2.[5]

Esse aumento do fluxo de aposentadorias femininas viria a se refletir, com defasagem temporal, na composição do contingente total de aposentadorias, que é uma variável dita de "estoque", no jargão dos economistas. Em meados dos anos 1990, essa participação nas novas aposentadorias começava a se tornar mais relevante, mas o contingente era dominado por quem tinha se aposentado anos antes, quando a presença de novas mulheres aposentadas era menor. Assim, enquanto em 1994 o fluxo de aposentadorias femininas era de 19%, conforme citado, no conjunto das novas aposentadorias concedidas por tempo de contribuição, a participação no contingente de aposentados por tempo de contribuição era menor e não chegava a 16%. Com o passar das décadas, porém, a presença cada vez maior de mulheres no fluxo de novas aposentadorias elevou o peso feminino no estoque até a participação de 33% observada em 2019, ano da reforma. O Gráfico 10.3 dá testemunho dessa evolução, cabendo registrar que, nesse período de 25 anos nele abrangido, a expansão da participação

---

[4] A aposentadoria por invalidez é predominantemente urbana.
[5] A queda observada em 2020 se deve justamente aos efeitos da reforma.

feminina foi uma constante registrada de forma ininterrupta em cada um dos anos transcorridos de 1994 a 2019, tendência essa, nesse caso, mantida em 2020 e 2021.

Gráfico 10.2
Proporção das novas aposentadorias urbanas por tempo de contribuição concedidas pelo INSS a pessoas do sexo feminino em relação ao total de novas aposentadorias urbanas por tempo de contribuição concedidas pelo INSS: fluxo (%)

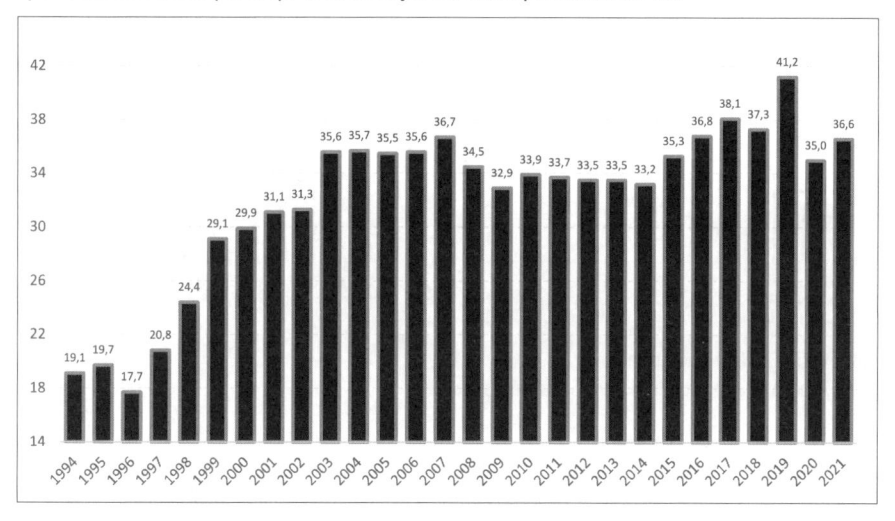

Ano	%
1994	19,1
1995	19,7
1996	17,7
1997	20,8
1998	24,4
1999	29,1
2000	29,9
2001	31,1
2002	31,3
2003	35,6
2004	35,7
2005	35,5
2006	35,6
2007	36,7
2008	34,5
2009	32,9
2010	33,9
2011	33,7
2012	33,5
2013	33,5
2014	33,2
2015	35,3
2016	36,8
2017	38,1
2018	37,3
2019	41,2
2020	35,0
2021	36,6

Fonte: Anuário Estatístico da Previdência Social, vários anos.

Essas informações, referentes especificamente às aposentadorias por tempo de contribuição, são complementadas pelas da Tabela 10.3, que mostram a participação feminina no fluxo de novas aposentadorias e na composição do contingente total (estoque), no grupo já citado das aposentadorias por tempo de contribuição e também nas aposentadorias por idade — urbanas e rurais —, bem como no total de aposentadorias.[6]

---

[6] As aposentadorias por invalidez não são expostas aqui por serem menos relevantes e para não ter certo excesso de colunas na tabela, mas elas estão contempladas na última coluna, referente ao total de aposentadorias.

Gráfico 10.3
Proporção das aposentadorias urbanas ativas por tempo de contribuição concedidas pelo INSS a pessoas do sexo feminino em relação ao total de aposentadorias urbanas ativas por tempo de contribuição concedidas pelo INSS: Estoque (%)

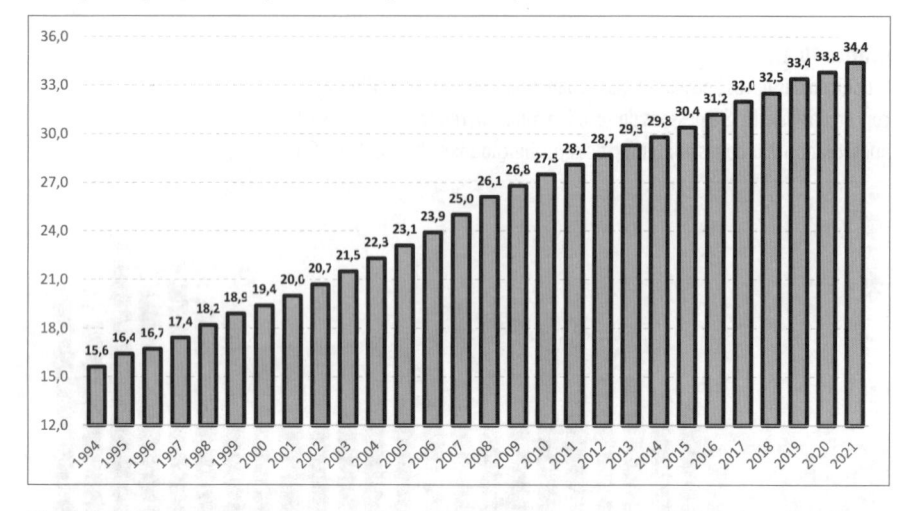

Ano	%
1994	15,6
1995	16,4
1996	16,7
1997	17,4
1998	18,2
1999	18,9
2000	19,4
2001	20,0
2002	20,7
2003	21,5
2004	22,3
2005	23,1
2006	23,9
2007	25,0
2008	26,1
2009	26,8
2010	27,5
2011	28,1
2012	28,7
2013	29,3
2014	29,8
2015	30,4
2016	31,2
2017	32,0
2018	32,5
2019	33,4
2020	33,8
2021	34,4

Obs.: Exclui pessoas de sexo ignorado.
Fonte: Anuário Estatístico da Previdência Social, vários anos.

Tabela 10.3
Proporção aposentadorias concedidas a pessoas do sexo feminino, em relação ao total: 2021 (%)

Tempo	Aposentadorias femininas urbanas por tempo contribuição/ Total de aposentadorias urbanas por tempo de contribuição	Femininas urbanas por idade/Total urbanas por idade	Femininas rurais por idade/ Total rurais por idade	Total femininas/ Aposentadorias totais
Fluxo	36,6	53	55,2	48,7
Estoque	34,4	65	61,2	51,1

Obs.: Exclui pessoas de sexo ignorado.
Fonte: Anuário Estatístico da Previdência Social.

De forma resumida, quando se olha especificamente para a situação das aposentadorias — sem considerar outras modalidades de benefício, como o auxílio-doença —, no ano da reforma em 2019, as mulheres representavam 33% do contingente das aposentadorias urbanas por tempo de contribuição, 66% das aposentadorias urbanas por idade, 61% das aposentadorias rurais por idade e 51% das aposentadorias totais.

E as mulheres assumem a liderança

A Tabela 10.3 apresenta a presença feminina nas aposentadorias, mas, como foi dito, não considera outros benefícios. Quando se levam em conta outros benefícios primários, deixando de lado as pensões — que são um benefício derivado, em função do falecimento do titular — e as informações em que se ignora o sexo do segurado, nota-se a mesma dinâmica já exposta. Nesse agregado, a participação feminina no contingente total cresce de forma praticamente contínua e se torna dominante na década atual, como mostra o Gráfico 10.4.

Gráfico 10.4
Proporção do quantitativo de benefícios ativos do INSS para pessoas do sexo feminino em relação ao total de benefícios do INSS: estoque (%)

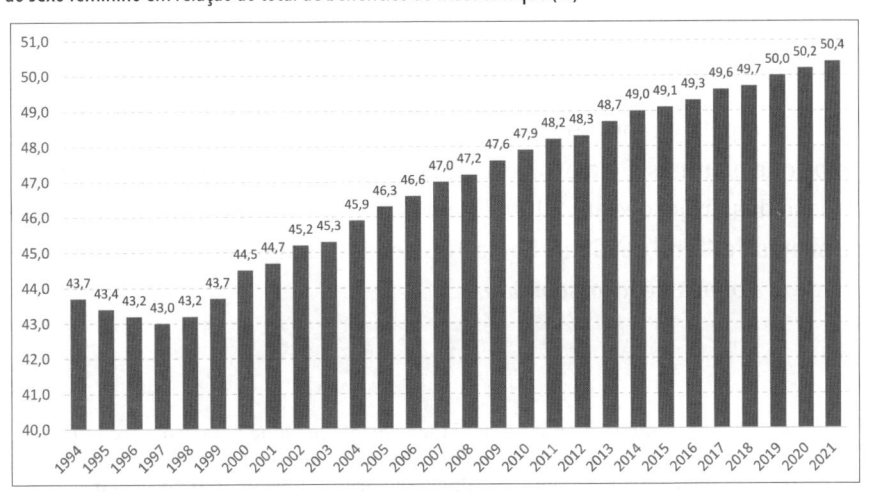

Ano	%
1994	43,7
1995	43,4
1996	43,2
1997	43,0
1998	43,2
1999	43,7
2000	44,5
2001	44,7
2002	45,2
2003	45,3
2004	45,9
2005	46,3
2006	46,6
2007	47,0
2008	47,2
2009	47,6
2010	47,9
2011	48,2
2012	48,3
2013	48,7
2014	49,0
2015	49,1
2016	49,3
2017	49,6
2018	49,7
2019	50,0
2020	50,2
2021	50,4

Obs.: Exclui pensões e demais benefícios mantidos para pessoas de sexo ignorado.
Fonte: Anuário Estatístico da Previdência Social, vários anos.

Cabe registrar que o referido gráfico, como foi dito, não considera as pensões, benefício cuja natureza é diferente, pela razão citada, mas é importante lembrar que, no caso desta, trata-se de um benefício tipicamente feminino: como na composição do casal, estatisticamente, o homem morre mais cedo, o benefício da pensão é, típica e largamente, feminino.[7]

O que nos diz a demografia?

Além da observação dos dados "para atrás", é importante entender o que nos sugere a demografia, para interpretar o que pode vir no futuro. Para isso, é útil olhar os números da Tabela 10.4.

Tabela 10.4
Participação feminina por grandes grupos etários: 2020 (%)

Idade (anos)	Participação
0 a 14	48,9
15 a 64	51
65 +	56,9
Total	51,1

Fonte: IBGE (Revisão populacional 2018).

Para entender isso, é importante ressaltar um fato em geral pouco conhecido pela maioria das pessoas: estatisticamente, nascem mais meninos que meninas. Pela projeção populacional do IBGE de 2018 — última revisão das projeções até 2060 —, em 2010, para cada 100 bebês meninas de menos de 1 ano de idade, havia 105 bebês meninos.[8] Em 2020, essa realidade era a mesma, *grosso modo*.

---

[7] Por outro lado, é digna de nota a mudança sociológica que vem acontecendo com o passar dos anos devido à maior incidência de divórcios, o que faz com que, na ausência de uma nova união estável e de filhos menores, o falecimento do titular não deixe qualquer benefício, ao contrário do que tendia a acontecer no passado. É isso que explica por que, na média anual do estoque de benefícios, nos 22 anos transcorridos, entre 2000 e 2022, o contingente total de estoque de aposentadorias cresceu 3,2% a.a., enquanto o de pensões o fez a uma taxa bem menor, de 2,3% a.a. Quando se toma como referência especificamente o período de 12 anos, de 2010 a 2022, essa diferença é mais expressiva: as aposentadorias crescem fisicamente a uma média anual de 3,0% — taxa similar à dos 22 anos citados —, e as pensões, apenas 1,8% a.a.

[8] Para ser mais preciso, em 2010, os meninos representavam 51,14% do contingente populacional com 0 ano de idade, praticamente o mesmo percentual para 2020: 51,18%.

Esse não é um fenômeno brasileiro, e sim uma realidade naturalmente universal, apenas afetada por países que, por razões culturais, induzem abortos seletivos, em sociedades patriarcais nas quais é considerado socialmente importante que o casal tenha filhos homens. Tirando essas situações, em geral, nascem em torno de 51 meninos para cada 49 meninas para cada grupo de 100 nascidos vivos.

Como o falecimento de crianças é pouco comum e a mortalidade infantil afeta a ambos os sexos por igual, aproximadamente, na infância, esse predomínio masculino se mantém. À medida em que se sobe na escala etária, começam a prevalecer causas de mortalidade que afetam mais os homens: na juventude, a violência, particularmente no Brasil, e que mata muito mais homens que mulheres; e na vida adulta, problemas como câncer de pulmão e doenças cardiovasculares. Assim, no grupo de adultos já antes da terceira idade, a presença feminina se torna ligeiramente majoritária.

Por sua vez, quando se avança mais para as faixas etárias superiores, o peso feminino passa a ser largamente predominante na terceira idade. À incidência de doenças soma-se uma realidade que cada leitor poderá comprovar se lembrando de situações familiares ou de conhecidos próximos: em casais idosos com idade mais avançada, quando a mulher morre, o homem frequentemente parte pouco tempo depois, ao passo que as mulheres demonstram uma maior capacidade de resiliência e costumam, em média, sobreviver um período bem maior após o falecimento do marido, quando estes morrem antes delas, que é a grande maioria dos casos.

A Tabela 10.5 abre o grupo etário de 65 anos e mais de idade da Tabela 10.4 em diversos subgrupos por faixa de idade. Se nesse grupo como um todo as mulheres são a maioria, compondo 57% desse total específico, o peso é crescente conforme aumenta a idade, indo desde uma participação de 55% no universo das pessoas de 65 a 69 anos até 68% no dos nonagenários, o que significa que de cada 3 idosos com 90 anos ou mais de idade, 2 são mulheres.

Tabela 10.5
Participação feminina por grupos etários acima de 65 anos: 2020 (%)

Idade (anos)	Participação
65 a 69	54,6
70 a 74	55,6
75 a 79	57,3
80 a 84	59,7
85 a 89	62,6
90 +	67,5
65 +	56,9

Fonte: IBGE (Revisão populacional 2018).

Essa mesma realidade é retratada na Tabela 10.6, que mostra a diferença entre a expectativa de vida dos homens e das mulheres, para idades específicas, indo de 4 anos para quem tem 60 anos a 2 anos para o grupo específico de quem tem 80 anos ou mais de idade. Observe-se que, para as mulheres com 80 anos e mais, a expectativa de vida média chega até aos 91 anos de idade.

Tabela 10.6
Diferença da expectativa de vida entre homens e mulheres por faixa etária: 2021 (anos)

Idade	Homens	Mulheres	Diferença
60	81	84,7	3,7
70	84,1	86,9	2,8
80 +	88,8	90,6	1,8

Fonte: IBGE (Tábua de mortalidade).

Finalmente, o Gráfico 10.5 mostra como esse diferencial de expectativa de vida entre homens e mulheres aos 60 anos de idade aumentou de forma consistente nos últimos 25 anos, desde menos de 3 anos no final da década de 1990 até aos quase 4 anos da atualidade.

Gráfico 10.5
Diferença da expectativa de vida entre homens e mulheres aos 60 anos ao longo do tempo (anos)

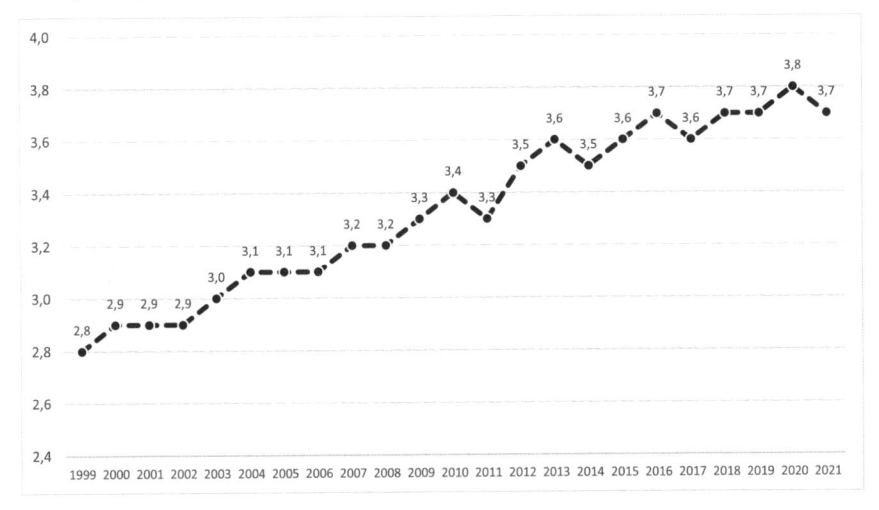

Ano	Diferença
1999	2,8
2000	2,9
2001	2,9
2002	2,9
2003	3,0
2004	3,1
2005	3,1
2006	3,1
2007	3,2
2008	3,2
2009	3,3
2010	3,4
2011	3,3
2012	3,5
2013	3,5
2014	3,6
2015	3,6
2016	3,7
2017	3,6
2018	3,7
2019	3,7
2020	3,8
2021	3,7

Fonte: IBGE (Tábuas de mortalidade, vários anos).

And so what?

De tudo o que foi dito, o que podemos depreender? Há alguns elementos que podem sintetizar os principais pontos e que são, em todos os casos, estatisticamente inquestionáveis, por se tratar não de opiniões, e sim de fatos:

- As mulheres se aposentam antes dos homens e vivem mais tempo.
- O número de mulheres aposentadas por tempo de contribuição era de 300 mil em 1994 e alcançou um total de aproximadamente 2,3 milhões em 2021.
- O diferencial de expectativa de vida em favor das mulheres, comparativamente à dos homens, ampliou-se com o passar dos anos, tendencialmente.
- Em 2020, no Brasil, para cada 100 homens com 65 anos ou mais de idade, havia 132 mulheres nessa mesma faixa etária.
- A participação das mulheres no fluxo de aposentadorias vinha sendo crescente até a reforma de 2019. Esse fato, por si só,

tenderia, tudo o mais constante, a diminuir a idade média de aposentadoria, na ausência de uma reforma.[9]

▪ Atualmente, as mulheres já representam mais de 50% do quantitativo de benefícios do INSS.

Diante disso, ninguém propugna que as mulheres se aposentem depois dos homens, mas é razoável concluir que a redução ocorrida da diferença de gênero entre homens e mulheres, de 5 para 3 anos, na reforma de 2019, é ainda modesta vis-à-vis ao desafio demográfico exposto. É preciso levar em conta os elementos de análise a seguir descritos.

A composição do universo de pessoas ativas do gênero feminino é ainda relativamente jovem: das 68,4 milhões de mulheres estimadas pelo IBGE em 2023, com idade de 20 a 64 anos, 42,3 milhões, ou seja, 62% desse grupo, localizam-se na faixa de 20 a 44 anos, que é mais permeável ao reconhecimento de que é razoável que as idades de aposentadoria de homens e mulheres devem rumar para uma situação de maior convergência.

A diferença de 5 pontos de pontuação no requisito mínimo de soma de idade e tempo contributivo implica, na prática, um diferencial de 2,5 anos (inferior aos 3 anos de diferença da idade mínima), considerando que o tempo contribuído a mais conta em dobro, dado que cada ano a mais de contribuição corresponde, por definição, também, a mais um ano de idade.

A menor diferença de requisito entre homens e mulheres ocorrerá após uma longa transição, para a qual ainda faltam vários anos, sendo completada em 2031 no caso do requisito de idade mínima de 62 anos e em 2033 no requisito de 100 pontos de pontuação mínima na soma de idade e tempo de contribuição.

Qualquer mudança que ocorrer em relação às regras definidas em 2019, politicamente, só poderia ser aprovada, no âmbito de uma

---

[9] Imaginemos uma situação hipotética na qual, em média, os homens se aposentem por tempo de contribuição, cumprindo o requisito de pontuação mínima, aos 60 anos de idade, e que as mulheres o façam aos 57, com 60% do fluxo de novas aposentadorias sendo de homens, e 40% de mulheres, do que resulta uma idade média de aposentadoria, nesse grupo, de 58,8 anos. Se, 5 anos depois, cada grupo representar 50% do fluxo, mantidas as idades de aposentadoria de cada grupo, a idade média cairá para 58,5 anos.

negociação política no Congresso Nacional, após a citada fase de transição e como uma ampliação dela.

Em função de tudo isso, faz sentido propor uma extensão dessa transição rumo a requisitos numéricos que impliquem uma exigência um pouco maior que a aprovada na reforma de 2019. Trataremos dessa questão no capítulo das propostas.

Agora discutiremos a questão da regra de aposentadoria para quem vive no meio rural.

CAPÍTULO 11

E AS APOSENTADORIAS RURAIS?

E AS APOSENTADORIAS RURAIS?

Na cultura brasileira das décadas de 1950 e 1960, foram produzidos muitos filmes sobre o "Brasil profundo" e, neles, as imagens da miséria rural predominavam. Naqueles anos, a palavra "fome" era associada ao Brasil de forma parecida a como nos acostumamos a associá-la a alguns países mais atrasados da África, e a expressão "reforma agrária" estava presente em dez de cada dez plataformas políticas vinculadas com as ideias de esquerda.

Embora o Brasil continue sendo um país extremamente desigual, com níveis de pobreza extrema ainda muito relevantes em diversos lugares, aquele país ficou nos livros de história. Em primeiro lugar, pelo processo de migração do campo para a cidade, a rigor iniciado antes da década de 1950, mas ainda muito forte nas duas a três décadas posteriores — sem ir muito longe, como derivação desse processo, anos depois, surgiu na cena política brasileira um filho legítimo daquela migração: o presidente Lula. Em segundo lugar, pela própria modernização da agropecuária nacional ao longo das décadas — uma transformação notável. Por último, também, porque as imagens mais pungentes daquela realidade amarga de miséria camponesa eram de idosos, e essa imagem, sim, virtualmente desapareceu.

Ainda há miséria em áreas rurais, sem dúvida, porém, nesse contexto, o neto de um camponês que sessenta ou setenta anos atrás morria na miséria, hoje pode ser um viúvo morando na roça e recebendo religiosamente o benefício de um salário mínimo todos os meses, pago a ele pelo INSS como aposentadoria rural — mesmo que sua contribuição, muitas vezes, tenha sido nula para tal, ou muito inferior ao valor presente e que receberá até o final da vida. Nessa realidade local, com muita gente trabalhando com rendimentos inferiores a um salário mínimo e tendo que alimentar uma família inteira, o neto dessa pessoa, agora idoso, é o que a linguagem popular denomina de "um bom partido".

O que aconteceu entre uma situação e outra? O que mudou é o país, que, bem ou mal, em termos sociais, avançou. Conquistas próprias de uma sociedade civilizada, para dar condições dignas de vida a um contingente maior da população, foram vingando, aos trancos e barrancos, concedidas pelos governos, às vezes, e arrancadas como resultado de reivindicações sofridas, outras vezes. O importante é que hoje o país dispõe de um conjunto robusto de políticas que impede que nossos dramas sociais, que são significativos, sejam ainda maiores.

Nos anos 1950, os problemas sociais do Brasil eram, fundamentalmente, rurais e estavam associados à seca, à irregularidade das colheitas e aos rendimentos paupérrimos da atividade. Hoje, na década de 2020, a agropecuária brasileira encontra-se entre as mais pujantes do mundo, e os problemas sociais do país são fundamentalmente urbanos e estão associados ao desemprego elevado, ao processo de "favelização" das periferias e à violência e suas diversas formas de expressão, com destaque para o tráfico de drogas e o agravamento do fenômeno preocupante das chamadas "milícias".

Uma das políticas responsáveis pela mudança é a concessão de benefícios rurais, a rigor, muito antiga, que antecede à recuperação da democracia em 1985, mas que foi reforçada com os compromissos sociais da Constituição de 1988, notadamente no campo rural.

Neste capítulo, entenderemos as raízes desse processo de transformação da situação social associada aos idosos rurais, raízes essas localizadas mais precisamente nas décadas de 1980 e 1990, para expor a dimensão quantitativa do fenômeno e, na sequência, dimensionar seu impacto fiscal, razão da necessidade de uma mudança, defendida no final do capítulo.

Trinta anos atrás, uma explosão

A Constituição que resultou da instalação de uma Assembleia Nacional Constituinte no começo de 1987 foi promulgada em 1988, mas o capítulo previdenciário só foi regulamentado em 1991. Alguns efeitos, portanto, demoraram três anos para se concretizar. Por outro lado, quando isso ocorreu, eles foram significativos. Observe-se, a propósito disso, o Gráfico 11.1. Ele mostra que a quantidade de aposentadorias rurais por idade simplesmente se multiplicou por dois entre 1991 e 1994!

Gráfico 11.1
Quantidade de aposentadorias rurais ativas por idade (milhões de benefícios)

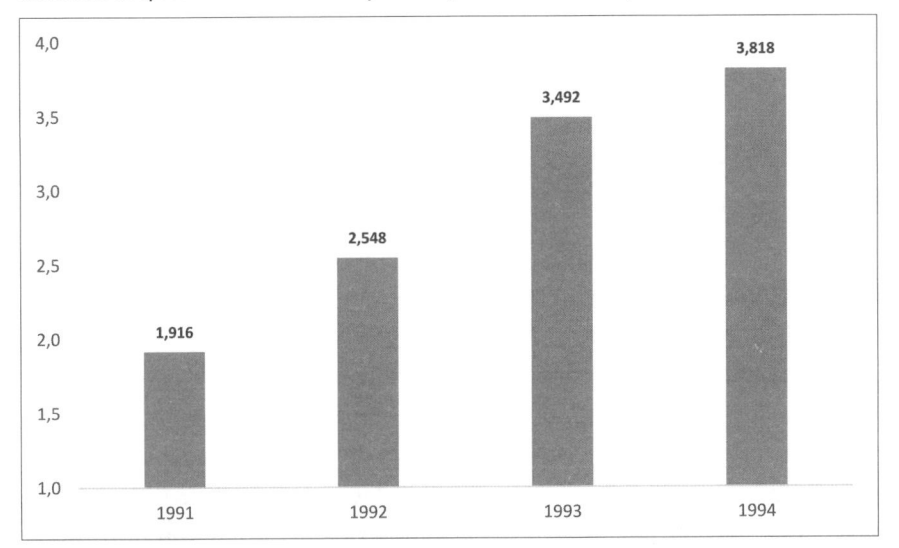

Ano	Quantidade
1991	1,916
1992	2,548
1993	3,492
1994	3,818

Fonte: Anuário Estatístico da Previdência Social, vários anos.

O que aconteceu? Para entender isso, há que se lembrar que a Constituição dobrou o piso previdenciário rural, que era de meio SM até então e passou a ser de um SM depois da Constituição. Os efeitos monetários, porém, foram muito superiores a 100% de impacto, porque afetaram também as quantidades — por coincidência, também em proporção próxima a 100%. Por quê?

A rigor, não é difícil de entender. No meio rural — e ainda mais no mundo daquela época, antes da internet —, não era nada trivial acessar o INSS, e, muitas vezes, era necessário andar centenas de quilômetros, partindo do lugar em que o candidato à aposentadoria morava, para outras tantas vezes ter que resistir depois à burocracia de filas, funcionários de má vontade etc. Em tais circunstâncias, muitas pessoas, teoricamente elegíveis ao benefício, raciocinavam que, "para ganhar essa merreca", o esforço não valeria a pena, por não compensar o transtorno do deslocamento e dos momentos passados no guichê do órgão.

Quando o valor mudou de tamanho, a relação custo-benefício desse esforço se alterou, e, além dos indivíduos que normalmente chegariam à idade de elegibilidade em 1991, 1992..., um vasto contingente de outros indivíduos que já eram elegíveis havia anos, mas que nunca tinham reivindicado o benefício, apresentou-se subitamente no INSS para receber a aposentadoria. E isso explica o crescimento físico espantoso de quase 26% a.a. durante o triênio entre 1991 e 1994, expresso no Gráfico 11.1.

Além disso, como vimos no capítulo sobre o salário mínimo, depois da estabilização, o seu valor real, com o tempo, sofreu um aumento acumulado que chegou a ser de 100%, ultrapassando depois essa marca.

A despesa com benefícios rurais era modesta até a década de 1980. Porém, acompanhe o leitor o raciocínio a seguir. O que acontece com o piso na nova Constituição? Ele passa de meio para 1 SM. Que efeito isso gera sobre as quantidades? Dobra o número de aposentados rurais por idade. E o que ocorre depois com o salário mínimo? Em alguns anos, ele dobra em termos reais. Em outras palavras, considerando que o benefício rural é, tipicamente, associado ao piso — são poucos aqueles que ultrapassam esse valor — o fato é que a despesa simplesmente aumentou oito vezes! Assim, uma despesa que era pequena até o final da década de 1980 deixou de ser pouco tempo depois.

Muita gente

Na seção anterior, fizemos menção ao contingente de aposentadorias rurais por idade, que alcançou um número de pouco mais de 3,8 milhões de pessoas em 1994. Cabe lembrar, porém, que a aposentadoria por idade é apenas um dos benefícios rurais, havendo os demais componentes do conjunto de benefícios pagos pelo INSS, entre os quais destacam-se as pensões por morte. Assim, naquele mesmo ano, por exemplo, o total de benefícios rurais foi muito maior, chegando a 6,4 milhões de benefícios. Com a expansão demográfica, apesar da migração campo-cidade que, historicamente, foi deslocando as aposentadorias mais e mais para o meio urbano, no final da década de 2010, esse contingente total se aproximou de 10 milhões de benefícios (Gráfico 11.2). Vale ressaltar que no meio rural há também acumulação de benefícios, algo totalmente legal e legítimo, por exemplo, nos casos em que uma mulher acumula a sua aposentadoria com a pensão do marido falecido. Portanto, o conceito de "benefícios", numericamente, tende a ser maior que o de "indivíduos", uma vez que um mesmo indivíduo pode receber mais de um benefício.

Gráfico 11.2
Quantidade total de benefícios rurais ativos (milhões)

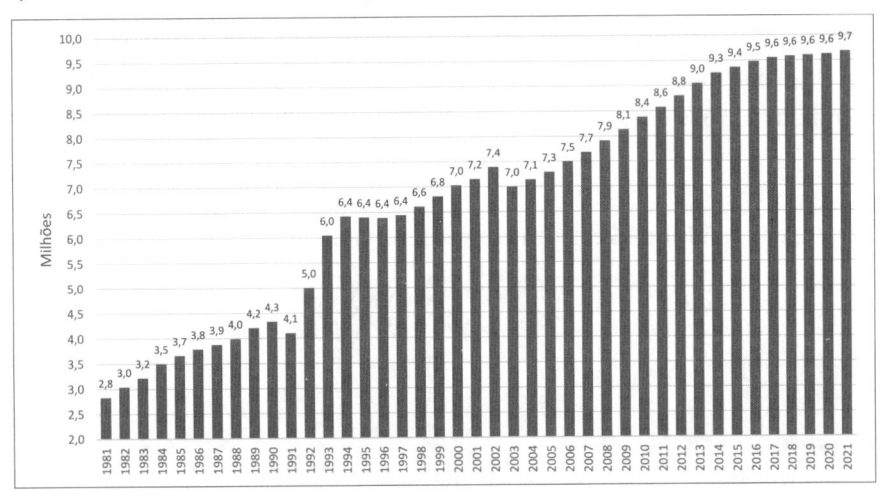

Ano	Milhões
1981	2,8
1982	3,0
1983	3,2
1984	3,5
1985	3,7
1986	3,8
1987	3,9
1988	4,0
1989	4,2
1990	4,3
1991	4,1
1992	5,0
1993	6,0
1994	6,4
1995	6,4
1996	6,4
1997	6,6
1998	6,8
1999	7,0
2000	7,2
2001	7,0
2002	7,1
2003	7,3
2004	7,4
2005	7,5
2006	7,7
2007	7,9
2008	8,1
2009	8,4
2010	8,6
2011	8,8
2012	9,0
2013	9,3
2014	9,4
2015	9,5
2016	9,6
2017	9,6
2018	9,6
2019	9,6
2020	9,6
2021	9,7

Fonte: Anuário Estatístico da Previdência Social, vários números.

Com a migração do campo para a cidade, ocorrida décadas atrás, naturalmente o processo veio a se refletir na transformação do perfil das aposentadorias, com um *lag* de trinta a quarenta anos. Consequentemente, na atualidade, os benefícios urbanos são largamente majoritários e correspondem a mais de dois terços do total, como pode ser visto observando-se o Gráfico 11.3.

Gráfico 11.3
Benefícios previdenciários totais emitidos: dezembro 2022 (milhões de benefícios)

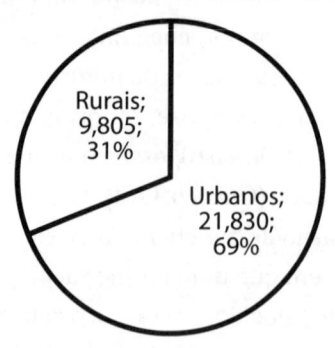

[Gráfico de pizza: Rurais: 9,805; 31% | Urbanos: 21,830; 69%]

Fonte: Boletim Estatístico da Previdência Social (BEPS).

Como já foi explicado, além dos benefícios por idade, o contingente de benefícios rurais inclui outras variáveis, que aparecem expostas na Tabela 11.1. Na posição de dezembro de 2022, no total de 9,8 milhões de benefícios emitidos, as aposentadorias por idade representavam 69% do total; as pensões por morte, 25%; as aposentadorias por invalidez correspondiam a 5%; e os demais benefícios, a apenas 1% do total.

Tabela 11.1
Composição dos benefícios previdenciários rurais emitidos (dezembro 2022)

Composição	Número de benefícios (em milhões)	(%)
Aposentadorias	7,259	74%
Idade	6,779	69,1%
Invalidez	0,455	4,6%
Tempo contribuição	0,025	0,3%
Pensão por morte	2,415	24,6%
Auxílio-doença	0,100	1%
Outros	0,031	0,3%
Total	9,805	100%

Fonte: Boletim Estatístico da Previdência Social (BEPS).

O impacto fiscal

Vamos agora entender o impacto fiscal, lembrando que estamos falando de uma situação na qual o setor público brasileiro em 2023 deverá ter deficit primário, que, combinado com uma despesa de juros de perto de 7% do PIB, gerará um deficit público nominal, *grosso modo*, de 7% a 8% do PIB. É com esse pano de fundo que devem ser interpretados os dados da Tabela 11.2, referentes a 2022.

Tabela 11.2
Resultado primário INSS: 2022 (% PIB)

Urbano	% PIB
Receita	5,35
Despesa	6,44
Deficit	1,09
Rural	
Receita	0,09
Despesa	1,66
Deficit	1,57
Total	
Receita	5,44
Despesa	8,10
Deficit	2,66

Fonte: Secretaria do Tesouro Nacional.

Em 2022, o INSS teve um deficit primário de 2,7% do PIB, dos quais 40% se originaram no meio rural. A grande diferença entre a situação no meio rural e no urbano é que, enquanto nesta última, em 2022, as receitas cobriram quase 85% das despesas, e no meio rural essa proporção chega a ridículos 5%. Trocando em miúdos, a receita de contribuições do INSS associada aos contribuintes rurais é praticamente inexistente.

A política de elevação do salário mínimo causou um aumento expressivo do desequilíbrio do INSS, por afetar a quase totalidade dos benefícios, ao passo que, no meio urbano, a proporção é bem menor. Com isso, o deficit do INSS, cujo resultado primário até 1994 era superavitário em termos de caixa e ainda em 1995 encontrava-se em equilíbrio, com receita idêntica à despesa expressas com duas casas decimais do PIB, reverteu-se de 1996 em diante, até a situação descrita de 2021.[1] Para essa situação, o resultado rural deu sua cota para o agravamento do deficit do INSS, como pode ser visto no Gráfico 11.4.[2]

Gráfico 11.4
Deficit primário rural INSS (% PIB)

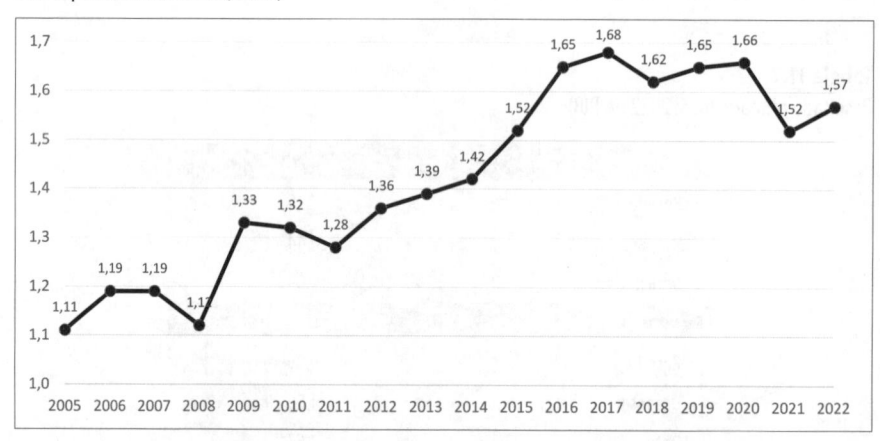

Ano	Valor
2005	1,11
2006	1,19
2007	1,19
2008	1,11
2009	1,33
2010	1,32
2011	1,28
2012	1,36
2013	1,39
2014	1,42
2015	1,52
2016	1,65
2017	1,68
2018	1,62
2019	1,65
2020	1,66
2021	1,52
2022	1,57

Fonte: Secretaria do Tesouro Nacional.

A compreensão da natureza do resultado do INSS passa pela observação dos dados do Gráfico 11.5, que corresponde a outra forma de expressar os mesmos dados da Tabela 11.2 e indica que as receitas rurais do INSS correspondem a apenas 2% do total das receitas. Como as despesas rurais compõem 20% das despesas do órgão, o resultado é que o

---

[1] O processo não foi sempre contínuo: entre 2006 e 2011, em um contexto que reuniu o boom das commodities, forte expansão da economia, efeitos da criação da "Super-receita" e maior formalização do mercado de trabalho, o deficit primário do INSS cedeu de 1,7% para 0,8% do PIB, voltando a aumentar a partir de 2012.

[2] Vale notar que, pelo fato de a receita de contribuições rurais ser irrisória, ela não se beneficiou da melhora da receita posterior a 2006. Com efeito, entre o começo do processo, a rigor localizado em 2004, e o auge da melhora da receita, dez anos depois, em 2014, antes do agravamento da crise na recessão de 2015-2016, a receita do INSS aumentou nada menos que 1,1% do PIB, mas todo esse aumento veio da receita urbana, uma vez que a receita rural, a rigor, cedeu de 0,2% para 0,1% do PIB nesse mesmo período.

componente rural representou em 2022 mais de 40% do deficit primário do órgão.

Gráfico 11.5
Composição da receita e da despesa e deficit do INSS: 2022 (%)

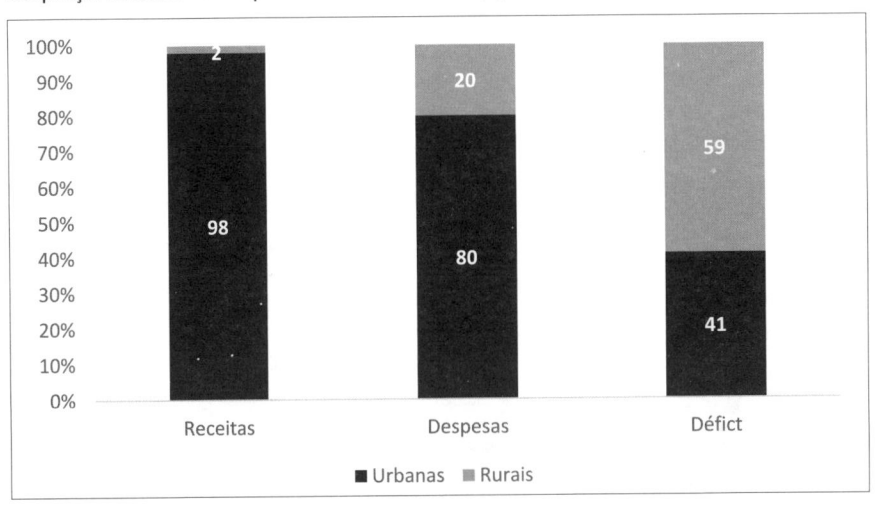

	Receitas	Despesas	Déficit
Urbanas	98	80	41
Rurais	2	20	59

Fonte: Secretaria do Tesouro Nacional.

Uma mudança necessária, cedo ou tarde

Quem tenha participado das sessões da Comissão Especial da Câmara de Deputados criada para debater a proposta de reforma previdenciária em 2017, sob o governo Temer, ou em 2019, sob o governo Bolsonaro, percebeu obviamente como o tema dos benefícios rurais é politicamente sensível. Um deputado do Nordeste não se sentiu muito afetado pela mudança de regras acerca da aposentadoria por tempo de contribuição, pouco representativa na região, mas ele tem muitos eleitores candidatos à aposentadoria por idade no meio rural e analisará sempre com lupa qualquer proposta que diga respeito a eles.

É compreensível que assim seja. Para o brasileiro médio, o campo continua sendo um lugar associado à existência dos maiores bolsões de pobreza no país. A ideia de que o país precisa, de alguma forma, compensar os seus filhos que moram nessas áreas está muito presente no imaginário nacional.

Não há, de fato, objeções a que se tenha uma regra com alguma diferenciação que beneficie quem se aposenta no meio rural. O problema que o país enfrenta é que as regras de aposentadoria no meio rural foram congeladas desde os anos 1980, quando a situação demográfica do país mudou completamente, com o maior envelhecimento da população (Tabela 11.3).

Tabela 11.3
Expectativa de vida por faixa etária (anos)

Idade (anos)	1970/1980		2021	
	Homens	Mulheres	Homens	Mulheres
0	55	60	74	81
50	72	74	79	83
60	76	77	81	85
70	81	81	84	87

Fontes: Para 1970–1980, Ministério da Previdência Social (2002). Para 2021, IBGE.

Entre 20 e 30 anos atrás, o IBGE não tinha a prática, inaugurada mais recentemente, de publicar todos os anos as tábuas de mortalidade, de modo que não podemos comparar a última tábua com outra referente especificamente a 1988, mas o fato é que, para quem se situava na pirâmide etária em torno da faixa próxima aos 50 anos nos últimos 40 a 50 anos, a expectativa média de vida de quem chegava vivo a essa idade aumentou, na média, 8 anos! É meio absurdo ter as mesmas regras de aposentadoria que se tinha naquela época, à luz dessa transformação.

Não deveria ser difícil passar essa mensagem à população. Pensemos em uma propaganda que pretendesse ter um elevado poder de convencimento. Ela poderia ter algum ator ou atriz conhecido, preferencialmente com mais de 70 anos, e colocar nessa pessoa as seguintes palavras: "Você já pensou que, para um país, um sistema de aposentadorias funciona um pouco como se fosse uma caderneta de poupança? É como se a pessoa todo mês depositasse uma parte do seu salário para, muitos anos depois, com isso, custear a sua aposentadoria. Ora, o que aconteceu com o passar do tempo? O brasileiro foi vivendo mais. Isso é ótimo e expressa os avanços da medicina e os progressos que o país fez. A questão é que, para aquela nossa caderneta de poupança, a nova situação é um desafio, porque, como continuamos a acumular o mesmo valor pela mesma quantidade de tempo, agora vivendo mais anos, o dinheiro acaba antes. E isso significa que o país acaba tendo que entrar no 'cheque especial', endividando-se para pagar o compromisso com os aposentados. Talvez esteja na hora de adaptar o tempo de contribuição a essa maior duração do tempo de aposentadoria."

Evidentemente, o texto teria que ser devidamente preparado pelos especialistas em marketing, mas uma mensagem clara, sem subterfúgios, expondo dados, apresentada de forma educada, teria grandes possibilidades de ter uma boa acolhida.

Em conversa pessoal com alguns amigos, um ex-ministro da Previdência Social disse uma vez algo muito importante: "Nunca se deve subestimar a capacidade das pessoas de compreender as coisas. Ninguém gosta de trabalhar e contribuir mais tempo, mas uma coisa é não gostar, e outra é não entender. Quando se apresentam os dados, mostra-se como é nos demais países, expõem-se as tendências demográficas, as pessoas podem não simpatizar com a mudança, mas elas entendem as razões." É uma lição importante a se levar em consideração.

Uma questão que é importante esclarecer é o tema da diferenciação regional. Frequentemente, no debate sobre o tema, surge a ideia de definir regras de aposentadoria por idade que levem em conta os aspectos regionais. Além de, em um país como o Brasil, tão propenso à prática de fraudes, isso ser um convite à ocorrência de irregularidades, os dados não confirmam o senso comum equivocadamente difundido: que a realidade é muito diferente conforme os estados. De fato, ela é muito diversificada nas fases iniciais da vida. Por exemplo, a esperança de vida ao nascer, em um estado do Nordeste, pode ser até 9 anos inferior à de uma criança que nasce num estado com elevado IDH do Sul do país. Porém, à medida que se avança na faixa etária, as populações "sobreviventes" tendem a se parecer muito entre si e, como mostra a Tabela 11.4, aos 65 anos não se distinguem tanto entre os estados.

Assim, por exemplo, aos 65 anos de idade, um habitante do território fluminense (morador do estado do Rio de Janeiro) tem uma expectativa de viver mais 19 anos, da mesma forma que um cidadão potiguar (do Rio Grande do Norte). Pode haver mais diferenças entre a expectativa de vida de um estado para outro em uma mesma região que entre regiões.[3] Consequentemente, não haveria razões para estabelecer regras de aposentadoria diferenciadas por estado, algo que se relaciona diretamente com o tema do capítulo.

Tabela 11.4
Esperança de vida aos 65 anos, por estado: ambos os sexos

Região/estado	Esperança de vida (anos)
Norte	**82,1**
Rondônia	81,1
Acre	83,3
Amazonas	82
Roraima	81,5
Pará	82,1
Amapá	83,3
Tocantins	82,8
Nordeste	**82,8**
Maranhão	82,1
Piauí	81,4
Ceará	82,8
Rio Grande do Norte	83,8
Paraíba	82,7
Pernambuco	82,7
Alagoas	82,3
Sergipe	82,2
Bahia	83,2
Sudeste	**84,4**
Minas Gerais	84,4
Espírito Santo	85,4
Rio de Janeiro	83,8
São Paulo	84,5

→

---

[3] Por exemplo, a diferença entre a maior e a menor expectativa de vida aos 65 anos nos estados do Nordeste — 2,4 anos — é maior que a diferença entre a expectativa de vida aos 65 anos na comparação entre as regiões Sudeste e Nordeste — 1,6 ano.

Região/estado	Esperança de vida (anos)
Sul	**84,4**
Paraná	84
Santa Catarina	85,1
Rio Grande do Sul	84,4
Centro-Oeste	**83,2**
Mato Grosso do Sul	83,6
Mato Grosso	82,9
Goiás	82,6
Distrito Federal	84,5
Brasil	**83,8**

Obs.: Dados referentes a 2018.
Fonte: IBGE.

Abordaremos agora outro tema politicamente indigesto: os benefícios assistenciais.

CAPÍTULO 12

A MUDANÇA DO LOAS, CEDO OU TARDE

A MUDANÇA DO LOAS, CEDO OU TARDE

No debate político-ideológico sobre os temas que afetam o valor dos benefícios assistenciais, frequentemente aqueles que se opõem a qualquer modificação do status quo mostram a distribuição da extrema pobreza por faixa etária e apresentam um gráfico exibindo quais seriam os indicadores dessa extrema pobreza — dantescos, sem dúvida — se não existisse o BPC.

BPC é a sigla dos Benefícios de Prestação Continuada, nome do jargão técnico para os pagamentos decorrentes da Lei Orgânica da Assistência Social (LOAS) e das Rendas Mensais Vitalícias (RMV), no valor de um salário mínimo, concedidos a quem não adquiriu as condições de elegibilidade para receber os benefícios previdenciários do INSS.

A rigor, porém, esse é um debate com certa dose de esperteza política — ou de simples má-fé, dependendo de quem estiver formulando o argumento — por uma razão simples: não há um único participante do debate que proponha eliminar a LOAS.

O que está em jogo é o conjunto representado por dois parâmetros cruciais para definir o tamanho da conta dessa despesa: a) seu valor; e b) a idade de elegibilidade ao benefício. A esse respeito, cumpre lembrar que a Constituição Federal, no seu art. 203 do capítulo sobre a Assistência Social, define que:

> "A Assistência Social será prestada a quem dela necessitar, independentemente de contribuição à seguridade social, e tem por objetivos:
> I - ...;

(...)
V – A garantia de um salário mínimo de benefício mensal à pessoa portadora de deficiência e ao idoso que comprovem não possuir meios de prover à própria manutenção ou de tê-la provida por sua família, conforme dispuser a lei."

Isso significa que a Carta Magna define o piso de um salário mínimo para o benefício assistencial, porém a) não obriga a nenhuma política específica de aumento do valor deste e, b) no que tange ao benefício assistencial, não se manifesta acerca de qual deve ser a idade mínima de concessão do benefício.

Ambas as questões — valor do salário mínimo e idade de concessão da LOAS — são matéria legal e podem ser objeto, portanto, de diferentes composições, todas elas consistentes com a obediência aos princípios constitucionais.

Todas as vezes em que se discute a política do salário mínimo e a idade da LOAS, quem defende não mudar nada tende a dar um conteúdo emocional ao debate, como se uma eventual mudança afetasse o pacto social brasileiro. Não afeta — obedecidos, é claro, certos critérios impostos pelo bom senso. Veremos isso mais de perto neste capítulo. Nele, veremos como, ao longo do tempo, coexistiram duas tendências: i) a redução da idade de concessão do benefício assistencial; e ii) o aumento da expectativa de vida. Isto posto, mostraremos como a resultante dessas duas tendências foi um aumento significativo do número de beneficiados pelo BPC. Na sequência, então, abordaremos o impacto fiscal disso resultante, o papel dos incentivos econômicos e a necessidade de debater o tema, no futuro, com certo realismo.

Duas tendências

A Constituição de 1988 continha um capítulo dedicado à Assistência Social, mas os seus aspectos específicos só foram regulamentados cinco anos mais tarde, com a Lei 8.742, de 1993. Essa lei, que dispunha sobre a organização da Assistência Social, no seu art. 20, definia que "o benefício de prestação continuada é garantia de um salário mínimo mensal à pessoa portadora de deficiência e ao idoso com 70 anos ou mais que comprovem não possuir meios de prover a própria manutenção e nem de tê-la provida por sua família". A mesma lei estabelecia no art. 38 que "a idade prevista no art. 20 desta lei reduzir-se-á, respectivamente, para 67 e 65 anos após 24 e 48 meses do início da concessão". A regulamentação efetiva do que dispunha o artigo 38 acabou sendo dada posteriormente pelas Leis 9.720, de 1998, e 10.741, de 2003 ("Estatuto do Idoso"), que de fato reduziram a idade de acesso aos citados 67 e 65 anos, respectivamente (Quadro 12.1).

Quadro 12.1
Legislação sobre a LOAS

Lei	Data	Artigo	Idade de concessão do benefício (anos)
8.742	dez./1993	20	70
9.720	nov./1998	1	67
10.741	out./2003	34	65

Fonte: Elaboração própria.

Cabe chamar a atenção acerca do contraste entre essa tendência a reduzir a idade de concessão do benefício, por um lado, e o sentido das mudanças demográficas, na direção exatamente contrária, de elevar a expectativa de vida das pessoas (Tabela 12.1).

Tabela 12.1
Expectativa de vida, por idade: ambos os sexos (em anos)

Idade	1993 (estimativa)	1999 (Tábua mortalidade antiga)	2019
65	79,1	79,2	84,2
70	81	81	85,7

Obs.: Para 1993, utilizou-se uma média entre a tábua de mortalidade de 1970–1980 do Ministério da Previdência Social (2002) e a de 1999, dando peso de dois terços a essa última.

Fonte: IBGE (Tábuas de mortalidade).

Como já salientado, o IBGE não elaborava anteriormente tábuas de mortalidade com periodicidade anual como passou a fazer no presente século, de modo que não podemos estabelecer uma comparação precisa da situação atual com a de 1993, quando foi aprovada a primeira regulamentação do benefício da LOAS. Com base nas conjecturas já explicadas acerca da tabela, porém, pode-se dizer que pessoas que em 1993 estivessem vivas aos 65 e aos 70 anos tinham a expectativa de viver em torno de 14 e 11 anos a mais, respectivamente, com as estimativas aproximadas de que se dispunha à época. Já hoje, uma pessoa que tenha 65 anos espera viver mais 19 anos, aproximadamente.

Em resumo, diminuiu-se a idade de acesso ao mesmo tempo em que a expectativa de vida aumentou. Com isso, um benefício que seria dado, em média, entre os 70 e os 81 anos, durante 11 anos, é concedido hoje entre os 65 e os 84 anos, durante 19 anos, com o adendo de que hoje o valor real do salário mínimo é mais de 150% superior ao do começo da estabilização, em meados dos anos 1990.

O grande salto

A Tabela 12.2 mostra a "fotografia" do contingente de Benefícios de Prestação Continuada (BPC) em dezembro de 2021. Há muito debate sobre a idade de concessão do benefício, mas como este é concedido também a quem não seja filiado ao RGPS e tenha algum tipo de incapacidade, cabe ressaltar que a categoria "pessoas com deficiência" tem mais peso, no total, que a de idosos.

Tabela 12.2
Benefícios assistenciais emitidos: dezembro de 2022 (milhões)

Composição	Quantidade	(%)
LOAS Idosos	2,349	45,2
LOAS Pessoas com deficiência	2,780	53,5
Outros	0,067	1,3
Total	**5,196**	**100**

Antecipação de BPC e RMV.
Fonte: Boletim Estatístico da Previdência Social (BEPS).

Tal circunstância resulta do desenho do mecanismo de proteção social — que, corretamente, não se limita apenas aos idosos e visa dar uma proteção social no sentido amplo do termo — com certa licenciosidade interpretativa do que diz a lei. Esta, para efeitos do acesso ao benefício à pessoa com deficiência, mantém o mesmo espírito da Lei Orgânica da Assistência Social (Lei 8.742, de 1993), cujo art. 20 já foi explicitado. A lei foi sucedida por regulamentações posteriores, sendo que a Lei 12.435, de 2011, estabeleceu que, para efeito de concessão do benefício, "considera-se I – pessoa com deficiência: aquele que tem impedimentos de longo prazo de natureza física, intelectual ou sensorial, os quais, em interação com diversas barreiras, podem obstruir sua participação plena e efetiva na sociedade com as demais pessoas; II – impedimentos de longo prazo: aqueles que incapacitam a pessoa com deficiência para a vida independente e para o trabalho pelo prazo mínimo de dois anos".[1]

O fato é que, para este benefício, há "zonas cinzentas" similares às que existem para a concessão de benefícios previdenciários de risco, como a aposentadoria por invalidez ou o auxílio-doença. Explicando melhor, considerem-se, por exemplo, duas situações: a) um caso dramático em que, por algum infortúnio qualquer, uma pessoa tenha sofrido a amputação dos dois braços; e b) um caso de hipertensão grave. No primeiro, indica o bom senso que a concessão do benefício de risco à pessoa faz todo sentido, pela natureza óbvia da sua deficiência. Já no segundo, um médico pode considerar que o paciente pode trabalhar com normalidade, desde que tome certa medicação; e outro poderá julgar que ele corre risco de vida, que justifica que receba um benefício, no mínimo, de auxílio-doença — para ficar afastado do trabalho durante algum tempo prudencial — e, no limite, de aposentadoria por invalidez.

Considere-se agora a situação de uma pequena localidade do interior, nesses lugares onde todo mundo se conhece. Vai o padre do local acompanhar uma pessoa para fazer a perícia técnica para determinar se ela faz jus à LOAS ou não, e alega que a pessoa tem uma pequena deficiência cognitiva. O perito confirma o diagnóstico. A pergunta é: à luz da citada Lei 13.146, de 2015, que obriga a, na avaliação da deficiência, no seu art. 2, considerar "I – os impedimentos nas funções e nas estruturas do corpo; II – os fatores socioambientais, psicológicos e pessoais; III – a limitação no desempenho das atividades; e IV – a restrição de participação", a situação

---

[1] Essa lei sofreu, na prática, anos depois, algumas modificações de redação por meio da Lei 13.146, de 2015 ("Estatuto da pessoa com deficiência").

concreta, justifica ou não a concessão do benefício da LOAS? Uma pessoa que julgue a questão considerará que sim, e outra poderá entender perfeitamente que não — sem que haja nenhuma má-fé ou irregularidade em um caso ou em outro. São questões de interpretação. O que podemos, sim, afirmar é que, em outras sociedades mais rígidas, o número de benefícios concedidos seria provavelmente menor que os mais de 2,5 milhões de BPCs concedidos no Brasil a pessoas com deficiência.

O resultado dessa flexibilidade interpretativa da legislação não tardou em aparecer nos números. Considerando todos os benefícios assistenciais, o contingente se multiplicou por um fator de praticamente 2,5 nos últimos 22 anos até o atual número de 5 milhões de benefícios, equivalentes a 2,3% de toda a população, ou 2,9% da população adulta — Gráfico 12.1.

Gráfico 12.1
Média anual do número de benefícios assistenciais emitidos (Milhões de benefícios)

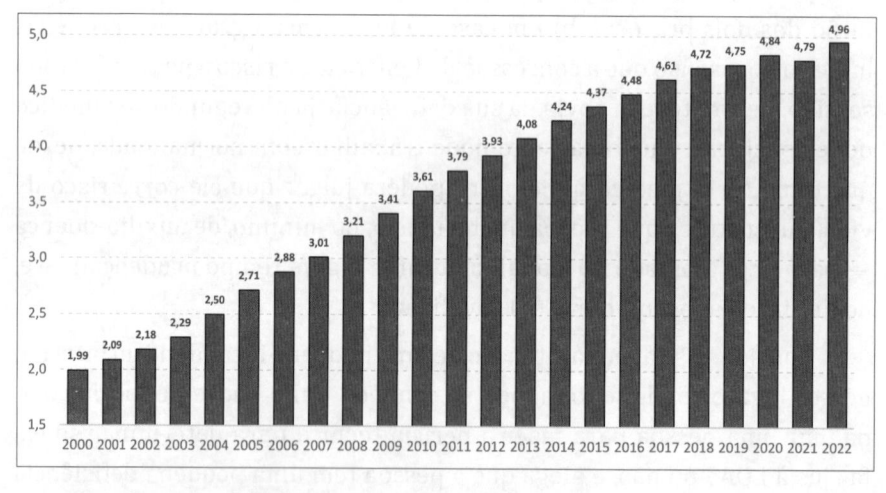

Ano	Valor
2000	1,99
2001	2,09
2002	2,18
2003	2,29
2004	2,50
2005	2,71
2006	2,88
2007	3,01
2008	3,21
2009	3,41
2010	3,61
2011	3,79
2012	3,93
2013	4,08
2014	4,24
2015	4,37
2016	4,48
2017	4,61
2018	4,72
2019	4,75
2020	4,84
2021	4,79
2022	4,96

Fonte: Boletim Estatístico da Previdência Social (BEPS).

Entre o começo deste século e 2022, o contingente de benefícios assistenciais sofreu uma expansão física média de 4,2% a.a., muito superior ao crescimento médio do PIB nesse mesmo período, de tão somente 2,2% a.a. (Tabela 12.3). Em todos os períodos mais longos considerados nesta última tabela, a velocidade de expansão do benefício foi maior que a do crescimento da economia.

Tabela 12.3
Variação número médio anual de benefícios assistenciais emitidos, por período (% a.a.)

Período	Variação	Crescimento do PIB
2000–2005	6,4	2,9
2005–2010	5,9	4,4
2010–2015	3,9	1,1
2015–2020	2,1	-0,6
2020–2022	1,2	4

Fonte: Boletim Estatístico da Previdência Social (BEPS).

O impacto fiscal

Como não poderia deixar de ser, um aumento dos benefícios como o reportado na seção anterior não poderia deixar de ter um impacto significativo na despesa. O Gráfico 12.2 dá uma dimensão da magnitude desse processo.

Gráfico 12.2
Taxa de variação real média do crescimento da despesa com LOAS/RMV (% a.a.)

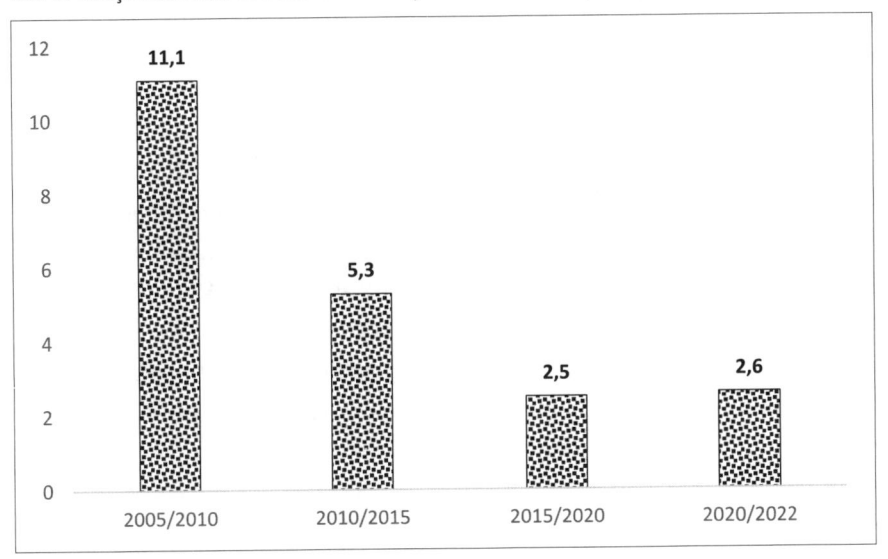

Período	Valor
2005/2010	11,1
2010/2015	5,3
2015/2020	2,5
2020/2022	2,6

Deflator: deflator do PIB.
Fonte: Secretaria do Tesouro Nacional.

Optou-se por não colocar nele os anos anteriores porque, na presença de uma base muito modesta, a expansão inicial tende a gerar naturalmente taxas muito altas quando uma rubrica que não existia no Orçamento passa a existir e a crescer rapidamente. Porém, para que o leitor tenha uma ideia, a preços constantes de 2022, utilizando o deflator do PIB para inflacionar os dados, a despesa com LOAS passa de R$ 5 bilhões em 1997, quando faz sua primeira aparição, nas estatísticas do Tesouro Nacional, para R$ 79 bilhões em 2022. Tal comparação é um pouco inchada pelo fato de que, até 2003, a despesa das Rendas Mensais Vitalícias era separada e aparecia como item do gasto com benefícios do INSS. Como a do RMV é uma despesa em extinção, a rigor, parte do aumento da LOAS é apenas uma compensação pelo declínio do gasto em RMV. No Gráfico 12.3, isso é corrigido, somando-se ambas as despesas desde 1997, quando a LOAS aparece como item discriminado do gasto do Tesouro Nacional.

O que se observa é que, nesse período de duas décadas e meia, não houve um único ano no qual a despesa com LOAS/RMV, expressa como proporção do PIB, tenha diminuído em relação ao ano precedente, antes de 2020: a cada ano, ela aumentou ou, na pior das hipóteses, se manteve estável. Entre o começo e o final da série, ela passou de 0,3% a 0,8% do PIB, ou seja, sofreu uma multiplicação por três vezes.[2]

O Gráfico 12.4 complementa esse quadro, mostrando a importância relativa das despesas da LOAS/RMV em relação aos gastos discricionários, categoria que o Tesouro Nacional captura nas suas estatísticas apenas desde o final da década de 2000. A importância relativa entre uma rubrica e outra passa de 26% em 2010 até mais de 50% recentemente. Resumidamente, um peso de 50% significa que, para manter o total agregado constante, um aumento de 5% da despesa com LOAS implica cortar compensatoriamente 2,5% da despesa discricionária. Isso é parte do que alguma vez foi denominado de "canibalismo do gasto público", quando o aumento do peso de uma rubrica "come" o espaço de uma outra.

---

[2] Em 2021, excepcionalmente, houve uma redução do peso sobre o PIB, devido à elevada inflação daquele ano.

Gráfico 12.3
Despesas com LOAS/RMV (% PIB)

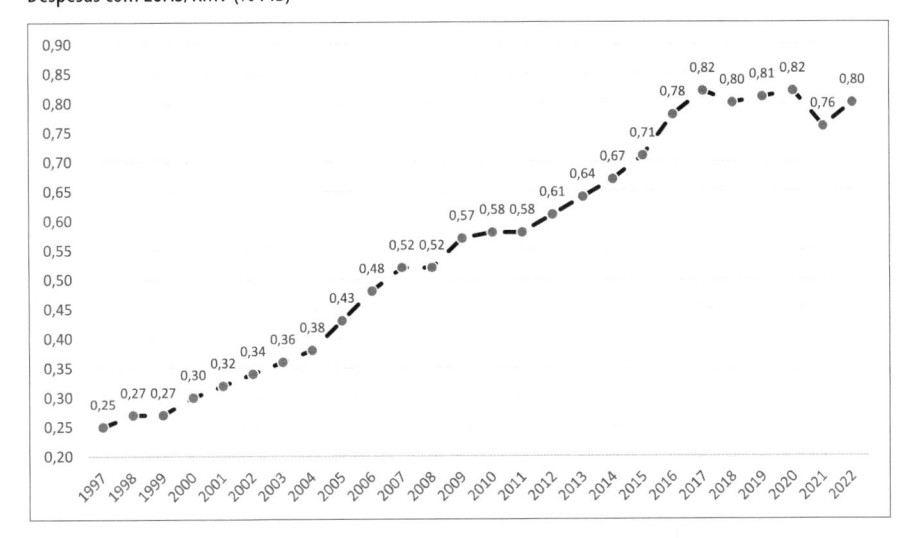

Ano	Valor
1997	0,25
1998	0,27
1999	0,27
2000	0,30
2001	0,32
2002	0,34
2003	0,36
2004	0,38
2005	0,43
2006	0,48
2007	0,52
2008	0,52
2009	0,57
2010	0,58
2011	0,58
2012	0,61
2013	0,64
2014	0,67
2015	0,71
2016	0,78
2017	0,82
2018	0,80
2019	0,81
2020	0,82
2021	0,76
2022	0,80

Obs.: Até 2003, inclusive, a despesa de Rendas Mensais Vitalícias (RMV) era separada da do LOAS e registrada como gasto com benefícios do INSS.
Fonte: Secretaria do Tesouro Nacional.

Gráfico 12.4
Relação entre a despesa com LOAS/RMV e as despesas discricionárias do governo central (%)

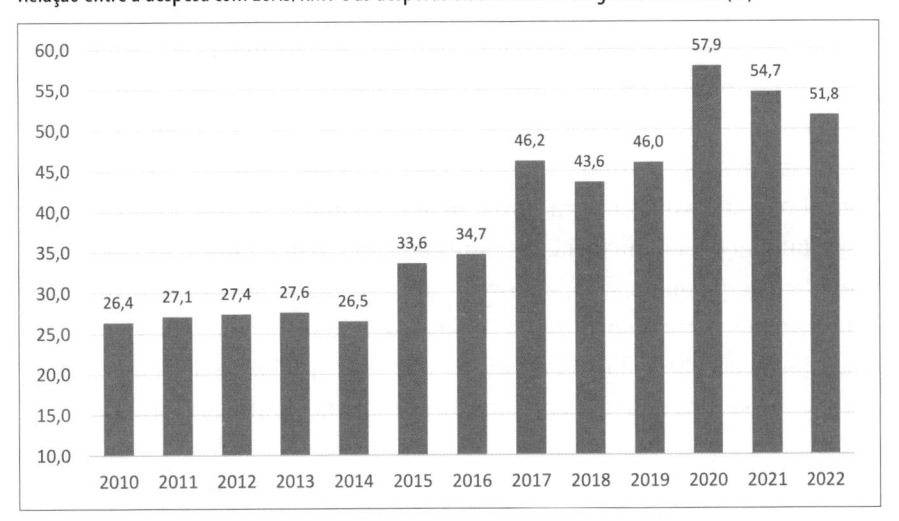

Ano	Valor
2010	26,4
2011	27,1
2012	27,4
2013	27,6
2014	26,5
2015	33,6
2016	34,7
2017	46,2
2018	43,6
2019	46,0
2020	57,9
2021	54,7
2022	51,8

Fonte: Secretaria do Tesouro Nacional.

Uma questão de incentivos

Na economia, o papel dos incentivos é fundamental. O ser humano é um ser racional, e os passos que dá são orientados pela avaliação que ele faz acerca dos custos e dos ganhos de tomar determinada atitude. Forneça-se um incentivo a um setor e cabe esperar que ele responderá a isso. Prometa-se uma recompensa a alguém e é de se supor que essa pessoa produzirá mais.

Tendo isso em mente, pergunte-se o leitor o seguinte: por que alguém que ganhe na vizinhança de um salário mínimo contribuirá para o INSS durante 15 ou 20 anos se, podendo não fazê-lo, receberá aos 65 anos (à mesma idade) o mesmo valor que receberia como benefício assistencial da LOAS? Convenhamos que isso não faz muito sentido.

Ter um sistema previdenciário adequado é, obviamente, um elemento central de uma sociedade organizada, e ter um sistema assistencial que proteja os idosos é também parte do contrato social de uma sociedade civilizada. Porém, não nos enganemos: se o valor do piso assistencial for igual ao do piso previdenciário e se o benefício for outorgado à mesma idade que a aposentadoria, todos os incentivos estarão dados para que, nas faixas inferiores de rendimento, haja um elevado percentual de subnotificação de renda e um desincentivo a contribuir para a Previdência Social.

A Tabela 12.4 mostra isso claramente. Quem ganha dez salários mínimos e está no mercado formal não vai querer abrir mão da sua aposentadoria futura do INSS pelo valor do teto deste, para ficar na informalidade e ganhar um salário mínimo apenas. Porém, quem ganha um salário baixo tem, sim, um estímulo para optar pela informalidade, para não pagar a contribuição previdenciária. O resultado é que o percentual de cobertura previdenciária, ou seja, a proporção de pessoas socialmente protegidas em relação à soma de protegidas e desprotegidas por faixa de renda, que para quem recebe salários elevados ultrapassa 96%, é de apenas 80% para quem se situa na faixa de um a dois salários mínimos de renda.[3]

---

[3] No Capítulo 10 ("O risco do salário mínimo, a LOAS e o desincentivo à contribuição") do livro que os mesmos autores do citado capítulo organizaram, (Tafner, Botelho e Erbisti, 2015), os mencionados três autores mostraram que as taxas de contribuição previdenciárias são ainda menores para remunerações entre 1 e 1,2 salário mínimo. E mais, demonstraram que a taxa cai a partir dos 40 anos, atingindo 37% na faixa entre 50 e 59 anos, e 20% entre 60 e 69 anos.

Tabela 12.4
Percentual de cobertura previdenciária das pessoas ocupadas, por faixa de rendimento em salários mínimos, para pessoas de 16 a 59 anos: 2020 (%)

Faixa de rendimento (em SM)	(%)
1 a 2	79,5
>2 a 3	84,9
>3 a 5	89,4
>5 a 10	92,3
>10 a 20	94,3
>20	96,2

Obs.: O percentual corresponde à proporção de pessoas protegidas (relação entre pessoas protegidas e a soma de protegidas e desprotegidas) por faixa de renda, na comparação com as pessoas dessa faixa de renda.
Fonte: Anuário Estatístico da Previdência Social, Tabela 50.4.

Exatamente por essas considerações, na origem, na Constituição de 1988, o benefício assistencial deveria ter sido descolado do conceito de piso previdenciário. E isso por uma razão perfeitamente defensável: é natural que quem contribuiu por quinze ou vinte anos com o sistema receba mais do que aquele que nunca contribuiu. Deveria ter sido estabelecido que haveria, sim, assistência ao idoso, claro, mas que ela ficaria limitada a, por exemplo, 70% a 80% do benefício previdenciário mínimo.

Hoje, essa mudança é muito difícil. Não há como retirar recursos de quem se habituou a recebê-los — seria uma demonstração de extrema insensibilidade social — e se for adotada uma regra nova para os futuros beneficiários, ter-se-iam pessoas recebendo o mesmo benefício da LOAS, mas com valores diferentes apenas porque um benefício era "antigo" e outro era "novo". Isso dificilmente passaria no Congresso Nacional.[4] Deveria ser possível, sim, no outro parâmetro em que as regras do benefício assistencial do INSS são iguais às de concessão do benefício assistencial da LOAS: o critério de idade.

---

[4] Uma possibilidade seria a de que em algum momento o valor da LOAS seja desvinculado do salário mínimo, caso este continue aumentando em termos reais. Nesse caso, no futuro, o valor da LOAS seria inferior ao salário mínimo. Isso requereria uma desvinculação formal entre os conceitos de benefício assistencial e do salário mínimo, algo que não está no horizonte realista dos próximos anos.

Outro debate necessário

Tanto na reforma proposta por Michel Temer em 2016 como na proposta original enviada ao Congresso pelo governo Bolsonaro em 2019, as autoridades tentaram mexer no dispositivo que regula a idade de concessão do LOAS, constitucionalizando a questão.

A rigor, tratava-se, de certa forma, de uma inversão: em uma situação em que os governos reclamavam do "engessamento" provocado pela Constituição, buscava-se colocar na "Lei Maior" aquilo que hoje é objeto de legislação ordinária. O objetivo era ter uma regra rígida e impedir que a generosidade posterior dos parlamentares viesse a gerar novas reduções da idade de concessão. O fato, porém, é que, em ambos os casos, a ideia não vingou e o governo acabou desistindo desse item da reforma, rapidamente retirado da mesa de negociação.

Em outro contexto, porém, com uma proposta de "aperto de parafusos" da reforma de 2019 mais gradual e concentrada num grupo menor de itens, faz sentido recolocar o tema em pauta, como parte das modificações destinadas a reforçar o arcabouço fiscal em favor da redução futura da relação dívida pública/PIB.

Vale lembrar que a LOAS, como já foi dito, é uma espécie de "sucedâneo" da RMV. Esta, por sua vez, foi criada em 1974, mediante a Lei 6.179, destinada, nos termos do seu art. 1º, para "os maiores de 70 anos de idade e os inválidos, definitivamente incapacitados para o trabalho, que, num ou noutro caso, não exerçam atividade remunerada", mas com a condição de que "I – tenham sido filiados ao regime do INPS, em qualquer época, no mínimo por 12 meses, consecutivos ou não; ou II – tenham exercido atividade remunerada atualmente incluída no regime do INPS ou do FUNRURAL, mesmo sem filiação à Previdência Social, no mínimo por 5 anos, consecutivos ou não".[5]

Ou seja, na década de 2020, quase cinquenta anos depois, o país concede o benefício assistencial com cinco anos de antecedência em relação à idade em que ele era concedido naquela época — quando o benefício

---

[5] O INPS (Instituto Nacional de Previdência Social) foi o instituto que antecedeu o atual INSS.

nasceu. Lá, nos idos dos anos 1970, a expectativa de vida era uma, e nessas quase cinco décadas que se passaram desde então, a expectativa de vida cresceu consideravelmente, e com ela, a duração do benefício.

É razoável argumentar que a norma social mudou e hoje há uma sensibilidade social maior em relação ao tema, assim como é válido reconhecer que o contexto de um governo militar não é o parâmetro ideal de consideração a se levar em conta. Porém, nada disso invalida o fato objetivo de que a idade de concessão diminuiu muito, ao mesmo tempo em que as pessoas passaram a viver bem mais.

Da mesma forma, esses argumentos não mudam o fato de que, se uma pessoa nunca contribuiu para o INSS e outra contribuiu durante 15 ou 20 anos, não deixa de configurar uma certa injustiça com quem contribuiu que esta última receba o mesmo valor (um salário mínimo) e à mesma idade (65 anos) que aquela que nunca aportou um centavo ao sistema.

Faz sentido, consequentemente, colocar em discussão a possibilidade de uma mudança parcial, para estabelecer algum tipo de diferenciação entre regras de concessão de um e outro benefício — previdenciário, por um lado, e assistencial, por outro. Voltaremos a tratar disso no capítulo das propostas.

A seguir, trataremos da questão até agora intocável: a idade de aposentadoria.

CAPÍTULO 13

IDADE, O PONTO CRÍTICO

IDADE, O PONTO CRÍTICO

No ano de 2004, o Instituto de Pesquisa Econômica Aplicada (Ipea) atualizou um livro originalmente lançado em 1999 chamado *Muito Além dos 60: Os Novos Idosos Brasileiros*.[1] Na sua apresentação, o então presidente do Ipea, Glauco Arbix, destacava que "nesses últimos cinco anos, mudanças de grande porte aconteceram em quase todo o mundo, em particular no Brasil, no processo de envelhecimento populacional e na sua percepção, bem como no mercado de trabalho e na disponibilidade de recursos públicos e familiares".

Aproximadamente vinte anos depois, essas palavras não poderiam ser mais atuais. O tema do envelhecimento populacional é um desafio identificado em muitos países há muitos anos.[2] E no caso brasileiro, não há como não deixar de destacar que entre a publicação daquele livro e a situação atual ocorreu um evento importante, que foi a aprovação da reforma da Previdência em 2019.

Ocorre que, ao contrário de muitos países, nos quais reformas previdenciárias foram feitas para enfrentar a realidade do envelhecimento de modo a dilatar a permanência no mercado de trabalho para ajustar parâmetros originalmente razoáveis a uma realidade mutante, o que a reforma brasileira fez foi corrigir verdadeiras aberrações que já se configuravam uma grande benevolência da legislação — ordinária ou constitucional — quando surgiram e se tornaram absurdas com o passar dos tempos. Permitir que uma pessoa se aposentasse aos 50 anos de idade não

---

[1] Camarano (2004).
[2] Ver, por exemplo, OECD (2000).

fazia sentido em 1988, quando a Constituição foi aprovada originalmente — e tornou-se algo quase obsceno no Brasil de 2019.

A dificuldade nacional em encarar nossos problemas e em abordá-los a tempo, antes de que as consequências se avolumassem, fez com que, na reforma de 2019, deixassem de ser abordadas algumas questões-chave, o que, se era compreensível no contexto político complexo daquelas circunstâncias, não mais se justificaria no futuro.

Este livro trata justamente dessas omissões daquela reforma, entre as quais a ausência de uma maior aproximação entre as regras de um e outro gênero, a grande diferenciação em favor das aposentadorias rurais e a falta de distinção entre a idade de elegibilidade para o benefício previdenciário e assistencial.

Falta agora abordar a questão principal: a idade de aposentadoria aos 65 anos para os homens que se aposentam por idade. É o que veremos neste capítulo. Ele se divide em seis seções. Inicialmente, mostraremos a importância quantitativa do benefício por idade. Na sequência, exporemos o que tem acontecido recentemente com as estatísticas de aposentadoria por idade. Logo depois, trataremos do contraste entre a rigidez da regra de aposentadoria por idade e as mutações pelas quais a sociedade foi passando. Posteriormente, chamaremos a atenção para as transformações demográficas que nos aguardam. Depois, mostraremos com algumas contas como as regras atuais configuram — ao contrário do que geralmente se supõe — um grande benefício para quem utiliza o mecanismo de aposentadoria do qual o capítulo trata. Finalmente, à luz do que foi discutido nas páginas precedentes, abordaremos a questão natural que se coloca diante disso tudo: o que fazer?

O parâmetro intocado

Cabe lembrar, em um breve retrospecto, o histórico das principais mudanças previdenciárias ocorridas no Brasil nos últimos 25 anos:

- A reforma constitucional de FHC essencialmente "desconstitucionalizou" a fórmula de cálculo dos benefícios (1998).
- A lei do fator previdenciário mudou a fórmula de cálculo da aposentadoria por tempo de contribuição (1999).

- A reforma de Lula afetou apenas os funcionários públicos (2003).
- A reforma de Bolsonaro eliminou ou reduziu diversos privilégios e mudou substancialmente a regra para quem se aposenta por tempo de contribuição (2019).

O fato a destacar é que o denominador comum de todas essas reformas foi que nenhuma delas mudou rigorosamente nada no requisito de elegibilidade de quem se aposenta por idade — que será, depois da transição, a regra definitiva da previdência brasileira — e que, no caso dos homens, era de 65 anos na Constituição de 1988 e continua sendo o mesmo, em contraste com diversos países que começaram a mexer nesse parâmetro.

É fundamental entender isso porque o cidadão comum — que, tipicamente, se aposenta por idade —, tendo acompanhado o debate recorrente sobre reforma da previdência em diversos governos, pode ter ficado com a impressão de que "o governo sempre quer prejudicar os aposentados", como em geral tende a ressaltar a oposição de plantão. A realidade, porém, é que, para a maioria das pessoas, pouco ou nada mudou depois de 1988.

A Tabela 13.1 mostra que as aposentadorias por idade representam quase 40% do total de benefícios emitidos e predominam no conjunto das aposentadorias, com um contingente mais de 75% superior ao da aposentadoria por tempo de contribuição, em 2022.

Tabela 13.1
Composição do número de benefícios previdenciários emitidos: dezembro/2022 (benefícios milhão)

Composição	Número	(%)
Aposentadorias	22,210	70,2%
Idade	12,088	38,2%
Invalidez	3,261	10,3%
Tempo de contribuição	6,861	21,7%
Pensão por morte	8,194	25,9%
Auxílio-doença	0,998	3,2%
Outros	0,234	0,7%
Total	**31,636**	**100%**

Fonte: Boletim Estatístico da Previdência Social (BEPS).

A realidade (quase) intacta

A Tabela 13.2 mostra que as aposentadorias por idade, nos últimos 15 anos, cresceram, de modo geral, a um ritmo superior ao do total de benefícios previdenciários do INSS. Mesmo abrangendo o período dos primeiros 5 anos do atual século, em que o crescimento ficou um pouco aquém do total, nos primeiros 22 anos deste século, as aposentadorias por idade cresceram a uma média de 3,6% a.a., acima dos 2,9% a.a., em média, do conjunto de benefícios previdenciários.

Tabela 13.2
Taxa de variação do número médio anual de benefícios previdenciários emitidos pelo INSS (% a.a.)

Período	Aposentadorias por idade	Total benefícios emitidos
2000–2005	3,7	3,9
2005–2010	4,1	2,9
2010–2015	3,8	3,3
2015–2020	3,2	2,1
2020–2022	2,6	1,7

Fonte: Boletim Estatístico da Previdência Social (BEPS).

Um ponto importante a ressaltar é que, como mostramos no capítulo sobre os benefícios rurais, estes são muito expressivos em número, porém, com a migração campo-sociedade observada décadas atrás e o reflexo desfasado disso sobre a dinâmica demográfica e previdenciária, o fato é que o crescimento das aposentadorias por idade, embora em menor número que as rurais, tem crescido a uma taxa significativamente superior à desses (Tabela 13.3).

No período entre 2010 e 2022, em particular, quando essa diferenciação foi mais intensa, enquanto as aposentadorias por idade cresceram a uma média anual de 3,3%, a média de expansão do contingente das aposentadorias urbanas foi muito maior, chegando a 5,9% a.a., contra 1,8% das rurais.

Tabela 13.3
Taxa de variação do número médio anual de aposentadoria por idade emitidos pelo INSS (% a.a.)

Período	Aposentadorias por idade	Urbanas	Rurais
2005–2010	4,1	5,6	3,4
2010–2015	3,8	5,9	2,7
2015–2020	3,2	6,4	1,2
2016	3	5,8	1,4
2017	3,5	7,2	1,3
2018	3,4	6,7	1,4
2019	2,6	5,7	0,5
2020	3,3	6,5	1,1
2021	2,1	4,2	0,6
2022	3,1	5,1	1,6

Fonte: Boletim Estatístico da Previdência Social (BEPS).

Nesse período, de mais de vinte anos, as regras de aposentadoria por idade foram sempre as seguintes:[3]

- Homem urbano: 65 anos.
- Homem rural: 60 anos.
- Mulher rural: 55 anos.[4]

A única regra que mudou foi a da idade de aposentadoria das mulheres, na reforma de 2019, que aumentou de 60 para 62 anos, com uma "escadinha" de acréscimos de meio ano por ano, até chegar ao novo parâmetro (Gráfico 13.1). A nova regra de 62 anos passou a valer a partir de

---

[3] Além disso, cabe ressaltar que, para quem estava filiado ao RGPS na data de aprovação da reforma da Previdência de 2019, o tempo de contribuição exigido de quem se aposenta por idade também não mudou, sendo de 15 anos para ambos os sexos.

[4] Vale ressaltar que, com a mudança que houve no meio urbano, a diferença no caso das regras de aposentadoria para as mulheres, entre os requisitos do meio urbano e do meio rural, aumentou de 5 para 7 anos: até a reforma de 2019, as mulheres se aposentavam por idade no meio urbano aos 60 anos, e no meio rural, aos 55, enquanto que, com a reforma, a exigência no meio urbano para o gênero feminino aumentou para 62 anos, ficando a exigência no meio rural inalterada.

janeiro de 2023. Isso significa que o crescimento do estoque total de aposentadorias por idade, no período 2020–2023, enfrentou um componente mitigador, que deixará de amortecer a trajetória da variável de 2024 em diante.

Gráfico 13.1
Idade mínima para aposentadoria por idade: mulheres (anos)

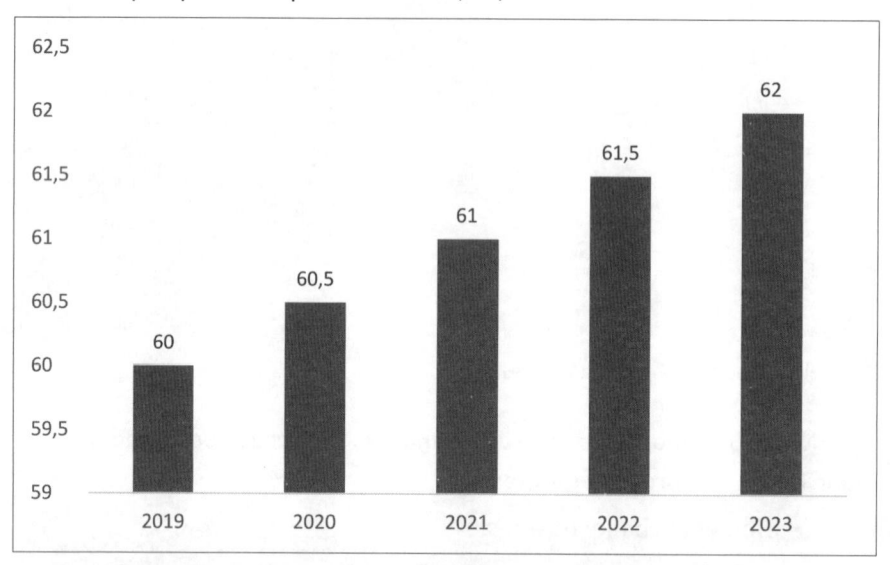

Ano	Idade mínima
2019	60
2020	60,5
2021	61
2022	61,5
2023	62

Fonte: Elaboração própria, com base na reforma da Previdência Social de 2019.

Enquanto isso...

Ao mesmo tempo em que, de um modo geral, a regra de aposentadoria por idade se caracterizou pela sua rigidez, no sentido de que a norma é a mesma atualmente que em 1988 para a grande maioria dos casos, a realidade demográfica continuou se modificando nesses mais de trinta anos (ver Gráficos 13.2 e 13.3).

Cabe lembrar mais uma vez que, no passado, o IBGE não tinha a prática de divulgar anualmente a revisão das tábuas de mortalidade, como faz atualmente. E há que frisar também que a divulgação dos dados do

Censo de 2000 modificou o panorama em relação à realidade que se tinha em mente até o final da década de 1990, em função da longevidade ter se revelado maior do que a imaginada até então.

Gráfico 13.2
Expectativa de vida aos 65 anos: homens (anos)

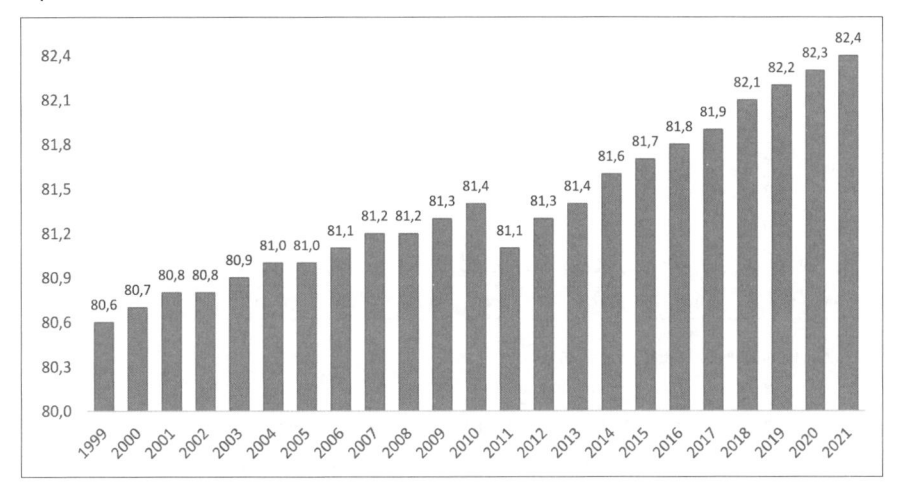

Ano	Valor
1999	80,6
2000	80,7
2001	80,8
2002	80,8
2003	80,9
2004	81,0
2005	81,0
2006	81,1
2007	81,2
2008	81,2
2009	81,3
2010	81,4
2011	81,1
2012	81,3
2013	81,4
2014	81,6
2015	81,7
2016	81,8
2017	81,9
2018	82,1
2019	82,2
2020	82,3
2021	82,4

Fonte: IBGE (Tábua de mortalidade, vários anos).

Com efeito, os Gráficos 13.2 e 13.3 levam em consideração as tábuas revistas, mas há que lembrar que, antes disso, o IBGE tinha divulgado números diferentes nas tábuas divulgadas originalmente para 1999.[5] Assim, a expectativa de vida aos 65 anos, para os homens, na tábua original de 1999, era de 77,7 anos, tendo passado a 80,6 anos na tábua definitiva daquele ano e alcançando 82,4 anos na tábua de 2021. Isso significa que, nos 22 anos entre 1999 e 2021, a expectativa de vida aos 65 anos aumentou 4,7 anos em relação ao quadro que se tinha em mente no final da década de 1990, sem contar a evolução demográfica que tinha ocorrido antes, entre 1988 — ano da Constituição — e o citado ano de 1999.

---

[5] Repare o leitor que as idades contempladas nos gráficos são diferentes, sendo de 65 anos para os homens, e 60 para as mulheres, por corresponderem aos parâmetros estabelecidos para a aposentadoria por idade na Constituição de 1988.

Gráfico 13.3
Expectativa de vida aos 60 anos: mulheres (anos)

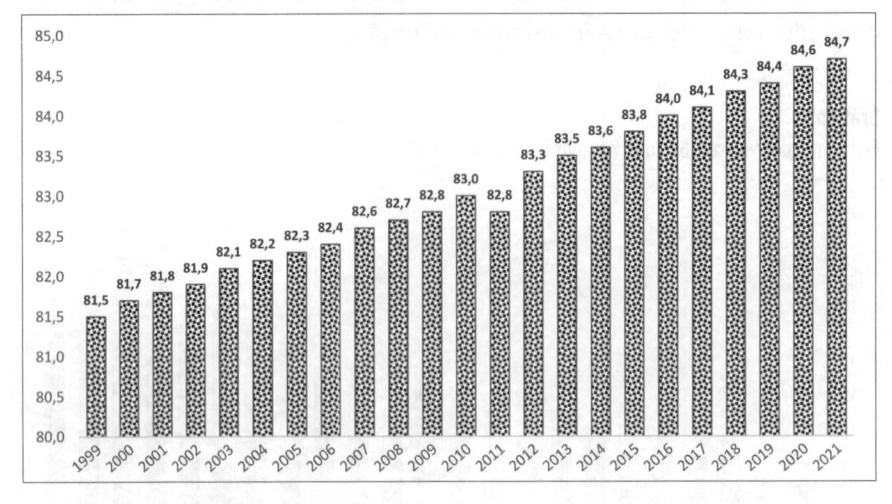

Ano	Valor
1999	81,5
2000	81,7
2001	81,8
2002	81,9
2003	82,1
2004	82,2
2005	82,3
2006	82,4
2007	82,6
2008	82,7
2009	82,8
2010	83,0
2011	82,8
2012	83,3
2013	83,5
2014	83,6
2015	83,8
2016	84,0
2017	84,1
2018	84,3
2019	84,4
2020	84,6
2021	84,7

Fonte: IBGE (Tábua de mortalidade, vários anos).

No caso das mulheres, a expectativa de vida aos 60 anos, na tábua de mortalidade original de 1999, era de 79,4 anos, passando a 81,5 anos na tábua definitiva do mesmo ano e chegando a 84,7 anos na tábua de 2021. Em outras palavras, nos mesmos 22 anos, de 1999 a 2021, a expectativa de vida aos 60 anos se elevou em 5,3 anos, comparativamente à situação que se imaginava existir em 1999, igualmente sem considerar a evolução prévia ocorrida entre 1988 e o final da década de 1990. Diante disso, o aumento de 2 anos na idade de aposentadoria para as mulheres definido na reforma de 2019 deixa o parâmetro ainda muito defasado em relação à expectativa de duração do benefício que existia quando a Constituição foi aprovada, há mais de 30 anos: em relação àquela situação, as mulheres agora precisam se aposentar por idade 2 anos mais tarde — mas, estatisticamente viverão, em média, mais de 5 anos vis-à-vis àquela época. Como em tantas outras coisas, o Brasil reage com defasagem e de modo tímido diante das mudanças impostas pela realidade.

O futuro nos aguarda

O que preocupa, em face da timidez das mudanças ocorridas no Brasil acerca das regras de aposentadoria, à luz das transformações demográficas, é que estas mal se iniciaram. É de agora em diante que o desafio de conviver com o envelhecimento demográfico da população se tornará mais agudo — e o Brasil não está preparado para isso. Os dados da Tabela 13.4 são eloquentes a esse respeito.

Tabela 13.4
Brasil: Participação da população com 65 anos e mais na população total (%)

Ano	Participação percentual
2020	9,8
2030	13,5
2040	17,4
2050	21,9
2060	25,5

Fonte: IBGE (Revisão da População 2018).

De fato, a participação do conjunto de pessoas com 65 anos e mais de idade aumentou no século atual, mas ainda era inferior a 10% da população total em 2020. Essa participação aumentará de forma contínua, sendo, em perspectiva, de 14% em 2030 e alcançando mais de 20% em meados do século.

Esse fenômeno ocorre no mundo inteiro. Por isso, muitos países estão começando a elevar a idade de aposentadoria exigida como critério de elegibilidade (Tabela 13.5). Isso tem sido feito pela combinação de dois mecanismos: (1) progressiva igualdade de idade entre gêneros e (2) progressivo aumento da idade para ambos, para 66 ou mesmo 67 anos. Esse processo pode ocorrer simultânea ou sequencialmente. Mas é fato que ele já está em curso em vários países.

Tabela 13.5
Idade mínima de aposentadoria em países selecionados (anos)

País	Idade Mínima	País	Idade Mínima
Alemanha	65	Islândia	67
Austrália	65	Israel	67
Áustria	65	Itália	66
Bélgica	65	Japão	65
Canadá	65	Luxemburgo	65
Chile	65	México	65
Dinamarca	65	Noruega	67
Espanha	65	Nova Zelândia	65
EUA	66	Polônia	65
Finlândia	65	Portugal	65
França	65	Reino Unido	65
Grécia	65	Suécia	65
Holanda	65	Suíça	65
Irlanda	66		

Fonte: Brasil (2016), com base em dados da Organização Econômica para a Cooperação e o Desenvolvimento (OECD).

Algumas contas

O cidadão comum tende a ter a percepção de que, no pacto social brasileiro, os aposentados são os grandes prejudicados, e, entre eles, notadamente aqueles que se aposentam por idade, cujo nível de renda se assemelha mais tipicamente ao do brasileiro médio, em contraste com a situação de quem se aposenta por tempo de contribuição, em geral mais associado à classe média. Entretanto, essa visão não corresponde à realidade, pelo menos não completamente, como tentaremos mostrar.

Para isso, é preciso entender o conceito de "valor presente", que nada mais é do que o valor "trazido para hoje" de uma situação financeira futura, procedimento que é feito com a utilização da taxa de juros, que transforma valores futuros em valores presentes. Assim, por exemplo, um valor de 100 a ser recebido daqui a um ano tem um valor presente de 95,24 se a taxa de juros for de 5%, uma vez que (100 / 1,05) = 95,24.

Dito isto, faremos um exercício simples, que está representado no Gráfico 13.4, para uma situação hipotética em que se tem como referência uma remuneração de 100 unidades, sobre a qual incide uma taxação total de 31% (soma da contribuição de empregado e empregador). Adota-se uma taxa de juros real de 2% a.a., assumida como sendo uma estimativa da taxa Selic real de longo prazo, em uma perspectiva de décadas e que gera uma taxa mensal de 0,1652%. No cálculo, são trazidos a valor presente do momento 0 os fluxos mensais sucessivos ao longo do tempo. O primeiro valor é de 30,95 — igual a 31, descontado pelo juro real mensal —, e assim sucessivamente, até que, no momento de a pessoa ganhar acesso à aposentadoria, ela deixa de contribuir e passa a receber o valor de 100 da aposentadoria — que, naturalmente, é afetado pela taxa de desconto, quando trazido a valor presente.[6]

Como se pode ver no Gráfico 13.4A, referente a um homem que, na nova regra, contribui durante 20 anos, após a fase de acumulação de 240 meses, o valor que seria acumulado se a pessoa contribuísse para uma conta de poupança individual, e não para o INSS, começa a ser utilizado, na fase de saques (aposentadoria). Nesse caso, o valor acumulado seria zerado depois de 8 anos e 2 meses de usufruto da aposentadoria — ou seja, mais 98 meses — no mês 339.

Já no caso de uma mulher que contribua durante 15 anos para uma conta individual de poupança na qual os saldos vão se acumulando, sempre à mesma taxa real de 2% a.a., no Gráfico 13.4B, referente a uma contribuição de 15 anos, ou 180 meses, o saldo começa a ser utilizado no mês 181 e é zerado no mês 250, após 5 anos e 9 meses — ou seja, 69 meses — de aposentadoria.

---

[6] O exercício considera que a pessoa recebe 13 remunerações na vida ativa, sendo que sobre o 13º salário também incide a contribuição previdenciária, assim como o fato de que na aposentadoria ela também recebe 13 pagamentos anuais. Nos gráficos correspondentes, porém, esse efeito, a cada 12 meses, fica diluído, pelo fato de que o fluxo duplicado do mês de dezembro é escassamente relevante diante do ativo constituído ao longo do tempo, no exercício hipotético.

Cabe lembrar, para efeitos comparativos, que, pelas tábuas de mortalidade por gênero do IBGE referentes a 2021, a expectativa de sobrevida dos homens aos 65 anos é de 17,4 anos (209 meses), enquanto a expectativa de sobrevida das mulheres aos 62 anos é de 23,1 anos (277 meses). Em outras palavras, o sistema paga aposentadorias aos homens, em média, durante 209 meses, mas ele teria lastro para pagar aposentadorias durante apenas 98 meses. No caso das mulheres, considerando 15 anos de contribuição, ela receberá durante 277 meses, mas teria lastro financeiro apenas para pagar por 69 meses. É evidente que a conta não fecha!

Gráfico 13.4A:
Acumulação e desacumulação, com os parâmetros atuais de tempo contributivo e idade — Homens

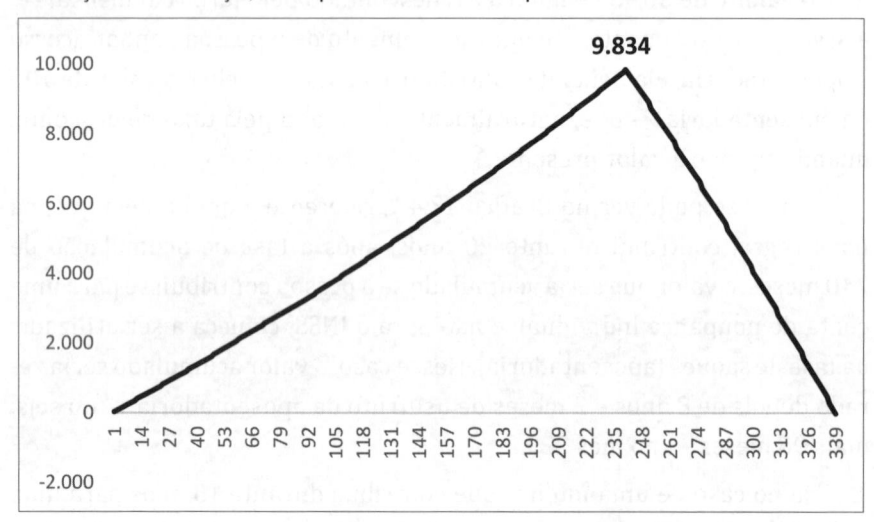

Fonte: Elaboração própria.

Gráfico 13.4B:
Acumulação e desacumulação, com os parâmetros atuais de tempo contributivo e idade — Mulheres

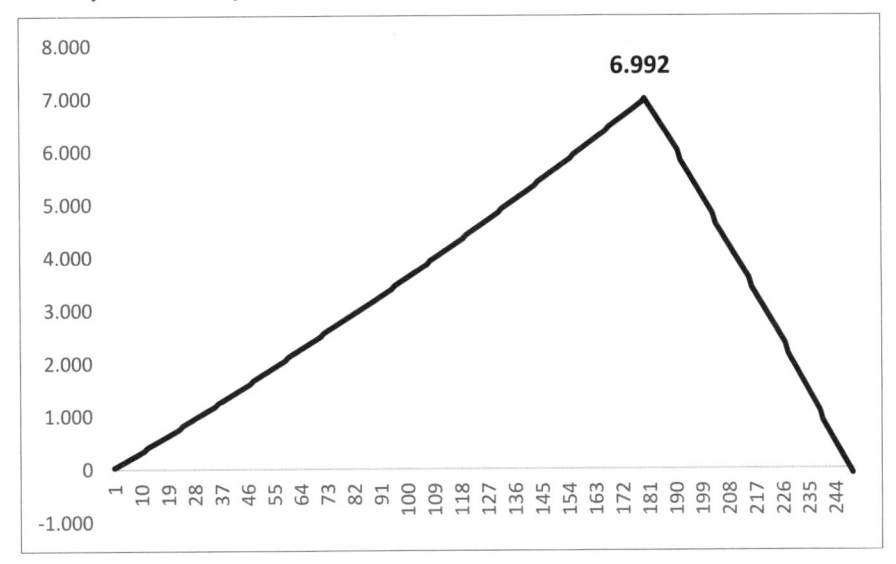

Fonte: Elaboração própria.

Tal lógica permite gerar a Tabela 13.6. Nela, se compara, tendo como referência o valor da remuneração inicial de 100, o valor presente (VP) das contribuições na fase de acumulação e na fase de recebimento do benefício, considerando a nova regra em que os homens que ingressam no sistema contribuem por 20 anos e as mulheres continuam contribuindo por 15 anos.[7] Como os homens contribuem por mais tempo, seu VP acumulado é maior que o das mulheres, ao passo que, como começam a receber aos 65 anos e têm uma expectativa de vida menor, têm um VP menor dos benefícios. Mesmo assim, o VP, corretamente calculado, das contribuições mal cobre metade do VP dos benefícios, enquanto no caso das mulheres é de apenas 30%, aproximadamente. Ou seja, mais precisamente, é como se, de cada R$ 100 recebidos do INSS pelas mulheres na sua vida de aposentada por idade, R$ 71 fossem de subsídio, sob a forma de deficit da

---

[7] Para quem contribui por menos de quarenta anos, a regra de cálculo do benefício implicaria ter uma aposentadoria inferior aos 100% do salário, mas aqui, implicitamente, consideramos a situação de quem ganha salário mínimo, de modo que a regra dos 2% por ano excedente a 60% da remuneração acima de determinado número de anos de contribuição não se aplica, e o benefício é de 100% do salário de contribuição.

Previdência, enquanto no caso dos homens o valor é menor, mas, ainda assim, expressivo, de R$ 49. O seja, quem contribui para a aposentadoria por idade pelo período mínimo custeia apenas 51% do valor das aposentadorias no caso dos homens, e 29%, no das mulheres.

Tabela 13.6
Comparação de valor presente (VP) de contribuição e benefícios (com remuneração de 100)

Gênero	TC	Usufruto (meses)	VP acumulação	VP benefício	Subsídio (%)/a
Homem	20	209	6.618	12.848	48,5
Mulher	15	277	5.194	17.865	70,9

TC: Tempo de contribuição (anos).
/a Subsídio: (VP benefício − VP acumulação) / VP benefício.
Obs.: Foram utilizadas tábuas de mortalidade por gênero (tábua do IBGE de 2021). Expectativa de sobrevida dos homens aos 65 anos: 17,4 anos (209 meses); expectativa de sobrevida das mulheres aos 62 anos: 23,1 anos (277 meses).
Fonte: Elaboração própria (ver texto).

O que fazer?

Por tudo o que foi exposto, chegou a hora de colocar em debate a necessidade de modificar o que até agora se manteve como um parâmetro intacto entre as diversas regras de aposentadoria: a idade de concessão do benefício por idade. O parâmetro teria que aumentar, porém não de modo abrupto. Resumidamente, agora que já vimos o conjunto de temas objeto de discussão neste livro, a ideia seria dar um tratamento conjunto aos seguintes tópicos:

- Idade de elegibilidade para a aposentadoria por idade.
- Diferença de gênero entre homens e mulheres.
- Diferença entre os requisitos de aposentadoria por idade entre os meios urbano e rural.
- Diferença entre os professores e as demais categorias.

Dessa forma, os três princípios a serem seguidos seriam:

i) Elevar a idade de aposentadoria de referência dos homens, atualmente de 65 anos.
ii) Conservar as três diferenciações citadas, mas reduzindo a sua intensidade.
iii) Promover esses processos de convergência parcial de modo gradual e espaçado no tempo.

CAPÍTULO 14

A PROPOSTA

A PROPOSTA

Em 1970, a razão Número de contribuintes/Número de beneficiários do Regime Geral de Previdência Social (RGPS) era de 4,2. Trinta anos depois, tinha caído para 1,7.[1] O mecanismo encontrado no regime de repartição para amortecer o efeito das mudanças do perfil demográfico e evitar, assim, uma explosão do gasto e do desequilíbrio fiscal é, periodicamente, revisar os parâmetros que regulam as aposentadorias, inclusive com ajustes nas alíquotas de contribuição previdenciária. É assim que foi feito, de uma forma ou de outra, nas reformas de Fernando Henrique Cardoso (redução do valor pago nas aposentadorias por tempo de contribuição), Lula (aumento da receita via elevação do teto do INSS) e Bolsonaro (vedação de aposentadorias precoces). Essas reformas, em maior ou menor medida — no caso da última, certamente mais que no caso das anteriores — conseguiram, em parte, seu propósito. O fator previdenciário de fato diminuiu o valor unitário das aposentadorias por tempo de contribuição; a receita do INSS aumentou bastante no governo Lula, ainda que não apenas exclusivamente pela reforma; e, nos próximos anos, a idade média de concessão das aposentadorias por tempo de contribuição aumentará bastante.

Não obstante isso, os homens e mulheres que se aposentam no meio rural, tipicamente, por idade, os homens que se aposentam por idade no meio urbano, e, a partir de 2023, novamente as mulheres que se aposentam por idade no meio urbano, após um breve intervalo, continuarão a encarar, ano após ano, as mesmas regras de aposentadoria, enquanto a expectativa de vida continuará a se elevar.

---

[1] Santos (2009), Tabela 3.2.

O Brasil avançou com a reforma previdenciária de 2019. Evitar os privilégios e as aposentadorias precoces que existiam naquela época nos torna uma sociedade um pouco mais justa. Porém, isso é insuficiente. Com a demografia que o país tem em perspectiva, não será possível continuar a assistir que homens e mulheres no meio rural continuem se aposentando aos 60 e 55 anos de idade, respectivamente, e que os homens e mulheres nas cidades se aposentem, com apenas 15 anos de contribuição, aos 65 e 62 anos, respectivamente. Cedo ou tarde, o país terá que revisar também esses parâmetros, a maioria dos quais passaram inalterados pelas reformas feitas até agora. Este livro tratou dessa que poderíamos denominar de "agenda inconclusa" das reformas incompletas, envolvendo elementos não presentes na reforma de 2019 e, eventualmente, o aperto de algum dispositivo já contemplado nela, mas ainda de modo insuficiente, como, por exemplo, a redução do diferencial de gênero. Depois do diagnóstico, é hora de transformar o que foi dito nos capítulos precedentes em propostas concretas de alteração legislativa ou constitucional.

Nessa linha, com apoio nos argumentos desenvolvidos no livro, começaremos por tratar da norma de reajuste anual do salário mínimo para, na sequência, propor um pequeno ajuste na regra de transição que rege a aposentadoria por tempo de contribuição e, posteriormente, abordar o requisito de aposentadoria por idade e o tempo de contribuição exigido, para concluir o capítulo incorporando a possibilidade de aposentadoria antecipada — mecanismo existente em vários países do mundo e que já existiu no Brasil — e propondo novas regras para a concessão de benefícios assistenciais da LOAS e para o regime dos professores.

Um ponto importante a ressaltar é que, em todos os casos, estamos propondo sugestões para debate, com a ideia de, caso vingarem, tornarem-se uma proposta a ser encaminhada ao Congresso Nacional em 2027 — primeiro ano do governo eleito em 2026 — e, se aprovada, começar a ter vigência a partir de 2028. Estamos cientes, porém, de que eventualmente a realidade política pode fazer com que esse horizonte se desloque quatro anos, "empurrando" a reforma para 2031.

A regra do salário mínimo

A vinculação do salário mínimo com os temas deste livro está relacionada com os arts. 201 e 203 da Constituição. O primeiro, que trata da Previdência Social, estabelece que "nenhum benefício que substitua o salário de contribuição ou o rendimento do trabalho do segurado terá valor mensal inferior ao salário mínimo". Por sua vez, o segundo, que trata da assistência social, define, conforme já salientado no capítulo do livro que trata do tema, que "a assistência social será prestada a quem dela necessitar, independentemente de contribuição à seguridade social, e tem por objetivos: I – ...; (...); V – a garantia de um salário mínimo de benefício mensal à pessoa com deficiência e ao idoso que comprovem não possuir meios de prover à própria manutenção ou de tê-la provida por sua família, conforme dispuser a lei".

Embora a defesa do fim da vinculação entre o salário mínimo e o piso previdenciário seja inteiramente legítima e se ampare em razões que podem ter um sólido fundamento econômico, a questão não é isenta de controvérsias, por mais plausíveis que sejam as justificativas para ter uma hierarquia de valores tais que salário mínimo > piso previdenciário > benefício assistencial.[2]

O fato é que a vedação prática a uma mudança dessa vinculação decorre da percepção, presente nas reflexões de parte da comunidade jurídica do país, de que a atual composição do Supremo Tribunal Federal tende a considerar a vinculação como cláusula pétrea da Constituição. Isso pode mudar com o passar dos anos e com esforço político e técnico de convencimento dos membros da Alta Corte, mas certamente exigirá tempo, dedicação e zelo por parte das autoridades do Executivo e, sobretudo, da autoridade máxima do presidente da República. Isso, como dito, poderá demandar muito tempo.

---

[2] Resumidamente, as razões estariam ligadas ao fato de que quem recebe salário mínimo na ativa tem uma série de compromissos regulares como parte da unidade familiar, fundamentalmente ligados à criação dos filhos e à aspiração de formação de patrimônio, que tendem a ser maiores do que os de uma pessoa na terceira idade, e ao incentivo natural à contribuição que resultaria em ter um benefício previdenciário mínimo maior que o assistencial.

Diante disso, a forma mais apropriada de encarar o tema, visando eliminar a possibilidade de que a questão pressione as contas públicas como ocorreu durante mais de vinte anos, depois de 1994, na fase de aumentos reis expressivos do salário mínimo, é aprovar um dispositivo constitucional que defina dois pontos:

- A indexação do salário mínimo ao INPC.
- A adoção dessa prática por um período longo, preferencialmente de dez a quinze anos.

Embora politicamente complexa, a proposta tem duas justificativas:

a) Ela corresponde exatamente à prática adotada nos últimos anos, nos governos Temer e Bolsonaro, algo na época inteiramente aceito pela sociedade e pelo Congresso Nacional.

b) Apesar do seu custo político, a inclusão da cláusula na Constituição dará uma perspectiva de duração maior para a vigência da proposta, algo que com uma lei, passível de mudar por quórum simples, seria frágil, diante da possibilidade de mudança, dependendo dos desejos do governo de plantão.

Embora a proposta não mude nada em relação ao que já tem ocorrido até 2022, a aprovação por um prazo longo de validade abriria um horizonte de previsibilidade que só esteve presente — porém, na época, com uma regra explosiva — na fase em que o SM esteve indexado ao crescimento defasado do PIB.

A aposentadoria por tempo de contribuição: um pequeno ajuste na regra de transição

Como vimos no capítulo que tratou da aposentadoria por tempo de contribuição, a mudança ocorrida nesse item na reforma de 2019 foi substancial, e não haveria razões para promover maiores ajustes em relação às regras já definidas. A exceção correria, pela nossa proposta, por conta da regra referente ao gênero: pela regra de transição já vigente, na escala prevista, as mulheres poderiam optar por se aposentar, por tempo de contribuição, pelo que fosse mais conveniente: idade mínima de 60,5 anos (em 2028) ou soma de 95 pontos na combinação de anos de idade e de contribuição, sendo esses parâmetros crescentes na proporção de 0,5 ano por ano pelo critério de idade mínima (até 62 anos) e de 1 ponto por ano para a pontuação mínima (até 100 pontos). Essa transição se completaria em 2033, com diferença de 3 anos de idade mínima e de 5 pontos em relação à regra aplicada aos homens. Em função da importância de, ainda que conservando o princípio da diferenciação, estreitar mais a diferença entre gêneros, à luz dos argumentos expostos no livro, a nossa proposta é diminuir a diferença de 3 para 1 ano e, paralelamente a isso, ter 4 anos (e não 5) de diferença de pontuação. Assim, a proposta seria manter a escala prevista atualmente até 2031 intacta, mas dar continuidade à elevação gradual da idade mínima e do requisito de pontuação para as mulheres, em relação ao cronograma atual (ver Tabela 14.1).

Tabela 14.1
Requisitos para a aposentadoria por tempo de contribuição: mulheres (regra de transição atual)

Ano	Idade mínima (anos)	Pontos
2028	60,5	95
2029	61	96
2030	61,5	97
2031	62	98
2032	62	99
2033	62	100

Fonte: Elaboração própria (ver texto).

Um elemento que cabe ressaltar é que a proposta feita caminha no sentido de voltar a diferenciar entre as aposentadorias por tempo de contribuição e idade, unificadas em 2019 para os novos entrantes. Para estes, seria exigido um mínimo de 65 anos para os homens e 20 anos de contribuição, e para as mulheres, os requisitos seriam de 62 anos e 15 anos, respectivamente. O princípio é que faz sentido que quem contribui por muitos anos — quem começa a contribuir com 20 anos de forma contínua, aos 65 anos terá contribuído 45 anos! — possa se aposentar antes de quem o faz por idade. Assim, as regras de idade mínima e pontuação valeriam apenas para a transição de quem se encontrava filiado ao regime em 2019, por ocasião da reforma.

A idade de aposentadoria

A principal mudança proposta é na idade de aposentadoria (Tabela 14.2).

Tabela 14.2
Requisitos de aposentadoria por idade (anos)

Ano	Urbanos		Rurais	
	Homens	Mulheres	Homens	Mulheres
Vigente em 2027	65	62	60	55
2028	65,5	62,5	60,5	55,5
2029	65,5	62,5	61	56
2030	66	63	61,5	56,5
2031	66	63	62	57
2032	66,5	63,5	62,5	57,5
2033	66,5	63,5	63	58
2034	67	64	63,5	58,5
2035	67	64	64	59
2036	67	64,5	64,5	59,5
2037	67	64,5	65	60
2038	67	65	65	60,5
2039	67	65	65	61
2040	67	65,5	65	61,5
2041	67	65,5	65	62
2042	67	66	65	62,5
2043	67	66	65	63
2044	67	66	65	63,5
2045	67	66	65	64

Fonte: Elaboração própria (ver texto).

O objetivo é adaptar a regra à mudança demográfica que o país tem em perspectiva e, também, ajustar a idade, em face do aumento da expectativa de vida já observado depois da promulgação da Constituição de 1988, diante das quais o requisito de idade de aposentadoria para quem se aposenta por idade nunca foi modificado. Além disso, a ideia é diferenciar, novamente, os conceitos de aposentadoria por idade e por tempo de contribuição no regime definitivo, conforme os parâmetros estabelecidos na regra definitiva e já considerando o ajuste do tempo contributivo a ser ainda explicado (Tabela 14.3). No arranjo proposto, como ficará claro, o ano final da transição no meio urbano seria 2042 para o requisito de idade e 2045 para a elevação da exigência de tempo mínimo contributivo, ao passo que no meio rural o ano final da transição, seria 2045 para a idade e 2043 para a exigência de tempo mínimo contributivo.

Tabela 14.3
Regras definitivas para aposentadoria por idade: requisitos em anos

Requisitos	Urbanos		Rurais	
	Homens	Mulheres	Homens	Mulheres
Idade	67	66	65	64
Tempo de contribuição	24	23	23	22

Fonte: Elaboração própria (ver texto).

No final de uma longa transição, que só se completaria no ano de 2045, teríamos, então, as seguintes características do conjunto de parâmetros expostos na Tabela 14.3:

- A idade de aposentadoria por idade no meio urbano, para os homens, passaria de 65 anos para 67 anos.
- A diferença entre mulheres e homens continuaria a existir, mas diminuindo de 3 anos para 1 ano.
- A diferença entre o meio urbano e rural, tipicamente de 5 anos para os homens, cairia para 2 anos.

Assim, nos casos extremos de homem urbano e mulher rural, que hoje se aposentam com 65 anos e 55 anos, respectivamente, a aposentadoria passaria a ser aos 67 anos e 64 anos, respectivamente, no final da transição, daqui a mais de 20 anos.[3]

---

[3] Esta é a proposta que nos parece ser tecnicamente consistente. É evidente, porém, que, no processo de negociação política, será preciso fazer concessões diante de determinadas demandas e alguns parâmetros poderão ser suavizados, como forma de angariar apoios para a proposta.

O tempo de contribuição: um ajuste necessário

Além do aumento da exigência de idade, seria preciso ajustar o tempo mínimo de contribuição, em relação ao estabelecido na reforma de 2019, de 20 anos para os homens e 15 para as mulheres, no caso dos novos entrantes. Esse parâmetro é muito baixo, inclusive, em relação a outros países da América Latina. A Argentina e o Uruguai demandam 30 anos de exigência contributiva para que a pessoa possa se aposentar, como mostra a Tabela 14.4. Embora ter uma exigência contributiva superior a 20 anos pareça algo elevado, comparativamente à atual, cabe lembrar que:

i) Uma contribuição durante 23 ou 24 anos corresponde a apenas 50%, *grosso modo*, do período ativo de quem começar a trabalhar por volta dos 18 anos e se aposentar aos 67 anos de idade.

ii) Tal parâmetro seria alcançado após uma fase de transição de duas décadas.

iii) Esse prazo daria muito tempo para as pessoas ajustarem a sua contribuição à nova regra, entendendo que parte da explicação para o número de anos de contribuição hoje ser baixo está ligada à própria exigência ser baixa.

Tabela 14.4
Número de anos de contribuição para ter acesso ao benefício previdenciário em regimes de repartição em países selecionados da América Latina (anos)

País	Número de anos de contribuição
Argentina	30
Colômbia	25
México	24
Panamá	20
Paraguai	25
Peru	20
Uruguai	30
Venezuela	15

Fonte: CAF (2020), Quadro 3.2.

O parâmetro aumentaria seguindo a escala definida na Tabela 14.5.

Tabela 14.5
Tempo mínimo de contribuição para aposentadoria urbana por idade (anos[4])

Ano	Tempo de contribuição mínimo	
	Homens	Mulheres
2027	15	15
2028	15,5	15,5
2029	16	16
2030	16,5	16,5
2031	17	17
2032	17,5	17,5
2033	18	18
2034	18,5	18,5
2035	19	19
2036	19,5	19,5
2037	20	20
2038	20,5	20,5
2039	21	21
2040	21,5	21,5
2041	22	22
2042	22,5	22,5
2043	23	23
2044	23,5	23
2045	24	23

Obs.: os valores destacados indicam os tempos mínimos aplicáveis à aposentadoria rural.
Fonte: Elaboração própria (ver texto).

O incentivo correto e equilibrado no tempo de contribuição: a aposentadoria antecipada

Em vários países do mundo, existe o instituto da "aposentadoria antecipada" *(early retirement)*. Ela pode ser usufruída, desde que alguns requisitos

---

[4] Essa tabela passa a ser válida para todos os que tenham ingressado ou venham a ingressar no sistema a partir da EC 109/2019.

sejam cumpridos, como, por exemplo, ter uma idade mínima, um tempo mínimo de contribuição ou uma combinação de ambos.

O Brasil, em 2019, com a Emenda Constitucional (EC) 103, tomou a decisão de acabar, na prática e após o período de transição, com a aposentadoria por tempo de contribuição, passando a vigorar uma idade mínima com tempo mínimo de contribuição. Assim, será possível se aposentar aos 65 anos, se homem, por exemplo, com 25 ou 30 anos de contribuição, sendo dispensado o cumprimento do requisito de 35 anos de contribuição. Nesse caso, o ajuste será feito no valor do benefício.

Vejamos o seguinte exemplo: uma trabalhadora do sexo feminino cuja média de contribuição aos 65 anos de idade seja R$ 2.400. Admite-se que, nesse momento, a pessoa tenha 35 anos de contribuição. Então, o valor de seu benefício será (60% + 15 anos x 2% por ano sobre o excedente a 20 anos) = 90% da média apurada, ou seja, R$ 2.160. Em síntese, por ter 35 anos de contribuição, em vez dos 40 anos exigidos para obter 100% da média de contribuição, há um redutor de 10% (2% para cada ano antes dos 40 anos de contribuição).

Se a regra está bem ajustada para a grande maioria que se aposentará por idade e com menos de 40 anos de contribuição, ela deixa a desejar, porém, quando ocorre a situação inversa, qual seja, a de se ter muito tempo de contribuição e pouca idade. Da mesma forma, a regra não premia com algum bônus quem, aos 65 anos, tiver mais de 40 anos de contribuição. Por exemplo, se um indivíduo cumprir 40 anos de contribuição aos 63 anos, ele terá que esperar até completar 65 anos, quando então terá 42 anos de contribuição, ou seja, dois anos a mais que aqueles que com 65 anos de idade e 40 de contribuição se credenciam à aposentadoria plena. Esses dois anos adicionais de contribuição não se revertem em qualquer benefício ao segurado. Além de injusto, é um equívoco, em termos de incentivo.

Em nossa legislação, esse "prêmio" já existiu no passado, com a lei do chamado "fator previdenciário". Para aqueles que se aposentavam com muita idade, ou muito tempo de contribuição (ou ambos), o fator era superior a um, significando que haveria um aumento do valor do benefício em relação ao que seria recebido sem o fator. Na tabela de fator previdenciário de 2022, com 65 anos de idade e 42 de contribuição, esse fator é 1,217 indicando que a média apurada do valor da contribuição será acrescida em 21,7%. Esse incentivo, corretamente estabelecido na Lei do Fator, não mais será aplicado, retirando-o de nosso ordenamento jurídico, que é, na realidade, um "prêmio" para quem contribuiu por muito tempo.

É razoável que tenhamos como princípio geral da previdência que quem contribuiu por menos tempo que o desejável tenha um deságio e que quem contribuiu a mais tenha, reciprocamente, um ágio, ou seja, um *plus*. Trata-se de um princípio de simetria que todo sistema previdenciário deve conter.

Parece haver, portanto, todo sentido em ser criado um mecanismo que permita contemplar um benefício pelo maior esforço contributivo, desde que seja limitado a uma idade mínima para que esses segurados que têm muito tempo de contribuição possam começar a usufruir do benefício. Seria uma forma de ajustar o valor do benefício para aqueles que contribuírem para além dos 40 anos de contribuição e quiserem se aposentar a uma idade ligeiramente inferior a 65 anos (ou 67 anos no futuro). E seria também uma recompensa para aqueles que, mesmo podendo se aposentar, permaneçam em atividade por mais tempo, aposentando-se para além dos limites mínimos de idade.

A proposta, então, é a de que se permita, a partir de 2028, a aposentadoria antecipada para todos quantos do sexo masculino cumprirem o mínimo de 102 pontos na soma de anos de idade e de contribuição e tiverem pelo menos 62 anos de idade, ou seja, esse indivíduo poderia se aposentar nessa idade (3,5 anos antes do mínimo geral) com deságio (redução) em seu benefício, pois irá recebê-lo por mais tempo do que receberia caso só se aposentasse à idade de 65,5 anos.

Tendo em vista o aumento da idade de aposentadoria, tal como proposto na Tabela 14.2, os parâmetros para os homens seriam alterados toda vez que se completasse um ano cheio — e também um ponto a mais. Esses ajustes ocorreriam em 2030, quando sua idade atingiria 66 anos — e 106 pontos — e em 2034 —, quando os limites seriam elevados para 67 anos de idade e 107 pontos.

No caso das mulheres, o processo de ajustamento seria mais longo e com mais alterações. Note-se que, pela regra atual, o limite mínimo para as mulheres em 2028 seria 95 pontos — dez a menos do que os homens.

A partir daí, sua pontuação mínima iria se elevando 1 ponto ao ano — e, simultaneamente, reduzindo a diferença de 10 pontos em relação aos homens — até atingir 100 pontos, em 2033. Contudo, segundo a proposta apresentada na Tabela 14.2, a idade mínima para a mulher continuaria se elevando, até atingir 66 anos em 2042. À semelhança do que seria para os homens, a tabela de aposentadoria antecipada seria ajustada, sendo a exigência aumentada a razão de 1 ponto por ano a partir de 2029, até atingir 98 pontos em 2034, quando a idade mínima para aposentadoria antecipada seria de 61 anos. Em 2034, o limite mínimo de pontos e a idade mínima da aposentadoria antecipada seriam aumentados em 1 ponto e 1 ano, e a partir daí, o requisito de idade mínima aumentaria mais duas vezes, em 2038 e 2042, quando ele seria elevado, respectivamente, para 65 anos (2038) e 66 anos (2042) para a aposentadoria regular, enquanto os requisitos para a aposentadoria antecipada seriam, no final da transição, de 63 anos de idade e pelo menos 100 pontos. A Tabela 14.6 sintetiza esse processo de ajustamento. Observe-se então que, para a aposentadoria regular, o ano do final da transição seria o de 2034 para os homens e o de 2042 para as mulheres

Uma vez definidos os parâmetros mínimos a serem considerados, a lógica da construção desses fatores é bastante simples. Tomem-se os parâmetros para a aposentadoria regular (65 anos de idade e 40 anos de contribuição para homens, e 62 anos de idade e 35 anos de contribuição para mulheres). A partir daí, cada ano adicional de idade corresponderá a um aumento de 3% nesse fator, e cada ano a menos em relação à base, corresponderá a uma redução de 5%. No caso do tempo de contribuição, cada ano adicional de contribuição corresponderá a um aumento de 2% nesse fator, e cada ano a menos, a uma redução de 3%.[5]

O resultado da célula correspondente na tabela será a multiplicação desses dois fatores (linha para o tempo de contribuição e coluna para a idade). Assim, por exemplo, para um indivíduo do sexo masculino que tenha 42 anos de contribuição e sua idade seja 64 anos, o fator será o resultado do produto de 1,04 (4% de adicional pelos 2 anos adicionais de contribuição) por 0,95 (redução de 5% devido à sua idade inferior em 1 ano

---

[5] As percentagens não são simétricas, pelo fato de que as despesas e as receitas do sistema previdenciário com a variação de um ano, seja na idade, seja no tempo de contribuição, também não o são.

Tabela 14.6
Requisitos mínimos para a aposentadoria regular e antecipada — Urbano — Tabela aplicável a partir de 2028

Ano	Requisitos para aposentadoria — HOMEM				Requisitos para aposentadoria — MULHER			
	Aposentadoria regular		Aposentadoria antecipada		Aposentadoria regular		Aposentadoria antecipada	
	Idade mínima	Mínimo de pontos	Idade mínima	Mínimo de pontos	Idade mínima	Mínimo de pontos	Idade mínima	Mínimo de pontos
2028	65,5	105	62	102	62,5	95	59	93
2029	65,5	105	62	102	62,5	96	59	93
2030	66	106	63	103	63	97	60	94
2031	66	106	63	103	63	98	60	95
2032	66,5	106	63	103	63,5	99	60	96
2033	66,5	106	63	103	63,5	100	60	97
2034	67	107	64	104	64	101	61	98
2035	67	107	64	104	64	102	61	98
2036	67	107	64	104	64,5	103	61	98
2037	67	107	64	104	64,5	103	61	98
2038	67	107	64	104	65	103	62	99
2039	67	107	64	104	65	103	62	99
2040	67	107	64	104	65,5	103	62	99
2041	67	107	64	104	65,5	103	62	99
2042	67	107	64	104	66	103	63	100

Fonte: Elaboração própria.

em relação ao parâmetro de 65), produzindo, então, um fator de 0,988 = (1,04 x 0,95). Isso significa que esse indivíduo poderá se aposentar com 42 anos de contribuição e 64 anos de idade, e o valor de seu benefício depois de aplicadas as regras regulares terá uma ínfima redução de 1,2% — fruto da combinação do prêmio por ter contribuído dois anos a mais do que o exigido e da "punição" por se aposentar com um ano de antecedência.

Isso se aplica para o caso das mulheres, com os devidos ajustes. Imaginemos um caso em que a segurada tenha 38 anos de contribuição e 60 anos de idade. Note-se que ela tem 3 anos a mais de contribuição, porém tem 2 anos a menos da idade requerida. Nesse caso, ela poderá se aposentar, mas terá uma redução do valor de seu benefício. O fator a ser aplicado será o resultado do produto de 1,06 (6% de prêmio pelos 3 anos adicionais de contribuição) com 0,90 (punição de 10% decorrente de sua idade antecipada). O resultado será então: 1,06 x 0,90 = 0,954, indicando uma redução de 4,6% no valor de seu benefício.[6]

É fácil verificar que poderá haver diversas combinações de tempo de contribuição e idade de aposentadoria, mas elas teriam que ficar condicionadas ao requisito de uma idade mínima de pelo menos 62 anos para homens e 59 anos para mulheres.[7]

Com esses parâmetros e critérios, é possível ter uma tabela de fatores que viriam contemplar essa gama de situações. Note que essa nova tabela bem que poderia ser chamada de "Fator Previdenciário do Bem", porque, como é mostrado nas Tabelas 14.7A e 14.7B (a primeira para mulheres e a segunda para homens), das diversas situações previstas, em pelo menos 75% dos casos, o fator apurado eleva o valor do benefício, desde que sejam cumpridos os requisitos mínimos de tempo de contribuição e/ou idade.

---

[6] É importante esclarecer que na tabela de fatores foi estabelecido um limite máximo para o aumento do valor de benefício, no patamar de 40%. Note que para o primeiro ano (2028), esse limitador foi efetivo em apenas uma célula, no caso das mulheres, e em nenhum caso, para os homens. Entretanto, nas tabelas para os demais anos, essa incidência é ligeiramente mais frequente, ocorrendo em até quatro células da tabela.

[7] Esses parâmetros são mutáveis com o tempo, de modo que à medida que os requisitos para a obtenção da aposentadoria forem sendo elevados, devem se elevar na mesma magnitude (e não na mesma proporção) os limites de idade e de tempo de contribuição, conforme for o caso. Mudanças nas esperanças de vida poderão também implicar alterações nesses fatores.

Tabela 14.7A
Fatores a serem utilizados para aposentadorias antecipadas — Mulheres (mínimos de 35 anos de contribuição e 62 anos de idade)

TEMPO DE CONTRIBUIÇÃO Anos	IDADE DE INÍCIO DE EXERCÍCIO DO BENEFÍCIO							
	59	60	61	62	63	64	65	66
32			0,865	0,910	0,937	0,965	0,992	1,019
33		0,846	0,893	0,940	0,968	0,996	1,025	1,053
34	0,825	0,873	0,922	0,970	0,999	1,028	1,057	1,086
35	0,850	0,900	0,950	1,000	1,030	1,060	1,090	1,120
36	0,867	0,918	0,969	1,020	1,051	1,081	1,112	1,142
37	0,884	0,936	0,988	1,040	1,071	1,102	1,134	1,165
38	0,901	0,954	1,007	1,060	1,092	1,124	1,155	1,187
39	0,918	0,972	1,026	1,080	1,112	1,145	1,177	1,210
40	0,935	0,990	1,045	1,100	1,133	1,166	1,199	1,232
41	0,952	1,008	1,064	1,120	1,154	1,187	1,221	1,254
42	0,969	1,026	1,083	1,140	1,174	1,208	1,243	1,277
43	0,986	1,044	1,102	1,160	1,195	1,230	1,264	1,299
44		1,062	1,121	1,180	1,215	1,251	1,286	1,322
45			1,140	1,200	1,236	1,272	1,308	1,344
46				1,220	1,257	1,293	1,330	1,366
47					1,277	1,314	1,352	1,389

Fonte: Elaboração própria.

Tabela 14.7B
Fatores a serem utilizados para aposentadorias antecipadas — Homens (mínimos de 40 anos de contribuição e 65 anos de idade)

TEMPO DE CONTRIBUIÇÃO	IDADE DE INÍCIO DE EXERCÍCIO DO BENEFÍCIO							
	62	63	64	65	66	67	68	69
36				0,880	0,906	0,933	0,959	0,986
37			0,865	0,910	0,937	0,965	0,992	1,019
38		0,846	0,893	0,940	0,968	0,996	1,025	1,053
39	0,825	0,873	0,922	0,970	0,999	1,028	1,057	1,086
40	0,850	0,900	0,950	1,000	1,030	1,060	1,090	1,120
41	0,867	0,918	0,969	1,020	1,051	1,081	1,112	1,142
42	0,884	0,936	0,988	1,040	1,071	1,102	1,134	1,165
43	0,901	0,954	1,007	1,060	1,092	1,124	1,155	1,187
44	0,918	0,972	1,026	1,080	1,112	1,145	1,177	1,210
45	0,935	0,990	1,045	1,100	1,133	1,166	1,199	1,232
46	0,952	1,008	1,064	1,120	1,154	1,187	1,221	1,254
47		1,026	1,083	1,140	1,174	1,208	1,243	1,277
48			1,102	1,160	1,195	1,230	1,264	1,299
49				1,180	1,215	1,251	1,286	1,322
50					1,236	1,272	1,308	1,344
51						1,293	1,330	1,366

Fonte: Elaboração própria.

A idade da LOAS

Nas circunstâncias como as que estamos descrevendo neste capítulo, de ajuste generalizado dos parâmetros a uma nova realidade demográfica, de que quem se aposenta hoje aos 65 anos o fará mais tarde, a idade de exigibilidade para acessar o benefício assistencial terá que ser revista, naturalmente. Adicionalmente, sugere-se que se utilize essa oportunidade para estabelecer uma diferenciação entre as idades, de modo a favorecer quem terá contribuído para o sistema, no limite, durante 23 ou 24 anos, comparativamente a quem não tiver contribuído. A Tabela 14.8 repete parâmetros já expostos — para favorecer a comparação — e mostra qual poderia ser a nova escala para a idade de concessão da LOAS.

Tabela 14.8
Idade de concessão de benefícios: meio urbano (anos)

Ano	Aposentadoria por idade		LOAS (ambos os sexos)
	Homens	Mulheres	
Vigente em 2027	65	62	65
2028	65,5	62,5	65,5
2029	65,5	62,5	65,5
2030	66	63	66
2031	66	63	66
2032	66,5	63,5	66,5
2033	66,5	63,5	66,5
2034	67	64	67
2035	67	64	67
2036	67	64,5	67,5
2037	67	64,5	67,5
2038	67	65	68
2039	67	65	68
2040	67	65,5	68,5
2041	67	65,5	68,5
2042	67	66	69
2043	67	66	69
2044	67	66	69,5
2045	67	66	69,5
2046	67	66	70

Fonte: Elaboração própria (ver texto).

No final desse longo processo de transição, que, em relação à situação atual, se estenderá por quase 25 anos, a LOAS seria concedida aos 70 anos, como quando surgiu o RMV na década de 1970 — porém, com uma longevidade atual muito maior —, e com uma diferença de 3 anos em relação a quem se aposenta por idade. O leitor deve se lembrar de que o parâmetro de 70 anos deve ser cotejado não com a expectativa de sobrevida atual, e sim com a que se terá nessa idade na segunda metade da década de 2040 — e que deverá ser bem maior que a de hoje.

O regime dos professores

Da mesma forma que foi feito anteriormente com a elevação gradual dos requisitos de idade, caberia fazer o mesmo, por analogia, com as exigências para a aposentadoria de professores. Isso é feito na Tabela 14.9.

No caso dos professores, a transição em curso se estende, para aqueles vinculados ao regime geral, até 2031. Cabe lembrar que, no caso dos professores da administração pública, existe também uma exigência cumulativa de idade mínima, inferior à da tabela, mas inócua, uma vez que a idade associada ao sistema de pontos na prática seria maior que a da idade mínima. A sugestão é adotar os requisitos da tabela tanto para a administração pública quanto para o setor privado e propor uma nova regra de transição, que se estenderia até o ano de 2043.

À luz dessa tabela, a modo de exemplo, considere a situação de uma professora nascida em 1980, que tenha começado a contribuir aos 20 anos no ano 2000 e que em 2025 tenha, portanto, 45 anos de idade e 25 anos de contribuição, somando 70 pontos. Isso significa que em 2035 somará 55 anos de idade e 90 pontos, com 35 anos de contribuição. Observando a tabela, conclui-se que ela poderia se aposentar, pelo critério de pontuação mínima, em 2040, com 60,5 anos de idade, quando, mesmo tendo 1 ano a menos que a idade mínima, com 40,5 anos de contribuição, somaria os 101 pontos requeridos como pontuação mínima para a aposentadoria.

Tabela 14.9
Requisitos para a aposentadoria por tempo de contribuição: Professores (regra de transição)

Ano	Idade mínima homens (anos)	Pontos homens	Idade mínima mulheres (anos)	Pontos mulheres
Regra vigente				
2028	60	100	55,5	90
2029	60	100	56	91
2030	60	100	56,5	92
2031	60	100	57	92
Regra proposta				
2028	60,5	101	55,5	90
2029	61	102	56	91
2030	61,5	103	56,5	92
2031	62	103	57	93
2032	62,5	103	57,5	94
2033	63	103	58	95
2034	63,5	103	58,5	96
2035	64	103	59	97
2036	64	103	59,5	98
2037	64	103	60	99
2038	64	103	60,5	100
2039	64	103	61	101
2040	64	103	61,5	101
2041	64	103	62	101
2042	64	103	62,5	101
2043	64	103	63	101

Fonte: Elaboração própria (ver texto).

CAPÍTULO 15

ESTIMATIVAS DOS IMPACTOS...

ESTIMATIVAS DOS IMPACTOS DO APRIMORAMENTO DA REFORMA DE 2019

Na edição de setembro de 2022 do *Informe da Previdência Social 10/2022*, v. 34, n. 10", foi apresentado um artigo excelente, intitulado "Modelo de Projeção Fiscal do Regime Geral de Previdência Social".[1]

No artigo, estão apresentados os resultados agregados da evolução das quantidades de benefícios previdenciários e assistenciais suportados pelo INSS, a trajetória da despesa projetada, a evolução da receita e o resultado do RGPS como proporção do PIB. Todo o modelo desenvolvido e adotado pela Secretaria de Previdência (SPREV) do Ministério do Trabalho e Previdência (MTP) está apresentado no artigo, bem como suas hipóteses e o processo de calibragem do modelo.

Nas palavras expressas no artigo: "Desde 2016, esse novo modelo foi incorporado pela Secretaria de Previdência (SPREV) do Ministério do Trabalho e Previdência (MTP), e foi utilizado para realizar as projeções oficiais do Governo Federal de receitas e despesas previdenciárias para diversos propósitos, dentre os quais se destacam:

- Discussão da reforma da previdência entre 2016 e 2018: avaliação da proposta inicial da Proposta de Emenda Constitucional (PEC) 287/2016 e de diversas propostas de alterações em meio às discussões no Congresso Nacional.

---

[1] Otávio J. G. Sidone, Geraldo A. S. Filho, Eduardo S. Pereira, Alexandre Z. Fernandes e Rogério Nagamine.

- Discussão da reforma da previdência no ano de 2019: avaliação da proposta inicial da PEC 06/2019 e de diversas propostas de alterações em meio às discussões no Congresso Nacional, as quais culminaram com a aprovação da Emenda Constitucional (EC) nº 103, de 2019.
- Elaboração de projeções que fizeram parte de diversos instrumentos orçamentários entre 2016 e 2022, com destaque ao Anexo de Metas Fiscais (IV.6) do Projeto de Lei de Diretrizes Orçamentárias — PLDO, ao Relatório Resumido de Execução Orçamentária — RREO da União e ao Balanço Geral da União — BGU (Nota Explicativa).
- Atendimento de inúmeras demandas institucionais de avaliação de impacto fiscal de diversas propostas de alteração da política previdenciária entre 2016 e 2022." (p. 7)

Entre 2021 e 2022, o modelo passou por diversos aprimoramentos metodológicos no âmbito da SPREV/MTP, principalmente decorrentes da necessidade de incorporação das novas regras de acesso e de cálculo dos benefícios vigentes após a EC 103/2019 e de atualização de dados, de modo que as projeções (e os resultados obtidos) estão em plena sintonia com os ditames estabelecidos pela reforma previdenciária de 2019, servindo, portanto, como parâmetro para balizar as projeções realizadas no presente capítulo dado o conjunto de propostas de ajustamentos e aprimoramentos apresentados no Capítulo 14 deste livro.

As projeções realizadas contemplam o período 2024 a 2100. Tratam-se, portanto, de 75 anos de projeção. Como síntese, eles apresentam as estimativas de receita, de despesa e de resultado do RGPS. Basicamente, os resultados encontrados revelam três coisas relevantes: (i) a receita como proporção do PIB permanece praticamente inalterada em todo o período de 75 anos, em torno de 5% do PIB; (ii) a despesa total do RGPS cresce de aproximadamente 8% do PIB em 2024 para 16% em 2100, significando que a despesa como proporção do PIB praticamente dobra no período; (iii) como consequência da evolução da receita e da despesa, o deficit (necessidade de financiamento) salta de 3% do PIB para 11% do PIB, ou seja, o deficit como proporção do PIB é multiplicado por quase 4 vezes!

Nossas projeções terão como base as projeções realizadas pela SPREV. Além de utilizar os resultados do modelo da SPREV para efeito de comparação, também utilizaremos várias informações primárias do mencionado modelo, informações essas que foram generosamente cedidas pela Secretaria de Previdência, algumas das quais estão disponíveis no trabalho publicado e indicado no início do capítulo.

Inicialmente, é importante que o leitor tenha uma clara ideia da trajetória da receita, da despesa e do deficit previdenciário no horizonte de 75 anos, tal como projetado pela SPREV[2], de modo que apresentaremos uma pequena síntese dos resultados do modelo da SPREV. Em seguida, serão apresentados alguns elementos conceituais do modelo que usaremos e as primeiras estatísticas demográficas. Posteriormente, trataremos das estimativas de receita, da despesa e do resultado do regime previdenciário. Com o intuito de facilitar a leitura inicialmente, será tratada a receita, e em seguida, a despesa. Após essa seção, a seguinte será dedicada a estimar os efeitos das medidas de reforma propostas nos capítulos anteriores, cotejando esses resultados com aqueles obtidos pela SPREV. Ao final, serão apresentadas algumas principais conclusões.

O que nos dizem as previsões da SPREV

A partir dos dados demográficos das Nações Unidas, o modelo da SPREV estima o número de ocupados, o número total de contribuintes, de beneficiários, a receita e a despesa de nosso sistema previdenciário. A resultante entre receita e despesa define o deficit previdenciário. A Tabela 15.1 resume essas informações.

---

[2] Ao leitor menos familiarizado com o tema, pode parecer que o horizonte temporal de 75 anos das projeções previdenciárias seja algo exagerado. A prática de avaliações atuariais de sistemas previdenciários, porém, tem sido essa, e já em alguns países, utiliza-se o horizonte de 100 anos. São análises com essa amplitude que podem indicar, com antecedência, os riscos do sistema e a necessidade de promoção de ajustes graduais ao longo do tempo, que promovam maior sustentabilidade do sistema e reduzam as pressões fiscais muito elevadas

Tabela 15.1
Estatísticas demográficas básicas e estimativas do modelo da SPREV (milhões de indivíduos e percentagem do PIB)

Ano	PIA (15 A 64 ANOS)	Razão PIA / população	Total de ocupados	Total de contribuintes	Total de benefícios	Receita (% do PIB)	Despesa (% do PIB)
2024	151,654	69,7%	101,116	71,491	40,901	5,3%	8,2%
2025	152,205	69,6%	101,639	71,733	42,082	5,3%	8,1%
2030	153,973	68,8%	103,407	72,328	47,134	5,2%	8,1%
2035	154,737	68%	104,037	72,205	52,437	5,2%	8,3%
2040	153,620	66,8%	103,593	71,470	55,620	5,2%	8,6%
2045	150,599	65,2%	102,005	69,993	60,758	5,2%	9,1%
2050	145,852	63,2%	99,510	67,937	65,911	5,1%	9,7%
2055	140,728	61,3%	96,414	65,517	70,115	5,1%	10,3%
2060	135,532	59,7%	92,954	62,860	75,449	5,1%	11,3%
2065	129,985	58,2%	89,390	60,230	80,247	5,1%	12,4%
2070	124,947	57,1%	85,908	57,776	81,716	5,1%	12,5%
2075	120,298	56,3%	82,526	55,426	83,929	5,1%	13,2%
2080	115,714	55,6%	79,231	53,157	85,503	5,1%	13,8%
2085	111,087	55%	76,064	51,014	86,673	5,1%	14,5%
2090	107,012	54,6%	73,082	49,004	87,327	5,1%	15,0%
2095	103,044	54,2%	70,332	47,135	89,045	5,1%	15,6%
2100	99,198	53,8%	67,813	45,436	90,219	5,1%	16%

Fonte: Modelo de Projeção Fiscal do Regime Geral de Previdência Social (SPREV).

A partir dessas informações e projeções, os resultados de longo prazo são apresentados de forma consolidada, como consta no Gráfico 15.1, que é uma reprodução da Figura 7 do referido estudo da Secretaria de Previdência.

Gráfico 15.1
Evolução da receita, despesa e resultado do RGPS (em % do PIB)

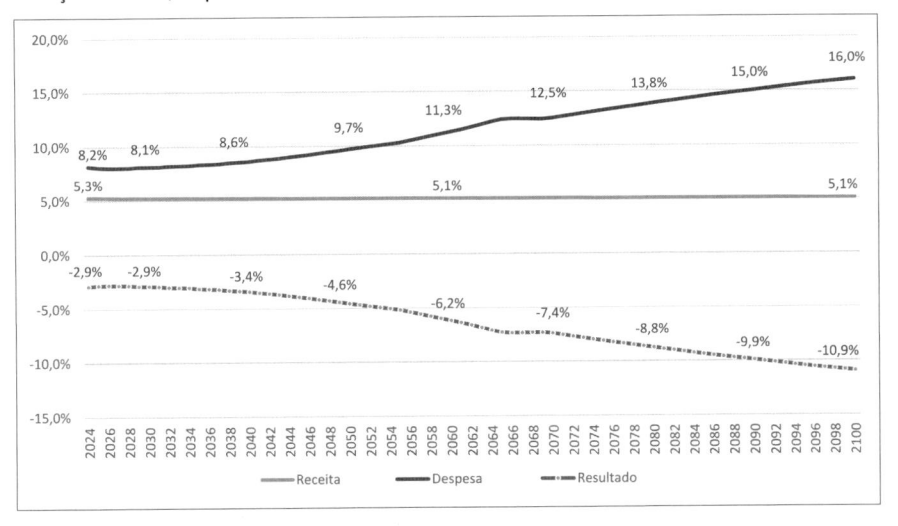

Ano	Receita	Despesa	Resultado
2024	5,3%	8,2%	-2,9%
2028		8,1%	-2,9%
2034		8,6%	-3,4%
2044		9,7%	-4,6%
2054	5,1%	11,3%	-6,2%
2062		12,5%	-7,4%
2074		13,8%	-8,8%
2086		15,0%	-9,9%
2100	5,1%	16,0%	-10,9%

Fonte: Reproduzido a partir do Modelo de Projeção Fiscal do Regime Geral de Previdência Social (Figura 7) em *Informe da Previdência Social 10/2022*, v. 34, n. 10, p. 27.

É importante assinalar que, nas projeções realizadas pela SPREV, são feitas simulações de resultados para cenários de crescimento real do salário mínimo e dos rendimentos médios do trabalho. Como conceitualmente previsto, para aumentos do valor real do salário mínimo, a despesa e o deficit aumentam, e para aumentos do rendimento médio do trabalho, a despesa e o deficit diminuem.

O cenário base do modelo prevê um crescimento real médio do salário mínimo de 0,7% ao ano e um crescimento dos rendimentos médios do trabalho de 1,5% ao ano. Ao simular variações nesses parâmetros, o modelo da SPREV projeta, para 2100, despesa de 12,7% do PIB, caso o salário mínimo não tenha nenhum crescimento real e 22,2% do PIB, caso tenha crescimento médio de 2% ao ano. Por outro lado, se os rendimentos médios do trabalho crescerem em média 2% ao ano, então o deficit previdenciário em 2100 seria de 13,2% do PIB, em vez de 16%. Se, no entanto, crescer 1% ao ano, então o deficit atingirá 20% do PIB em 2100!!

Uma última consideração sobre o modelo de projeção da SPREV diz respeito ao crescimento do PIB. No modelo desenvolvido, o crescimento do PIB é uma variável endógena, ou seja, para os parâmetros utilizados, o modelo projeta um PIB consistente com a trajetória do mercado de trabalho. Por isso mesmo, não há teste de sensibilidade para variações do ritmo de crescimento do PIB. No modelo da SPREV, a variação média do PIB estimada para o período 2023–2100 foi de 1,03% ao ano, e será essa taxa média que utilizaremos em nossas projeções.

O modelo de projeção — definições básicas de estatísticas demográficas

Nas simulações preparadas pelos autores, não há um modelo completo e tão detalhado como o elaborado pela Secretaria de Previdência — e nem é nosso intuito fazê-lo. O que aqui fazemos é utilizar alguns dos parâmetros e resultados do modelo da SPREV e simular trajetórias que correspondam às alterações das regras previdenciárias propostas. Os principais impactos dessas alterações estão concentrados no "lado" da despesa previdenciária, ainda que algumas das regras produzam impactos também na receita. Uma vez simuladas as trajetórias de receita e despesa, faremos um esforço de comparação com os resultados obtidos pelo modelo de projeção da SPREV.

O modelo de projeção aqui utilizado é baseado no modelo da SPREV, porém mais simplificado. O modelo está restrito ao universo urbano.[3] Partimos inicialmente da população total estimada e definimos a População em Idade Ativa (PIA) a partir dos recortes etários relevantes. Em nosso modelo, utilizaremos dois recortes etários definidos pela proposta

---

[3] Não há nessa hipótese qualquer grave restrição, tendo em vista que: (a) no conjunto de contribuintes e de contribuição, o mundo rural é uma fração desprezível; (b) no conjunto de benefícios, a aposentadoria e a pensão rural são basicamente um coeficiente fixo em relação à população idosa rural, sobretudo a partir da EC 106/2019.

apresentada para estimar a PIA e a partir desta, estimamos o número de ocupados e, sobre esse quantitativo, estimamos o número de contribuintes.

Tendo em vista que as estimativas — tal qual no modelo da SPREV — se estendem até 2100, utilizamos as estimativas populacionais das Nações Unidas.[4] Uma vez definida a PIA e a partir de dados históricos da relação entre PIA e o total de ocupados, estimamos o número de ocupados urbanos para o período 2024 a 2100.

Para oferecer ao leitor uma base de comparação, procuraremos sempre indicar a comparação entre os valores estimados aqui e aqueles obtidos no modelo desenvolvido pela SPREV dois recortes etários: (a) para a PIA: grupo etário de 15 a 64 anos e de 15 a 66 anos; e (b) para idosos: grupo etário de 65 anos ou mais e de 67 anos e mais.

A PIA com até 64 anos, bem como o total de ocupados para esse grupo etário, são os mesmos utilizados no Modelo de Projeção da SPREV. O total de ocupados para a PIA com até 66 anos foi obtido utilizando-se os dados das PNADs para a obtenção da razão média entre ocupados e PIA considerado esse grupo etário. A Tabela 15.2 sintetiza os resultados obtidos.

Uma vez obtido o número de pessoas ocupadas, é possível obter o total estimado de contribuintes urbanos e segurados especiais do INSS. A SPREV realizou essa estimativa considerando a PIA com até 64 anos. Na nossa estimativa, utilizamos esses valores e estimamos o número de contribuintes considerando a PIA com até 66 anos e, evidentemente, o número de ocupados para esse grupo etário. A Tabela 15.3 apresenta esses resultados para anos selecionados entre 2024 e 2100.

Os números revelam com clareza a dramaticidade da situação. O conjunto de indivíduos que compõem a PIA (em qualquer das definições utilizadas) se reduz em aproximadamente um terço. Por outro lado, a

---

[4] Como se sabe, as estimativas demográficas do IBGE se estendem apenas até 2060. Comparando-as com aquelas realizadas pelas Nações Unidas, observa-se muita similaridade de estimativas. Basicamente, as Nações Unidas apresentam estimativas ligeiramente superiores às do IBGE até 2048–2049 e, a partir daí, as estimativas das Nações Unidas são ligeiramente menores do que as observadas no IBGE. Ver, a respeito, United Nations — Population Division — Department of Economic and Social Affairs. World Population Prospects 2022, Medium fertility variant, 2022–2100. http://creativecommons.org/licenses/by/3.0/igo/

população idosa será multiplicada por três.[5] Isso significa que, para manter a posição relativa atual, a carga média de contribuição para cada contribuinte deveria ser multiplicada 4,5 vezes!

Tabela 15.2
Projeções da População em Idade Ativa (PIA) e do total de ocupados: 2024–2100 para anos selecionados quinquenais (em milhões de indivíduos) (*)

Ano	PIA 1 (15 A 64 ANOS)	PIA 2 (15 A 66 ANOS)	Total de ocupados (PIA 1)	Total de ocupados (PIA 2)
2024	151,654	155,369	101,116	102,528
2025	152,205	156,050	101,639	103,101
2030	153,973	158,355	103,407	105,072
2035	154,737	159,348	104,037	105,789
2040	153,620	158,701	103,593	105,524
2045	150,599	156,375	102,005	104,200
2050	145,852	152,073	99,510	101,874
2055	140,728	146,869	96,414	98,748
2060	135,532	141,632	92,954	95,272
2065	129,985	136,085	89,390	91,708
2070	124,947	130,664	85,908	88,081
2075	120,298	125,768	82,526	84,604
2080	115,714	121,144	79,231	81,295
2085	111,087	116,357	76,064	78,119
2090	107,012	111,960	73,082	75,012
2095	103,044	107,845	70,332	72,205
2100	99,198	103,851	67,813	69,628

Nota: as estimativas da coluna PIA 1 são aquelas utilizadas no modelo de projeção da SPREV. Os valores foram gentilmente cedidos pela Secretaria.
Fonte: Nações Unidas. Population Division, revisão 2022. Elaboração dos autores.

---

[5] Os dados das Nações Unidas indicam que a PIA (15–64 anos) cairá de 151,7 milhões para 99,2 milhões entre 2024 e 2100. Para a PIA (15–66 anos), a estimativa é a de que, para o mesmo período, ela cairá de 155,4 milhões para 103,8 milhões. No mesmo período, os idosos (65 anos ou mais, no primeiro caso, e 67 anos ou mais, no segundo), por sua vez, saltarão de 21,3 milhões para 61,9 milhões (PIA até 64 anos), um crescimento de 2,9 vezes. No caso da PIA ampliada (até 66 anos), ela passará de 17,8 milhões para 57,2 milhões, um crescimento ainda maior.

Tabela 15.3
Projeções da PIA e de ocupados, contribuintes e segurados especiais: 2024–2100 (para anos selecionados, em mil indivíduos)

Ano	PIA 1 (15 A 64 ANOS)	PIA 2 (15 A 66 ANOS)	Total de ocupados (PIA 1)	Total de ocupados (PIA 2)	Contribuintes urbanos do RGPS (PIA 1)	Contribuintes urbanos do RGPS (PIA 2)
2024	151,65	155,37	101,12	102,53	71,49	72,49
2025	152,20	156,05	101,64	103,10	71,73	72,76
2030	153,97	158,36	103,41	105,07	72,33	73,55
2035	154,74	159,35	104,04	105,79	72,20	73,50
2040	153,62	158,70	103,59	105,52	71,47	72,87
2045	150,60	156,37	102,01	104,20	69,99	71,55
2050	145,85	152,07	99,51	101,87	67,94	69,62
2055	140,73	146,87	96,41	98,75	65,52	67,18
2060	135,53	141,63	92,95	95,27	62,86	64,48
2065	129,99	136,09	89,39	91,71	60,23	61,86
2070	124,95	130,66	85,91	88,08	57,78	59,29
2075	120,30	125,77	82,53	84,60	55,43	56,88
2080	115,71	121,14	79,23	81,30	53,16	54,59
2085	111,09	116,36	76,06	78,12	51,01	52,44
2090	107,01	111,96	73,08	75,01	49,00	50,34
2095	103,04	107,85	70,33	72,20	47,13	48,43
2100	99,20	103,85	67,81	69,63	45,44	46,71

Fonte: Nações Unidas. Population Division, revisão 2022. Elaboração dos autores e SPREV.

O modelo: estimando os resultados da proposta

Na presente seção, apresentaremos resumidamente o processo de estimação dos efeitos das alterações das regras previdenciárias propostas e os resultados obtidos. Por simplicidade de exposição, e também porque o modelo está assim construído, trataremos inicialmente dos impactos sobre as receitas do sistema para, em seguida, tratar dos impactos sobre a despesa. Ao final da seção, uniremos os dois resultados para verificar o impacto global da reforma aqui proposta.

O lado da receita: parâmetros e projeção

Existe uma gama bastante ampla de receitas do INSS,[6] mas a arrecadação está concentrada em empresas e entidades[7] — e seus funcionários — e nos contribuintes individuais. Mais de 97% da arrecadação vem dessas duas modalidades de receita. A Tabela 15.4 sintetiza esses números para os anos de 2019, 2020 e 2021.

Tabela 15.4
Detalhamento da arrecadação do RGPS e importância relativa das rubricas: 2019–2021

FONTE DE RECEITA	Total arrecadado no ano (R$ milhões) e percentagem					
	2019		2020		2021	
TOTAL	424.618	100%	368.719	100%	449.470	100%
Empresas e entidades e outras receitas	406.414	95,71%	359.583	97,52%	437.186	97,27%
Contribuinte individual	9.256	2,18%	5.270	1,43%	7.572	1,68%
Dívida ativa	807	0,19%	155	0,04%	187	0,04%
Demais receitas(*)	8.140	1,92%	3.709	1,01%	4.523	1,01%

(*) Essa rubrica inclui Débito Administrativo, Devolução de Benefício, Acréscimos Legais e Ignorado.
Fonte: AEPS, diversos anos. Elaboração dos autores.

---

[6] Para detalhamento das rubricas de arrecadação, ver o Anuário Estatístico da Previdência Social (AEPS, diversos anos). As principais rubricas de arrecadação são: Empresas e Entidades Equiparadas; Contribuinte Individual; Débito Administrativo; Patrimônio; Devolução de Benefício; Acréscimos Legais; Dívida Ativa e Ignorada. Há também a rubrica Outras Receitas, que são guias específicas de recolhimento de empresas e ajustes contábeis. Essas receitas estão associadas à atividade econômica das empresas que guardam estreita relação com o volume de emprego e ao desempenho da economia.

[7] Pelas razões apresentadas na nota anterior, no quadro apresentado, as rubricas Empresas e Entidades Equiparadas e Outras Receitas estão somadas.

Note-se que, se considerarmos a rubrica Empresas e Entidade e Outras Receitas e aquela decorrente do contribuinte individual, ter-se-á, respectivamente, 97,9%, 98,9% e 98,9% para os anos de 2019, 2020 e 2021. Chama a atenção o fato de que a rubrica Dívida Ativa, item tão debatido durante a reforma da previdência desde 2016 e apontado à época como "solução" para o deficit da previdência, representa tão somente 0,04% da receita total em 2020 e 2021, e 0,2% em 2019, ano de melhor desempenho.

Os valores de arrecadação das rubricas Empresas e Entidade e Outras Receitas estão intrinsecamente ligados ao número total de contribuintes ativos. Por suposto, além da associação entre arrecadação do RGPS e o número de contribuintes, é também razoável admitir que a arrecadação é afetada por outras variáveis, como variação do PIB, remuneração média do trabalho e mesmo o lucro agregado da economia. Porém, a relação causal mais forte e mais estável se dá justamente com o número de contribuintes ativos do sistema.

Isso significa que, dada a associação entre número total de contribuintes e arrecadação e dado que essa relação é bastante estável e responde por praticamente toda a arrecadação do sistema previdenciário, é possível determinar — com elevado grau de precisão — qual será a arrecadação estimada do sistema para cada quantidade de contribuintes.

Por fim, como a arrecadação está associada ao valor do SM e do rendimento médio do trabalho, utilizamos nas simulações aqui realizadas os mesmos parâmetros utilizados no cenário base do trabalho da SPREV. Dessa forma, consideramos um crescimento real médio do salário mínimo de 0,7% a.a., um crescimento dos rendimentos médios do trabalho de 1,5% a.a. e um PIB com crescimento real de 1,03% a.a. Assim como no modelo da SPREV, a inflação foi desconsiderada nas simulações.[8]

---

[8] É importante salientar que a inflação pode ter efeitos relevantes nas projeções, sobretudo se for em patamar elevado. Por razões óbvias, a inflação afeta negativamente o valor da despesa e positivamente o valor da arrecadação do sistema. E isso afeta o resultado do RGPS. A opção por não considerar a inflação em nosso modelo de projeção decorre do fato de que é temerário considerar qualquer nível de inflação anual para projeções de longo prazo. Além do mais, como dito anteriormente, os efeitos sobre receita e despesa podem ser significativos para níveis de inflação elevados. Por exemplo, uma inflação uniforme de 12% em um ano faz com que a despesa real caia aproximadamente 5,9%, enquanto eleva a arrecadação em pelo menos 3%, dado que parte da arrecadação decorre de receitas associadas a receitas de empresas.

Com as informações mencionadas e admitindo as hipóteses (i) de que a extensão de idade de aposentadoria para 67 anos para homens e 66 para mulheres obedecerá os padrões existentes em 2021 de ocupação; (ii) de que rendimentos médios para esse grupo etário permaneçam constantes no tempo e; (ii) a relação de contribuintes desse segmento etário expandido sigam o padrão de contribuição do grupo etário de 63 a 65 anos foram montadas as séries de PIA, Total de Ocupados, Total de Contribuintes e de Arrecadação Previdenciária em reais constantes e como proporção do PIB. Os resultados estão consolidados na Tabela 15.5.[9]

Tabela 15.5
Estimativas da PIA, do total de ocupados, do total de contribuintes e da arrecadação previdenciária em reais (bilhões) e em proporção do PIB com efeito da reforma proposta [(*)]

Ano	NOVA PIA (Em milhões de indivíduos)	NOVA PIA Total de ocupados	Contribuintes	Arrecadação com reforma	
				Valor (R$ bilhões)	(% do PIB)
2024	155,37	102,53	71,49	545,80	5,3%
2025	156,05	103,10	71,73	549,58	5,3%
2030	158,36	105,07	75,08	599,11	5,5%
2035	159,35	105,79	76,57	641,13	5,5%
2040	158,70	105,52	76,91	682,36	5,6%
2045	156,37	104,20	76,40	726,84	5,7%
2050	152,07	101,87	74,53	767,68	5,7%
2055	146,87	98,75	72,01	807,59	5,7%
2060	141,63	95,27	69,25	848,97	5,7%
2065	136,09	91,71	66,54	894,06	5,7%
2070	130,66	88,08	63,81	939,23	5,7%
2075	125,77	84,60	61,26	987,73	5,7%
2080	121,14	81,30	58,89	1.041,31	5,7%
2085	116,36	78,12	56,59	1.098,17	5,7%
2090	111,96	75,01	54,35	1.155,39	5,7%
2095	107,85	72,20	52,34	1.216,72	5,7%
2100	103,85	69,63	50,52	1.281,73	5,7%

(*) Todas as estimativas aqui realizadas estão com valores constantes de 2022. Isso se aplica a todas as tabelas à frente onde constarem valores monetários.
Fonte: Modelo Previdenciário da SPREV e estimativas dos autores.

---

[9] Os dados para o grupo etário até 65 anos homens e 62 mulheres são os utilizados pelo modelo desenvolvido pela SPREV e, portanto, são consistentes com os resultados daquele modelo.

Como é facilmente observável na Tabela 15.5, mesmo com todo o impacto da reforma, o ganho de receita ao final do período é de 11,9% (variando de 5,1% do PIB para 5,7% do PIB). Como era esperado, reformas previdenciárias são sempre mais potentes no lado da despesa.[10]

Visto o lado da receita, a próxima seção se dedica ao lado da despesa do sistema previdenciário.

O lado da despesa: parâmetros e projeção

A partir de dados demográficos acerca da população idosa e da relação entre esta e o número de benefícios — este dividido entre previdenciários e assistenciais —, é possível construir uma série estimada somando o total de benefícios ativos do RGPS (previdenciários e acidentários) e os benefícios assistenciais, aí incluídos as espécies Amparos Assistenciais, Pessoas com Deficiência, Idosos, Pensão e Rendas Mensais Vitalícias e Invalidez

Tendo esses quantitativos, é necessário que tenhamos uma série de dados que os associe a valores médios de benefícios. Como já mostrado em capítulos anteriores (ver especificamente o Capítulo 7, sobre o parâmetro em questão), parcela significativa dos benefícios tem valor fixado em um salário mínimo. Também os benefícios assistenciais continuados têm seu valor fixado em um salário mínimo. Para os demais benefícios, assume-se a hipótese de que crescerão de acordo com o crescimento da renda do trabalho.

Inicialmente, convém esclarecer algumas questões ligadas às projeções demográficas feitas pelo IBGE e pelas Nações Unidas. Em primeiro lugar, as estimativas feitas pelo IBGE vão até 2060, enquanto as da ONU vão até 2100. Isso implica que, para uma estimativa que se estenda até o final do atual século, pode-se adotar a série das Nações Unidas ou encadear ambas as séries, que é o que fazemos em nossas projeções. Em segundo lugar, apesar de muito semelhantes, as estimativas de população do IBGE e das Nações Unidas apresentam diferenças de trajetória: a população

---

[10] Curiosamente, o Brasil pode ter um ganho significativo de receita caso consigamos ao longo do tempo reduzir de forma acentuada a elevada e histórica presença superlativa do trabalho informal. Para tanto, seria necessário taxa de formalização de mais de 1% ao ano, o que não ocorreu nos últimos quarenta anos.

idosa (65 anos e mais) estimada pelas Nações Unidas é inferior àquela estimada pelo IBGE até 2052, quando se igualam. A partir daí, a estimativa das Nações Unidas supera o quantitativo de idosos e chega em 2060 com 1,5 milhão a mais de indivíduos.[11] Então, para esse grupo etário, utilizamos as estimativas do IBGE até 2052 e, a partir daí, passamos a adotar as estimativas da ONU. O Gráfico 15.2 apresenta as estimativas de cada uma das instituições, onde se destaca a igualdade de projeções no ano de 2052.

Gráfico 15.2
Comparação de estimativas de população idosa (65 anos e mais) — IBGE e ONU

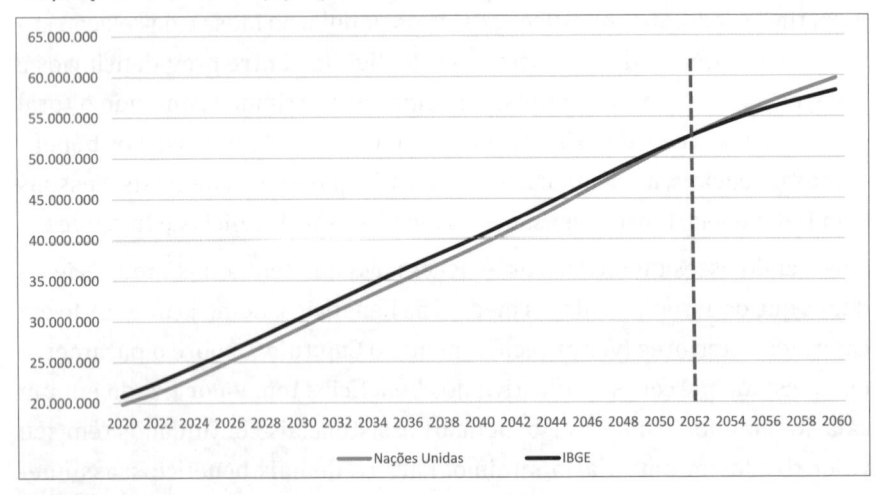

Fonte: Nações Unidas e IBGE.

A partir desse conjunto de informações, e considerado o grupo etário de 65 anos ou mais, foram utilizadas as informações da SPREV quanto: (i) ao valor médio de benefício — sendo considerados os grupos de salário mínimo e os demais; e (ii) à despesa do RGPS e benefícios assistenciais como proporção do PIB. Para o grupo etário de 67 anos ou mais, foram

---

[11] Considerado o período 2024–2060, a diferença média anual entre as estimativas é de 2,49%, favorável (maior) ao IBGE. A partir de 2052, quando as estimativas se igualam até 2060, a diferença média é de 1,27%, favorável à ONU. O procedimento de encadear as séries tem como decorrência utilizar os "máximos" populacionais de cada estimativa apenas entre 2024 e 2060. Isso implica que nossas estimativas podem sobrestimar as despesas — hipótese que preferimos adotar —, mas jamais subestimá-las. Esse procedimento tem por intuito identificar a fronteira de despesas no período (2024–2060). Não afeta, em absoluto, a tendência das receitas, despesas e deficit e nem tampouco altera os resultados a partir de 2060 até o final do presente século.

estimados os quantitativos de beneficiários, utilizando como proxy a proporção de beneficiários entre 63 e 65 anos para estimar o grupo de 65 a 67 anos. O valor médio de benefícios foi considerado constante para ambos os grupos etários.[12]

Note o leitor que um dos principais efeitos das medidas propostas se refere — como não podia deixar de ser — à quantidade total de benefícios, que é quase 13% inferior ao observado para o caso de não haver reforma (ver Tabela 15.1 para comparação). As estatísticas resumidas estão consolidadas na Tabela 15.6.

Dos resultados obtidos na estimação, destacam-se algumas conclusões importantes (e esperadas), dentre as quais: enquanto a população idosa (67 anos ou mais) salta de 20,74 milhões para 57,22 milhões entre 2024 e 2100, com aumento de 175,8% e taxa média anual de 1,36%, a quantidade de benefícios previdenciários cresce apenas 83,1%, com taxa média anual que é um pouco mais da metade da anterior (0,81% a.a.). Também os benefícios assistenciais crescem menos do que a população idosa (porém bem mais do que os benefícios previdenciários), atingindo a marca de 146% no período, com uma taxa média de crescimento anual de 1,21%. O total de benefícios quase dobra no período (92,6%), com uma taxa média anual de 0,88%.

Por suposto, o estabelecimento de regras mais rigorosas para acesso ao benefício com idades mais elevadas para seu acesso reduz a taxa de crescimento dos benefícios ativos e, consequentemente, reduz o estoque de benefícios vis-à-vis ao que seria sem as mudanças de regras. Em complemento, as mudanças de regras na fixação do valor do benefício fazem com que o valor médio de benefício cresça menos do que o previsto pelo modelo da SPREV. Em síntese, as mudanças reduzem o crescimento da despesa. Entretanto, dado o estoque de benefícios existentes e que permanecerá ainda por bastante tempo, sem que seja possível alterar sua quantidade ou seu valor, os efeitos da reforma proposta serão sempre marginais, mas progressivos.

---

[12] Seria por demais complexo (e, ainda assim, sujeito a erros) estimar o valor médio de benefício com o acréscimo na força de trabalho do grupo etário de até 66 anos e seus impactos no valor de remuneração dos ativos, decorrente do aumento da oferta e consequentes impactos no valor médio de benefícios. Por essa razão, optou-se por manter o valor médio de benefício para o grupo base utilizado no modelo da SPREV.

Tabela 15.6
População idosa e estimativas da quantidade de benefícios previdenciários e assistenciais, valor médio mensal de benefícios previdenciários e despesa previdenciária em valor e como proporção do PIB

Ano	População idosa (67 anos e mais) (em milhões de indivíduos)	Quantidade de benefícios previdenciários (em milhões)	Quantidade de benefícios assistenciais (em milhões)	Quantidade total de benefícios (em milhões)	Valor Médio mensal de benefício previdenciário (em R$)	Despesa total com benefícios previdenciários (R$ bilhões)	Despesa como proporção do PIB (em %)
2024	20,742	34,781	6,120	40,901	1.867,13	844,23	8,2%
2025	21,596	35,670	6,412	42,082	1.819,06	843,52	8,1%
2030	26,204	38,927	7,725	46,652	1.750,36	885,77	8,1%
2035	30,999	41,611	8,699	50,310	1.720,89	930,90	8,1%
2040	35,446	42,457	9,306	51,764	1.794,96	990,72	8,1%
2045	40,065	42,521	10,292	52,812	1.844,58	1.019,63	8%
2050	44,996	45,903	11,499	57,403	1.920,82	1.146,23	8,5%
2055	49,580	48,667	12,556	61,222	2.026,90	1.282,35	9%
2060	53,581	52,733	13,451	66,185	2.165,59	1.484,58	9,9%
2065	56,867	56,353	14,153	70,506	2.165,59	1.719,38	10,9%
2070	58,967	57,479	14,674	72,153	2.452,34	1.832,45	11,1%
2075	59,666	59,271	14,876	74,147	2.644,48	2.037,63	11,7%
2080	59,604	60,390	14,863	75,253	2.852,43	2.239,35	12,2%
2085	59,454	61,334	14,796	76,130	3.080,43	2.456,16	12,7%
2090	58,845	62,051	14,648	76,699	3.322,25	2.679,95	13,2%
2095	58,024	62,991	14,977	77,969	3.560,19	2.915,39	13,6%
2100	57,215	63,690	15,073	78,764	3.799,96	3.146,26	14%

Fontes: Nações Unidas e IBGE para estatísticas demográficas, SPREV para o valor médio do benefício e projeções dos autores para as demais estatísticas.

É importante, ainda, assinalar que, ao final do período estimado (2024–2100), o volume de despesa se reduz em 13%, impacto esse maior do que o observado para a receita.

Agora que temos o lado da receita e da despesa, podemos consolidar os resultados e verificar o resultado do sistema previdenciário brasileiro no longo prazo.

Os resultados das projeções da reforma

Feitas as estimativas de receita e despesa, podemos agora consolidar os resultados. A Tabela 15.7 apresenta os resultados consolidados de receita, despesa e resultado resultante do modelo de estimação da SPREV e aqueles aqui estimados pelos autores e que se referem aos resultados do RGPS.

Tabela 15.7
Estimativas de receita, despesa e resultado para o modelo de previsão da SPREV em cenário sem mudanças além daquelas definidas pela EC 106/2019, e as estimativas dos autores com a implementação de uma nova rodada de aprimoramentos (reforma) como proporção do PIB

Ano	Receita SPREV	Despesa SPREV	Resultado	Receita com reforma	Despesa com reforma	Resultado com reforma
2024	5,3%	8,2%	-2,9%	5,3%	8,2%	-2,9%
2025	5,3%	8,1%	-2,8%	5,3%	8,1%	-2,8%
2030	5,2%	8,1%	-2,9%	5,3%	8,1%	-2,7%
2035	5,2%	8,3%	-3,1%	5,3%	8%	-2,7%
2040	5,2%	8,6%	-3,4%	5,3%	8%	-2,7%
2045	5,2%	9,1%	-3,9%	5,3%	7,9%	-2,6%
2050	5,1%	9,7%	-4,6%	5,3%	8,5%	-3,1%
2055	5,1%	10,3%	-5,2%	5,3%	9%	-3,7%
2060	5,1%	11,3%	-6,2%	5,3%	9,9%	-4,6%
2065	5,1%	12,4%	-7,3%	5,3%	10,9%	-5,6%
2070	5,1%	12,5%	-7,4%	5,3%	11%	-5,8%
2075	5,1%	13,2%	-8,1%	5,3%	11,7%	-6,4%
2080	5,1%	13,8%	-8,8%	5,3%	12,2%	-6,9%
2085	5,1%	14,5%	-9,4%	5,3%	12,2%	-7,4%
2090	5,1%	15,0%	-9,9%	5,3%	13,2%	-7,9%
2095	5,1%	15,6%	-10,5%	5,3%	13,6%	-8,4%
2100	5,1%	16%	-10,9%	5,3%	14%	-8,7%

Fonte: SPREV e estimativas dos autores.

Como é possível constatar nas informações contidas na Tabela, os efeitos da reforma proposta pelos autores se fazem sentir desde os primeiros anos. Já em 2030, há um aumento da receita de 0,1 ponto percentual e uma redução de 0,2 pontos percentuais na despesa. Com o passar do tempo, como era previsto e esperado, o efeito predominante passa a ser a redução no ritmo de crescimento da despesa. Em 2050 — um horizonte temporal previsível para a grande maioria dos brasileiros —, observa-se aumento de arrecadação de 0,2 pontos percentuais e uma redução de 1,2 pontos percentuais na despesa, fazendo com que o deficit do sistema se reduza de 4,6% do PIB para 3,1% do PIB, uma queda de 1,5 ponto percentual. Projetando mais adiante, verifica-se que em 2100, último ano com previsões demográficas, a despesa tem uma redução de 2 pontos percentuais frente à estimativa da SPREV, e a receita tem um incremento de apenas 0,7 pontos percentuais frente ao que seria caso não fosse implementada nenhuma mudança. Em ambos os casos, o que se mede é a diferença frente ao que seria somente com os efeitos da EC 103/2019. O resultado do pequeno incremento da receita e de maior redução na despesa é que a necessidade de financiamento (deficit) do sistema se reduz de 10,9% do PIB para 8,7% do PIB em 2100.

O Gráfico 15.3 sintetiza as informações e apresenta as projeções das trajetórias de receita, despesa e resultado do sistema previdenciário brasileiro. O Gráfico 15.4 apresenta a trajetória da despesa com benefícios assistências. Em ambos os gráficos são apresentadas as trajetórias com e sem reforma.

Perspectiva comparada da reforma proposta pelos autores

Desde os debates acerca das propostas de reforma da Previdência desde 2016, quando foi apresentada a PEC 287, ainda no governo de Michel Temer, governo e sociedade têm debatido os impactos fiscais das medidas propostas. Em geral, tem sido apresentado o impacto para dez anos, uma vez aprovadas as reformas. Todas as projeções feitas são mais longas, mas tanto a apresentação governamental quanto o debate público se concentram nos dez anos iniciais.

Gráfico 15.3
Evolução da receita, da despesa e do resultado do sistema previdenciário com (dos autores) e sem nova reforma (previsão da SPREV) — 2024–2100

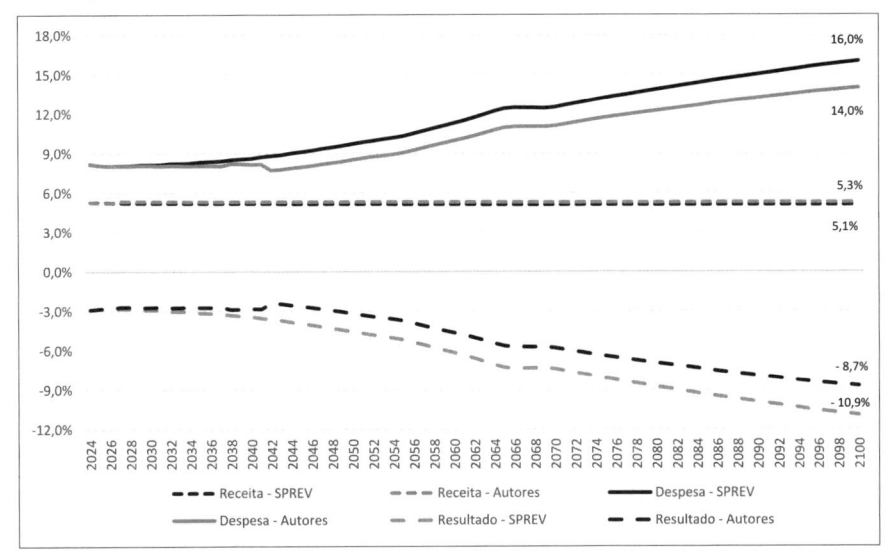

Fonte: SPREV e estimativas dos autores.

Gráfico 15.4
Evolução da despesa com pagamento de benefícios assistenciais como proporção do PIB com e sem reforma — 2024–2100

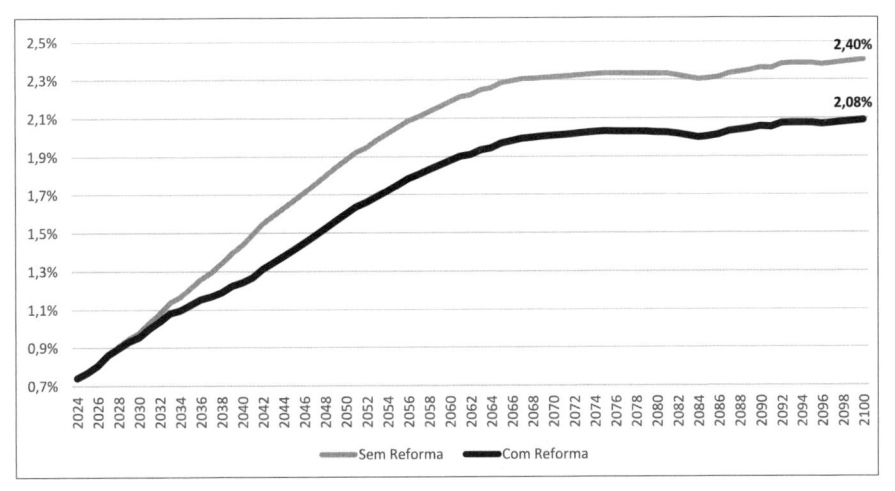

Fonte: SPREV e estimativas dos autores.

Por essa razão, também aqui fizemos os cálculos e chegamos a um impacto fiscal nos dez primeiros anos de R$ 254 bilhões de reais apenas no Regime Geral de Previdência Social, responsável pelo pagamento de benefícios previdenciários. Considerando os benefícios assistenciais, chega-se a uma redução total de R$ 274 bilhões.[13]

As propostas formuladas na PEC 287/16 e na PEC 106/2019 — que posteriormente se transformou em EC 103/2019 — contemplavam ajustes que iam além do RGPS, incluindo os Regimes Próprios de Previdência Social (RPPSs), voltado para os servidores públicos da União, de todos os estados e DF e de 2.144 municípios.

No caso da proposta formulada aqui pelos autores, todas as propostas estão concentradas basicamente no RGPS, ainda que algumas delas sejam aplicáveis aos RPPSs, como a idade geral de aposentadorias e as regras para professores, estas últimas muito relevantes para municípios e estados. Em nossas simulações, não foram feitas projeções para os RPPSs, de modo que toda e qualquer comparação com as propostas anteriores só pode ser feita no âmbito do impacto sobre o Regime Geral. A Tabela 15.8 apresenta o impacto das medidas propostas para os dez primeiros anos e os compara com a PEC 287, com a proposta que inicialmente foi apresentada ao Congresso em 2019 (PEC 106/2019) e com as sucessivas etapas de votação na Câmara e no Senado.

---

[13] É importante salientar que, no tocante aos benefícios assistenciais, as mudanças propostas iniciam-se em 2028 e encerram-se em 2046. Isso significa que os impactos fiscais vão se acumulando e ganhando volume a partir de então, e não nos dez primeiros anos contados a partir de 2024. A despesa com pagamento desse benefício diminui de 2,40% do PIB para 2,08% em 2100. E, em 2050, de 1,88% do PIB para 1,59% do PIB (ver Gráfico 15.4)

Tabela 15.8
Estimativas de impacto fiscal acumulado em dez anos para diversas propostas de reforma da Previdência (versões originais e estágios da tramitação no Congresso) e da proposta formulada pelos autores [*]

As diversas propostas de reforma	Redução da despesa ou economia acumulada em dez anos em R$ bilhões
PEC 287 original (completa)	**R$ 802,3**
Reforma do RGPS	R$ 689,1
Demais itens	R$ 113,2
PEC 287 — Relatório aprovado na câmara	**R$ 482,4**
Reforma do RGPS	R$ 414,3
Demais itens	R$ 68,1
EC 103 original	**R$ 1.264,2**
Reforma do RGPS	R$ 806,7
Reforma do RPPS	R$ 220,0
Outros itens	R$ 237,5
EC 103 aprovada em 2º turno na câmara	**R$ 914,3**
Reforma do RGPS	R$ 654,7
Reforma do RPPS	R$ 159,8
Outros itens	R$ 99,8
EC 103 aprovada em 2º turno no senado (final)	**R$ 800,3**
Reforma do RGPS	R$ 621,3
Reforma do RPPS	R$ 159,8
Outros itens	R$ 19,2
Proposta formulada pelos autores	**R$ 273,6**
Reforma do RGPS	R$ 253,8
Reforma do RPPS	R$ 19,8
Comparação da proposta dos autores com as demais	
Frente à PEC 287 (Original)	34%
Frente à PEC 287 (Relatório)	57%
Frente à EC 103 (Original)	22%
Frente à EC 103 (2º Turno na Câmara)	30%
Frente à EC 103 Aprovada (2º Turno no Senado)	34%

Fonte: Secretaria de Previdência Social e simulação dos autores.

Comparando a proposta formulada pelos autores com a EC 106/2019 aprovada, verifica-se que a proposta dos autores equivale a 34% da EC 103/2019 aprovada (em 2º turno no Senado) e, considerado apenas o RGPS, equivale a 41% da referida PEC. Trata-se, portanto, de uma minirreforma poderosa, porém, como mostram as estimativas, absolutamente insuficiente para conter o elevado deficit previdenciário até o final do presente século.

Algumas considerações finais

O conjunto de medidas propostas, além de corrigir regras previdenciárias que estão, como demonstrado ao longo dos capítulos anteriores, muito defasadas diante da demografia brasileira, tem relevante impacto fiscal, ajudando a controlar a principal despesa pública do Governo Federal. Embora parte da relevância dos temas levantados pelo capítulo se refira às questões de muito longo prazo (2100), no tempo politicamente mais relevante para efeitos práticos (por exemplo, metade do século, em 2050), a diferença entre os cenários "sem reforma" e "com reforma" é particularmente significativa. Em particular, o desequilíbrio do INSS, no ponto inicial de 2024 da ordem de 3% do PIB, no cenário sem reforma se amplia a 5% do PIB em 2050, enquanto que, com a reforma proposta por nós, se conserva relativamente estável em torno dos mesmos 3% do PIB. Em 2050, no cenário sem reforma, a despesa do INSS escalaria até 9,7% do PIB, ao passo que em nosso cenário ela seria contida em 8,5% do PIB naquele ano.

Por óbvio, submeter esse conjunto de medidas ao Congresso Nacional implicará negociação e, certamente, uma flexibilização de regras com ampliação, por exemplo, das regras de transição.

O que vimos com a PEC 287/2016 e com a PEC 106/2019 (esta posteriormente transformada em EC 103/2019) é que, entre o envio ao Congresso e a tramitação nas Casas Legislativas, há uma "desidratação" decorrente das negociações políticas.

É, portanto, razoável que se admita que a proposta formulada pelos autores tenha uma perda de 20% a 30% de sua potência fiscal durante a fase de negociação junto ao Congresso. Admitida a pior hipótese, restaria um impacto de R$ 191 bilhões em dez anos. É algo insuficiente, porém muito louvável.

O fato é que, mesmo que não houvesse um único real de perda durante o processo de negociação, o volume de despesa e o deficit projetados para o final do presente século indicam um sério risco para o país. Não é possível que se conviva com deficits previdenciários na casa dos 9% a 11% do PIB — e isso sob hipóteses generosas para, por exemplo, o comportamento do salário mínimo.

É necessário um longo trabalho de convencimento das autoridades, da mídia e da sociedade em geral de que nosso sistema previdenciário não é mais compatível com nossa demografia. Nossas famílias estão cada vez menores e o número de filhos por mulher vem caindo há mais de duas décadas, de modo que a população em idade ativa em 2100 terá 50 milhões de indivíduos a menos do que em 2024 (ver Tabela 15.3 — PIA 2) e o número de idosos habilitados a receber algum benefício (ver Tabela 15,6 — População idosa) será de mais de 57 milhões de indivíduos (um crescimento de 176%). Além do aspecto estritamente demográfico, há que se considerar também a evolução de nossa produtividade, que em um cenário economicamente favorável poderia compensar essa perda quantitativa de recursos humanos. A produtividade da mão de obra brasileira, contudo, lamentavelmente, está praticamente estagnada há mais de uma década.

Nesse sentido, o comentário final deste capítulo é que complementar a reforma da previdência de 2019 é fundamental, mas igualmente importante é removermos as barreiras institucionais que impactam negativamente nossa produtividade.

CAPÍTULO 16

O ENDEREÇAMENTO DAS QUESTÕES

O ENDEREÇAMENTO DAS QUESTÕES

O cientista político Bolívar Lamounier, escrevendo um artigo jornalístico sobre a polarização populista e a dificuldade de construir maiorias programáticas, em um texto que teve como título "Dois becos sem saída", concluía, em 2021, que temos "de um lado, encarnado ainda pelo PT, o mesmo esquerdismo aguado de sempre, incapaz de formular um projeto digno do nome para o país e que hoje até se envergonha de se denominar socialismo. No polo oposto... a promessa de uma 'nova política', que parecia significar o fim do patrimonialismo e do corporativismo, significando, na verdade, o acesso ao poder dos mais lídimos representantes da 'velha política'... E desse beco, como sairemos? Temos de reconhecer: o Brasil é um prodígio político. Temos mais de 30 partidos, e por enquanto, nada sugere que conseguiremos constituir uma força política de centro, realista, capaz de enfrentar a... crise econômica... que se abateu sobre nós e encarar de vez o imperativo das reformas de médio prazo. A consequência previsível de nos mantermos presos nesse cenário perverso pode ser facilmente condensada numa sentença: perdermos uma geração inteira para atingirmos o nível de renda per capita dos países relativamente pobres da Europa meridional. Esse devia ser o ponto principal de nossa agenda".[1]

Construir maiorias para passar reformas econômicas no Congresso tem sido um desafio para os presidentes brasileiros desde os anos 1980. No caso da agenda da qual este livro trata, o desafio é maior ainda, por não ser nada trivial aprovar medidas que, resumidamente, implicam, por

---

[1] Lamounier (2021).

exemplo, elevar a idade de aposentadoria, aumentar a idade de concessão dos benefícios assistenciais e aproximar as regras das mulheres em relação aos homens e dos professores em relação às demais categorias.

Como endereçar essas questões? Esse é o desafio a ser discutido neste capítulo. O fundamental é ter presente que promover esses ajustes é um ingrediente chave para poder viabilizar uma política fiscal que leve a uma inflexão da trajetória da dívida bruta como proporção do PIB, dívida essa que era de 52% do PIB em 2013 e deve se aproximar do nível de 80% do PIB entre 2023 e 2024. A contenção do gasto tem ocorrido, com dificuldades, mas mediante um esforço particularmente forte de redução das despesas discricionárias, o que compromete a capacidade do Estado brasileiro de prestar adequadamente serviços à população. Modificar os parâmetros de aposentadoria poderia mitigar o crescimento das despesas do INSS e possibilitar, assim, um endereçamento mais eficiente do desafio fiscal brasileiro.

O melhor termômetro para aferir o grau de sucesso da política será olhar para as taxas de juros de longo prazo da economia brasileira. As taxas longas reais de 30 anos (NTN-B), que no mercado secundário se encontravam em 9% em meados da primeira década do atual século, caíram, com algumas oscilações, ao longo dos 15 anos seguintes, refletindo, é verdade, em parte, a extraordinária abundância de liquidez internacional, mas também uma série de avanços institucionais do país ao longo dos 25 anos desde a estabilização de meados dos anos 1990. Em 2019, na média anual, essa taxa real foi de 4,1% e, em fevereiro de 2020, antes da crise da pandemia eclodir no país, a taxa estava em 3,6%. Quando veio a crise e o desarranjo fiscal que se seguiu, a taxa média mensal escalou a 4,8% em abril daquele ano e, nos meses seguintes, cedeu um pouco, mas oscilando em torno de 4,5% e compondo uma média anual, em 2020, similar a essa taxa. Com as incertezas fiscais posteriores, porém, o indicador voltou a subir e atualmente tem oscilado entre 6% e 7% reais, nos últimos meses. O desafio é fazer reformas que permitam vislumbrar uma trajetória fiscal que traga essa taxa para um patamar da ordem de 3% ou menos, alavancando o investimento de longo prazo no país.

Este capítulo contém um conjunto de reflexões acerca de como encaminhar as questões discutidas no livro. Após explicar as características únicas que levaram à aprovação da reforma de 2019, o capítulo mostra o grau de fragmentação partidária do país, analisa a força das questões regionais, defende a necessidade de uma coalizão assumida e efetiva que permita estabelecer condições para uma governabilidade de longa duração, analisa o balanço entre o que deve ser objeto de Proposta de Emenda Constitucional (PEC) e o que caberia tratar mediante legislação ordinária, debate alternativas de estratégia e conclui com uma reflexão acerca dos requisitos necessários para o êxito de uma estratégia reformista.

Um contexto irrepetível

Em 2019, foi possível aprovar uma reforma importante da Previdência, em um contexto muito particular e irrepetível. Ele envolvia um conjunto de elementos muito específicos:

- O amadurecimento do debate, depois de muitos anos tratando os temas em discussão na imprensa escrita, na televisão, nos meios acadêmicos e no Congresso Nacional.
- Uma intensa mobilização de recursos políticos utilizados para a aprovação da reforma, desde que outra proposta já havia sido apresentada em 2016, ainda no governo Michel Temer.
- A vigência da regra do teto, que, dada a limitação existente ao gasto total, implicava na época um enxugamento cada vez maior das outras despesas, em função da força do crescimento do gasto com Previdência.
- Um conjunto de regras claramente absurdas que era necessário mudar, associadas a privilégios injustificáveis e à vigência de idades de aposentadoria, para alguns grupos, inteiramente precoces.
- A percepção da classe política de que a eventual não aprovação da reforma poderia gerar uma convulsão econômica, em um contexto de muita resistência à classe política, que tinha se aguçado nas eleições do ano anterior (2018).

Chistopher Garman e Silvio Cascione, em um texto em que fazem menção ao que eles denominam de "presidencialismo sem coalizão", explicam essa situação com as seguintes palavras: "O apoio do Congresso a uma reforma da Previdência robusta começou com um diagnóstico entre as lideranças partidárias de que toda a classe política poderia sair perdendo em um cenário de falta de aprovação — que poderia levar a uma crise econômica. Posteriormente, a pressão da opinião pública favoreceu a aprovação da Reforma da Previdência, que, ao longo da tramitação, foi se tornando um assunto menos impopular. Talvez a opinião púbica não tenha ditado o apoio à reforma, mas ela foi importante para convencer parlamentares a aprovar uma reforma mais robusta."[2]

Os mesmos autores, porém, fazem depois uma indagação pertinente à luz dos temas discutidos neste livro: "Talvez a pergunta mais difícil de responder seja a seguinte: por quanto tempo as lideranças políticas no Congresso vão enxergar uma agenda de reformas econômicas, que visam ajuste fiscal e incentivos a mais investimentos privados, como sendo de seu interesse eleitoral próprio? Não se pode dizer que as mudanças recentes no sistema necessariamente sustentarão, por anos a fio, um ambiente propício para uma agenda liberalizante no Brasil."[3]

No que diz respeito aos temas do livro e em contraste com o que foi anteriormente descrito, no futuro imediato:

- Há uma fadiga compreensível em relação ao tema previdenciário.
- O tema parece ter saído de pauta na arena política.
- Há dúvidas sobre a regra fiscal que deverá vigorar nos próximos anos.
- As principais distorções existentes na concessão de aposentadorias foram de fato corrigidas em 2019.
- O senso de urgência da classe política em relação às reformas parece claramente ter se dissipado.

---

[2] Garman e Cascione (2020), p. 172.
[3] Garman e Cascione (2020), p. 173.

Nessa situação, não será fácil avançar com uma pauta que inclui temas como o aumento da idade de aposentadoria de quem se aposenta por idade, a redução do diferencial de gênero e o aumento da idade de aposentadoria de professores e das pessoas que vivem no meio rural. Será preciso o exercício de muita habilidade política para aprovar essa pauta reformista nas novas circunstâncias.

O velho quadro

A evolução política do país foi tornando cada vez mais difícil, depois da redemocratização, o complexo processo de construir maiorias parlamentares, como pode ser visto analisando os dados da Tabela 16.1. Se, como resultado das eleições de 2010, teoricamente, era necessário compor uma coalizão de 6 partidos para compor uma maioria de 308 deputados, quórum requerido para aprovar uma reforma constitucional, o quadro que emanou das eleições de 2018 aumentou esse número para 8. Mais ainda: considerando que esse cálculo foi feito somando-se simplesmente o número de parlamentares dos maiores partidos, mas sabendo, realisticamente, que, pela dinâmica política, alguns entre eles estavam na oposição ao governo — como ocorre em qualquer democracia —, quando se leva em conta as adesões dos partidos a cada um dos governos que resultou disso, conclui-se que, com a configuração da época de cada legislatura, o número realista de partidos necessário para formar uma maioria para reformas constitucionais, em 2019, seria de 14 partidos.[4]

O que a tabela mostra é um quadro de grande fragmentação, que foi se tornando maior na década passada. Estes são os dados:

- O número de partidos passou de 22, com parlamentares eleitos nas eleições de 2010, para 30 partidos nas eleições de 2018.
- O número de partidos com pelo menos 50 deputados, que era de 3 em 2010 e 2014, passou para 2 em 2018.

---

[4] Isso não chegou a ser necessário, pelo contexto específico da época antes comentado e, certamente, pelo papel decisivo do então presidente da Câmara de Deputados, Rodrigo Maia.

- O número de partidos com um número de 10 a 30 parlamentares, que poderíamos denominar de "partidos médios", que era de 6 no quadro dos eleitos de 2010, passou a ser de 8 nas de 2018.
- O número médio de deputados dos 10 principais partidos era de 45 deputados em 2010 e caiu para 37 em 2018.

Em outras palavras, governar com base em coalizões se tornou progressivamente bem mais complexo no Brasil ao longo do tempo, até recentemente. Isso reforçava o desafio colocado para os governantes interessados em ter uma agenda de modernização do país que demandem a aprovação de novas reformas econômicas — entre as quais, ajustes no modelo previdenciário do país. Cabe ressaltar, porém, que, como fruto dos males evidentes que essa fragmentação excessiva vinha provocando, atualmente encontra-se em curso um processo de mudança gradual da chamada "cláusula de barreira", na forma de um requisito mínimo e crescente de exigências que os partidos devem cumprir para continuar tendo acesso a uma série de benefícios, como, por exemplo, verbas orçamentárias. Os cientistas políticos estimam que, na altura de 2030, quando esse processo tiver sido completado, o país deverá ter um número bem menor de partidos. Essa nova realidade começou a se manifestar já em 2022, com a redução do número de partidos mostrada na Tabela 16.1.

Tabela 16.1
Brasil — Composição parlamento por eleição: Câmara de Deputados (número de congressistas)

Partidos	2010	2014	2018	2022
PL	40	34	33	99
PT	88	69	56	67
União Brasil				59
PSL	1	1	52	
PP	44	38	37	47
MDB	78	66	34	42
PSD		36	34	42
Republicanos	8	21	30	41
PDT	26	19	28	17
PSB	34	34	32	14

Partidos	2010	2014	2018	2022
PSDB	53	54	29	13
PODEMOS	4	11		12
DEM	43	21	29	
PSOL	3	5	10	12
AVANTE	4	1	7	7
PV	14	8	4	6
PCdoB	15	10	9	6
PSC	17	13	8	6
Cidadania	12	10	8	5
Solidariedade		15	13	4
PROS		11	8	4
PATRIOTAS		2	5	4
NOVO			8	3
REDE			1	2
PTB	22	25	10	1
PHS	2	5	6	
PRP	2	3	4	
PMN	4	3	3	
PTC	1	2	2	
PPL			1	
DC		2	1	
PRTB	2	1		
Total	513	513	513	513
Número de partidos	22	28	30	23
Partidos para 308 votos	6	7	8	5
Número realista de partidos	6	8	14	16

Fonte: Portal G1, 8 out. 2018.

A questão regional

Além da questão da fragmentação partidária, outro elemento importante a considerar na engenharia política requerida para aprovar medidas controversas no Congresso envolve a questão regional, para o que é útil observar a Tabela 16.2.

Tabela 16.2
Distribuição das bancadas por estado (número de deputados)

Região / Estado	Bancada
Norte	**65**
Rondônia	8
Roraima	8
Amapá	8
Acre	8
Amazonas	8
Pará	17
Tocantins	8
Nordeste	**151**
Rio Grande do Norte	8
Bahia	39
Maranhão	18
Piauí	10
Ceará	22
Pernambuco	25
Paraíba	12
Alagoas	9
Sergipe	8
Centro-Oeste	**41**
Distrito Federal	8
Goiás	17
Mato Grosso	8
Mato Grosso do Sul	8
Sudeste	**179**
Espírito Santo	10
Rio de Janeiro	46
Minas Gerais	53
São Paulo	70
Sul	**77**
Paraná	30
Santa Catarina	16
Rio Grande do Sul	31
Total	**513**

Fonte: Câmara de Deputados.

É sabido que uma das características de nosso sistema político é o descompasso existente entre a representatividade populacional e a representação parlamentar, que eleva artificialmente o peso de algumas regiões do país. As origens disso remontam ao "pacote de abril", de 1977, quando o então presidente Ernesto Geisel instituiu, no contexto do regime de força da época, uma série de modificações institucionais, sendo uma delas a adoção de um piso de representação de seis deputados por estado, posteriormente ampliado para oito, já após a redemocratização. A isso se soma o teto de São Paulo — o estado mais populoso da Federação —, com 70 parlamentares e a transformação dos antigos territórios em estados.

Com isso, a região Norte, que em 2020 tinha 18,7 milhões de habitantes, conforme o IBGE, tem 65 deputados, quase o número de parlamentares de São Paulo, que na mesma data tinha uma população de 46,3 milhões de pessoas, ou seja, 2,5 vezes aquela.

Observe o leitor que, se, por exemplo, o Norte e o Nordeste votarem unidos, deixando desavenças partidárias de lado, eles somam 216 deputados, o que deixa 297 votos com as demais regiões, quórum insuficiente para uma reforma constitucional. Dada a força das aposentadorias rurais na região, é um ingrediente chave do processo político que terá que ser contemplado quando chegar o momento de debater o assunto em profundidade.

Uma coalizão efetiva

Um elemento central da montagem de uma coalizão governamental é a divisão de cargos entre os partidos que compõem a coalizão. FHC e Lula e, posteriormente, Temer souberam administrar de forma politicamente hábil esses desafios, algo que não pode ser dito da gestão de Dilma Rousseff. O governo Bolsonaro passou por duas fases, nesse sentido, uma de negação dos instrumentos clássicos de partilha do poder, até meados de 2020, e outro, depois, quando se aliou a diversos partidos do chamado "Centrão", embora com pouca consistência ideológica e que tinham apoiado a outros governos de natureza muito diferente da dele. O ponto a destacar é que não se tratou de uma aliança orgânica, com partidos convidados formalmente a integrar o Ministério em nome de um programa comum.

É necessário que a coalizão agregue partidos que, ao integrar o governo, sejam capazes de traduzir essa adesão formal em votos efetivos nas votações no Congresso.[5] De pouco adianta ter uma "base aliada" de, por exemplo, 320 deputados, se na hora das votações a adesão é de apenas 75%, porque 240 votos não garantem a aprovação sequer de uma lei ordinária em dia de "casa cheia" na Câmara de Deputados.

Considerando que para colocar em votação temas polêmicos no Congresso, os especialistas estimam que, para ter segurança da aprovação de uma medida, é necessário contar, *a priori*, com 330 votos, dada a existência de traições, ausências, demoras etc., o ideal é ter uma base de partidos que somem de 340 a 350 votos, com uma "taxa de fidelidade" da ordem de 90% ou mais, para poder encaminhar temas controversos.

Ao mesmo tempo, é possível e desejável, em qualquer situação, tentar costurar alguns acordos específicos com parlamentares da oposição. Não só porque isso tende a reduzir o grau de polarização política, como também porque ajuda a compor um número de apoios que dê segurança ao processo, mesmo que no campo governista do governo de plantão haja algumas desistências.

PECs *vs.* projetos de lei

Uma questão que cabe avaliar acerca da melhor estratégia parlamentar de encaminhamento das questões é definir que propostas deveriam

---

[5] É essa característica que tornou tão importante, em diversos governos, a presença nele do PP. Não apenas por ter um contingente da ordem de quarenta deputados há várias legislaturas, como também por se caracterizar pela homogeneidade dos seus votos, com uma taxa de fidelidade ao governo em geral de 90% ou mais nas votações. Isso marca um contraste com o comportamento da bancada do MDB, em muitas ocasiões, com grupos que estavam no governo, ao mesmo tempo em que outros estavam na oposição, e que durante anos votava dividido. Cabe notar que esse arranjo de conveniência, em que um partido vota com o governo em troca de apoio a uma alocação de verbas que beneficie as bases dos seus parlamentares, mostrou-se muito conveniente para o PP, que se manteve coeso e conservou seu tamanho, em contraste com o MDB, que tem atualmente uma bancada da ordem da metade da que tinha há dez anos.

ser encaminhadas por meio de PEC e quais as que deveriam ser objeto de legislação simples. Paralelamente, há que se estudar qual é a melhor sequência de encaminhamento: se enviar a proposta de lei antes da PEC, esta antes daquela, ou ambas ao mesmo tempo.

Nesse sentido, há dois pontos que podem formalmente ser matéria infraconstitucional, razão pela qual, a princípio, pareceria inadequado investir capital político nisso elevando o requerimento de votação necessária para aprovar a medida. São eles a idade de elegibilidade da LOAS e a regra de indexação do salário mínimo.

No caso da primeira, porém, o problema que se cria em caso de tratamento separado é de ordem lógica. Com efeito, se a proposta da LOAS for encaminhada primeiro, a própria aprovação seria dificultada pelo fato de que a premissa que a baseia — a elevação da idade de aposentadoria — ainda não teria sido aprovada. Já no caso oposto, de a PEC ser aprovada primeiro e a proposta da LOAS depois, ter-se-ia uma situação esdrúxula, em que a idade de aposentadoria seria durante um tempo maior que a de concessão do benefício assistencial, o que seria uma aberração. Por essa razão, embora isoladamente, caberia tratar do tema em lei, sugere-se que ele seja contemplado junto dos ajustes do sistema previdenciário.

Já no caso do salário mínimo, ao contrário, a sugestão é enviar uma proposta mediante projeto de lei, indexando a variável ao INPC por um período de dez anos, o que, para sua aprovação, requer apenas quórum de maioria simples. Assim, até pela simplicidade da proposta — é o típico projeto de lei de apenas dois ou três artigos, que não contempla grande dispêndio de tempo —, o debate parlamentar não deveria tomar muitos meses e, em caso de aprovação, permitiria um horizonte de previsibilidade que teria boa repercussão no ambiente econômico, ganhando assim *momentum* para a aprovação posterior da PEC.

A proposta de modificação da Constituição, por sua vez, englobaria principalmente os seguintes pontos:

- Elevação da idade de aposentadoria de quem se aposenta por idade no meio urbano.
- Elevação do tempo de contribuição de quem se aposenta por idade.

- Elevação da idade de aposentadoria no meio rural.
- Aproximação da regra adotada para os professores em relação às demais categorias.
- Elevação da idade de acesso à LOAS.

Alternativas estratégicas

Como, obviamente, algo que tende a ser visto como "agenda negativa" terá dificuldades grandes para transitar no Congresso, será essencial que algumas medidas de natureza mais geral, que dizem respeito à sociedade como um todo — tais como a elevação da exigibilidade a quem se aposenta por idade —, sejam defendidas em nome do interesse geral, para ter possibilidades de prosperar. Nos casos de medidas que afetam grupos específicos, porém, é possível que seja necessário focar algumas negociações *ad hoc* para vencer as resistências localizadas.

Há dois casos críticos óbvios: as regras para os professores e aquelas para o setor rural.

No caso dos professores, é preciso que fique claro o seguinte: o Governo Federal tem escasso interesse direto na questão, porque os professores das universidades públicas foram igualados aos demais trabalhadores na reforma constitucional de 1998 e, portanto, o tema passou a afetar, essencialmente, as unidades subnacionais — estados e municípios. O tema não é indiferente às autoridades federais, porque afeta a situação fiscal das unidades da Federação e o Governo Federal obviamente não gostaria que ela piorasse. Porém, não haverá incentivos para o Executivo federal coordenar esse esforço sem um engajamento dos governadores junto às bancadas. Um ponto crítico disso será avaliar se é o caso em que se repete o *modus operandi* da reforma de 2019, que não tratou da situação dos servidores estaduais e municipais e deixou isso para ser aprovado no âmbito dos legislativos locais; ou se será aceita uma mudança, para federalizar pelo menos a questão dos professores. O fato é que o Governo Federal não poderá ir sozinho para essa "arena". Já na companhia efetiva dos governadores, seria possível, assim, arregimentar apoios para a mudança.

No caso dos benefícios rurais, é evidente que não será fácil mudar o dispositivo que regula as aposentadorias no campo. Ao mesmo tempo, nesse particular, o importante é sair da situação atual e conseguir elevar as idades de referência. No limite, se for difícil alterar as idades de aposentadoria de 60 anos para os homens e 55 para as mulheres, como atualmente, para os novos parâmetros propostos a longo prazo no capítulo das propostas, uma alternativa, por exemplo, poderia ser elevar em meio ano por ano a idade de homens e mulheres a partir de 2028 (inclusive) durante um período de 6 anos, até o ano de 2033, quando as idades de referência estariam em 63 e 58 anos, respectivamente, mantida a diferença de gênero em cinco anos no meio rural, nesse caso. Essa seria, até então, a mesma trajetória de uma proposta de mudança mais radical e iria modificando a situação fiscal, tendo então o mesmo efeito prático durante esses anos. Assim, as autoridades eleitas em 2030 teriam três anos, entre 2031 e 2033, para avaliar se elas se satisfazem com essa mudança parcial ou propõem dar um novo passo, na direção de alcançar parâmetros de reforma mais ambiciosos.

Requisitos para o sucesso

Construir, propor e coordenar esforços visando a aprovação de um conjunto de propostas como as que este livro defende não será tarefa fácil e requererá exercício de uma liderança madura, acostumada a negociar com o Parlamento e, ao mesmo tempo, dotada da firmeza necessária para tentar, na medida do possível, fazer que no final, a posição do Executivo prevaleça ou, pelo menos, seja em boa parte aceita pelo Congresso.

Para isso, é fundamental que a condução do processo seja exercida por quem precisará revelar os seguintes atributos desejáveis, a seguir.

i) Capacidade de formular o **diagnóstico**. Não se conseguirá avançar nessa agenda se as autoridades não forem capazes de argumentar acerca do que é que se pretende com as medidas, por que estão sendo propostas e onde se deseja chegar.

ii) **Convicção**. Como se trata de um exercício de convencimento, este será inviabilizado se a população não tiver confiança de que as autoridades que lideram o esforço de aprovação das medidas acreditam firmemente que essas sejam importantes para o futuro do país.

iii) Poder de **persuasão**. Será preciso contar com o poder de argumentação junto às diversas instâncias relevantes ligadas ao diálogo do governo com a população em geral: mídias, televisão, parlamentares etc. Esse papel foi muito bem desempenhado, na reforma de 2019, pelo então secretário Rogério Marinho, no diálogo com o Parlamento; por Leonardo Rolim, na defesa técnica da razão de cada uma das medidas que constava da PEC; e pelo próprio ministro Paulo Guedes, nas suas diversas exposições públicas nos mais diversos foros. Cabe ressaltar, porém, que a empreitada terá certamente mais chances de vingar se contar com a coordenação e atuação decisiva do presidente da República em pessoa.

iv) Possibilidade de **articulação**. Com o grau de fragmentação política que temos no Brasil, ter condições de lidar com êxito com a diversidade partidária do Congresso é um atributo chave para que a agenda reformista possa avançar.

v) Exercício da **liderança**. É fundamental que quem está no comando do país se empenhe, naturalmente, em ter apoio para suas políticas, mas isso requer não que se faça o que a maioria deseja, e sim que quem conduz o processo conquiste o apoio necessário para que a agenda avance, sendo capaz, se necessário, de influenciar o modo como a opinião pública se posiciona diante das grandes questões.

É esse conjunto de atributos que existiram em alguns líderes como Margareth Thatcher, na Inglaterra dos anos 1970, Felipe González, na Espanha dos anos 1980, ou mesmo aqui, no caso de Fernando Henrique Cardoso, no Brasil dos 1990, e que permitiram a esses países mudar as suas economias, com o abandono do modelo trabalhista na Inglaterra, a integração com a Europa na Espanha e a estabilização no Brasil, com grandes benefícios para as respectivas populações — mesmo que os primeiros passos dessa caminhada não tenham sido claros para a maioria da população nos momentos iniciais da guinada. Esse é, afinal de contas, justamente, o papel dos líderes, isto é: liderar!

REFERÊNCIAS BIBLIOGRÁFICAS

REFERÊNCIAS BIBLIOGRÁFICAS

AFONSO, L.; GIAMBIAGI, F. Alíquota previdenciária em um regime de capitalização: uma contribuição ao debate. BNDES, *texto para Discussão*, n. 134, 2019.

ÁLVAREZ, Fernando *et al.* RED 2020: *Los sistemas de pensiones y salud en América Latina. Los desafios del envejecimiento, el cambio tecnológico y la informalidad.* Corporación Andina de Fomento (CAF), 2020.

BACHA, E. (organizador). *A crise fiscal e monetária brasileira.* Rio de Janeiro: Civilização Brasileira, 2016.

BRASIL. Ministério da Previdência Social. A Previdência Social e o Censo 2000: Perfil dos idosos. *Informe da Previdência Social*, v. 14, n. 9, setembro, 2002.

BRASIL. Proposta de Emenda Constitucional 287, 2016.

_____. Ministério do Trabalho e Previdência — SPREV (CGEPR, CGEDA, SRGPS). Modelo de projeção fiscal do regime geral de previdências social. *Informe da Previdência Social*, v. 34, n. 10, outubro/2022.

CAMARANO, A. (organizadora). *Os novos idosos brasileiros*: muito além dos 60? IPEA, Brasília, 2004.

CRABBE, C. (editora). *A quarter century of pension reform in Latin America and the Caribbean: Lessons learned and next steps.* Inter-American Development Bank-IDB, Washington D.C., 2005.

GARMAN, C.; CASCIONE, S. *Presidencialismo sem coalizão:* incentivos à atuação parlamentar após o choque de 2018. In: GIAMBIAGI, F.; GUIMARÃES, S.; ABRÓZIO, A. *Reforma do estado brasileiro:* transformando a atuação do governo. Rio de Janeiro: Editora GEN/Atlas, 2020.

GIAMBIAGI, F. 18 anos de política fiscal no Brasil: 1991/2008. *Economia Aplicada*, São Paulo: USP, v. 12, n. 4, p. 535–580, out.–dez., 2008.

GIAMBIAGI, F. *Reforma da previdência*: o encontro marcado. Rio de Janeiro: Editora Campus, 2007.

GIAMBIAGI, F.; TAFNER, P. *Demografia:* a ameaça invisível. Rio de Janeiro: Editora Campus, 2010.

GIAMBIAGI, F.; ZEIDAN, R. *Apelo à razão*: a reconciliação com a lógica econômica. Rio de Janeiro: Editora Record, 2018.

LAMOUNIER, B. Dois becos sem saída. *O Estado de S. Paulo*, 5 de junho, 2021.

MOURA DA SILVA, A.; LUQUE, C. A. *Alternativas para o financiamento do sistema previdenciário.* Fundação Instituto de Pesquisas Econômicas (FIPE). São Paulo: Pioneira, 1982.

MURALIDHAR, A. *Fifty states of gray*. An innovative solution to the defined contribution retirement crisis. D. Nochlin Ed., Investment & Wealth Institute, Colorado, EUA, 2019.

NAGAMINE, R. C. *Evolução das concessões de aposentadorias por tempo de contribuição em 2020*. Informações Fundação Instituto de Pesquisas Econômicas (FIPE), Temas de Economia Aplicada, abril, 2021.

NESE, A.; GIAMBIAGI, F. *Fundamentos da previdência complementar*: da administração à gestão de investimentos. Rio de Janeiro: Elsevier, 2020.

NICHOLSON, B. *A previdência injusta:* como o fim dos privilégios pode mudar o Brasil. Rio de Janeiro: Geração Editorial, 2007.

OECD. *Reforms for an Ageing Society*. Social Issues, Paris, 2000.

SANDEL, M. *Justiça:* O que é fazer a coisa certa. Rio de Janeiro: Civilização Brasileira, 2011.

SANTOS, D. F. C. *A previdência social no Brasil: 1923-2009*: uma visão econômica. Porto Alegre: AGE Editora, 2009.

_____; CALAZANS, R. B. *Dívida pública e previdência social:* introdução teórica e as estatísticas fiscais do Brasil e do RS. Middletown, EUA, 2021.

TAFNER, P.; BOTELHO, C.; ERBISTI, R. (organizadores). *Reforma da previdência:* a visita da velha senhora. Brasília: Editora Gestão Pública, 2015.

_____; GIAMBIAGI, F. (organizadores). *Previdência no Brasil:* debates, dilemas e escolhas. IPEA, Brasília, 2007.

TAFNER, P.; NERY. P. *Reforma da previdência:* por que o Brasil não pode esperar? Rio de Janeiro: Elsevier, 2019.

ZAMBITTE, F. *A previdência social no estado contemporâneo.* Niterói: Editora Impetus, 2011.

ÍNDICE

ÍNDICE

A

agenda
  inconclusa 252
  negativa 306
aposentadoria
  antecipada 252, 259–260
  por invalidez 14
  proporcional 179
  rural 14
asignatura pendiente 13
Assembleia Nacional Constituinte 60
ataque aos privilégios 78
ativos do setor público 25
aumento
  da carga tributária 19
  do preço relativo 151
auxílio-doença 50

B

baby boom 38
baixo crescimento do PIB 40
Banco
  Central do Brasil (BCB) 13
  do Estado do Rio de Janeiro (BANERJ) 76
benefício
  de Prestação Continuada (BPC) 127, 221, 224
  para os filhos adultos 65
  Universal 127–129
  do Idoso 130
benefícios fiscais 52
benefícios urbanos 211
binômio Pessoal + INSS 56
Bolsa Família 46
boom das commodities 18, 214
buraco fiscal 13

C

caixas de aposentadoria 109
canibalismo do gasto público 228
capitalização 105
chinese wall 109
cláusula de barreira 300
cobertura de benefícios de risco 127
coeficiente de endividamento 23
combate aos privilégios 76, 86
concessão de benefícios 36
condições de elegibilidade 178

Constituição de 1988 177
contabilidade criativa 26
contenção nominal das
    remunerações 59
contingente de benefícios 50
covid-19
  crise da 36, 143
  pandemia da 27, 29
    efeitos da 28
crescimento da economia 19
critério de idade 231
cumulatividade 104
curva de Lorenz 140–141

D

década perdida 143
décimo terceiro 35
deficit
  previdenciário 164
  público 67
deflator do PIB 17, 43, 47
demografia 52, 200–201
desequilíbrio previdenciário e fiscal 166
desequilíbrios fiscais 15
despesa primária federal 17
despesas
  agregadas 44
  discricionárias 35, 47
  obrigatórias 46
deterioração fiscal 26
distribuição de renda 141
dívida
  líquida do setor público 25
  pública 30, 111
    aumento da 28

Mobiliária Federal interna (DPMFi) 31
social 142

E

efeito
  arrasto 149
  Vampeta 156–157
Emenda Constitucional 103 160, 260
Entidades Fechadas de Previdência Complementar (EFPC) 107
envelhecimento da população 166
estabilização do ano de 1994 151
estratégia reformista 297
evolução demográfica 241
expectativa de vida 168
extrateto 20

F

fator previdenciário 77, 91
Forças Armadas 64, 66
Fórum da Previdência Social de 2007 77
fragmentação partidária 301
fraudes do INSS 76
funcionalismo 44
  civil 69
Fundação de Previdência Complementar do Servidor Público (FUNPRESP) 90
funding 110
Fundo
  Constitucional do Distrito Federal (FCDF) 46
  de Manutenção e Desenvolvimento

da Educação Básica (FUNDEB) 46
Monetário Internacional (FMI) 13

G

gastança com o funcionalismo 67
governo
  Bolsonaro 63, 68
  Dilma 59
  Lula 55

I

impacto fiscal 213-214, 288
Imposto
  de Renda (IR) 18, 93, 115
  sobre Produtos Industrializados (IPI) 18
indexação do salário mínimo 305
índice
  de Gini 139-140
  de Preços ao Consumidor Amplo (IPCA) 21
informações desagregadas 68
Instituto Nacional do Seguro Social (INSS) 14

J

Jair Bolsonaro, ex-presidente 49
Joaquim Levy, ministro 47
juros reais 15
justiça social 108

L

lag burocrático 82
Lei
  Antifraude 53
  do fator previdenciário 90, 261
  Kandir 46
  Orgânica da Assistência Social (LOAS) 221-223, 252
liquidez internacional 296

M

macroeconomia 23
marajás 36
marqueteiros políticos 75
massificação da informação 50
matemática financeira 121
mortalidade infantil 201
mudanças migratórias 65

N

Necessidades de Financiamento do Setor Público (NFSP) 13
neoliberalismo 75
Nova República 28

O

ortodoxia monetarista 75

P

pacote de abril 303
pactos de Moncloa e de Toledo 83

papéis federais 31
pensão para filha solteira 65
Pesquisa Nacional por Amostra de Domicílios (PNAD-C) 145
PIB
  composto 71
  deflator do 71
piso previdenciário 100, 149
Plano
  Collor 15, 23
  Real 15, 17, 113, 141
polarização política 304
políticas públicas 75
população em idade de trabalhar 152
poupança de R$ 1 trilhão 78
presidencialismo sem coalizão 298
princípio
  da diferenciação 255
  da idade mínima 81
  de renda mínima 125
  de simetria 261
problema
  da transição 108–110
  previdenciário 73
proteção social 224

R

Receita Corrente Líquida (RCL) 165
reforma
  agrária 207
  constitucional
    de 1998 176
    de FHC de 1998 90
  de 2003 175
regime
  de capitalização 109
  de previdência complementar 90
  de repartição 109
  Geral da Previdência Social (RGPS) 90
  Geral de Previdência Social (RGPS) 81
Regime Jurídico Único (RJU) 60
regra
  de transição 94, 186
  do teto 14, 18, 45
relação dívida/renda 23
renda per capita 143
Rendas Mensais Vitalícias (RMV) 35, 221
resistências localizadas 306

S

salário de contribuição 99
Secretaria
  de Política Econômica (SPE) 15
  do Tesouro Nacional (STN) 13, 15, 55
servidores inativos 61, 63
Síntese de Indicadores Sociais (SIS) 147
sistema
  de capitalização 105, 125
  de pilares 105
  de pontos 81, 91–93
  de repartição 125
  Especial de Liquidação e de Custódia (SELIC) 29–30
subdesenvolvimento 41
subteto 135
Supremo Tribunal Federal (STF) 253

T

taxa
  de fidelidade 304
  de investimento 153
  de preferência intertemporal 80
  Interna de Retorno (TIR) 79–80
tempo contributivo 103
tempo de contribuição no Regime
    Geral 93
Tesouro Nacional 151
teste do pudim 17
teto
  de repartição 134–135
  do gasto público, regra 55
  do INSS 110

transformações demográficas 37
transição geracional 126

U

ups and downs 56

V

valor presente 244–245
variação de preços relativos 151
variável exógena 52
venda de estatais 19
verbas orçamentárias 300

Este livro foi impresso nas oficinas gráficas da Editora Vozes Ltda.,
Rua Frei Luís, 100 – Petrópolis, RJ.